Philippe Broussard
Danielle Laeng

EUROPA
VERLAG

Aus dem Französischen von Ferdinand Leopold

PHILIPPE BROUSSARD | DANIELLE LAENG

Die singende Nonne von Lhasa

Ngawang Sangdrol,
Nonne und Widerstandskämpferin

ངག་དབང་གསང་སྒྲོལ །།

Europa Verlag
Hamburg · Wien

Der Kleinen gewidmet

Originalausgabe:
»La prisonnière de Lhasa.
Ngawang Sangdrol, religieuse et résistante«
Éditions Stock, Paris 2002

Deutsche Erstausgabe

Umschlaggestaltung: Kathrin Steigerwald, Hamburg
Satz: Leingärtner, Nabburg
Druck und Bindung: Wiener Verlag, Himberg bei Wien
ISBN 3-203-75850-4

Informationen über unser Programm erhalten Sie beim
Europa Verlag, Neuer Wall 10, 20354 Hamburg
oder unter www.europaverlag.de

Vorbemerkung des Übersetzers

Tibetische und Sanskrit-Begriffe und wichtige Eigennamen wurden in der allgemein, vereinfachten Lautschrift und in Fußnoten in eckigen Klammern in der wissenschaftlichen Transliteration wiedergegeben. Zu berücksichtigen ist, daß stets die Lautwerte des Englischen zugrundegelegt werden: *ch* = *tsch*, *j* = *dsch*, *sh* = *sch*, *y* = *j*. Zudem gilt sowohl für das Tibetische als auch für das Sanskrit: *ṅ* = *ng* [wie in *Anger*], *ñ* = *nj* [wie in *Anja*], in der Transliteration ist *c* stets *tsch*; *h* bezeichnet aspirierte (behauchte) Laute. Da die Aussprache des Tibetischen zum Teil erheblich von der schriftlichen Form abweicht, wurde die Umschrift tibetischer Wörter der tibetischen Schreibweise vorsichtig angeglichen. Etwa: *Bumo* [*bu-mo*]; Aussprache etwa: *phomo*.

Bei der Umschrift des Sanskrit gilt das allgemein anerkannte Transliterationssystem. Zu beachten: *c* = *tsch*, *ch* = *tschh*, *ś* und *ṣ* = [palatales bzw. retroflexes] *sch*.

Bei Namen von Gottheiten, Buddhas, Bodhisattvas oder historischen Gestalten wurde meist auch der entsprechende Sanskritname – oder umgekehrt der tibetische – hinzugefügt. Beispielsweise Tārā = Dölma [sGrol-ma] oder Avalokiteśvara = Chenrezig [sPyan-ras-gzigs].

Die Rücksicht auf die Sicherheit der am Widerstand Beteiligten war natürlich das erste Hindernis. Gerade deren Grundrechte schränken denjenigen Autor ein, der über den Widerstand nicht romanhaft und sogar ohne die Mitwirkung der Phantasie schreiben will. Es ist ja durchaus nicht so, daß der Roman oder die Dichtung weniger wahrheitsgetreu wären als ein an der Wirklichkeit haftender Bericht. Vielmehr bin ich vom Gegenteil überzeugt. Doch jetzt befinden wir uns mitten im Grauen, mitten im Blutbad. So habe ich mir weder das Recht angemaßt, noch die Kraft zugetraut, über die Schlichtheit der Chronik, über die Bescheidenheit des Tatsachenberichts hinauszugehen.

Joseph E. Kessel,
Vorwort zu *L'Armée des ombres*,
September 1943*

* Alger: E. Charlot; Paris: Julliard, 1943, S. 7–8.

Inhalt

Vorwort

Dieses Buch ist kein Roman. Der Kampf, von dem es erzählt, wurzelt zu tief in den Ereignissen, als daß er die Fiktion zulassen könnte.

Die Gefangene von Lhasa gibt es tatsächlich. Sie ist eine tibetische Nonne von vierundzwanzig Jahren: Ngawang Sangdrol leistet Widerstand gegen die chinesische Besetzung ihrer Heimat. Seit 1992 sitzt sie im Gefängnis. Vor dem Jahr 2014 wird sie nicht in die Freiheit entlassen werden.

Auf diesem 1959 von China annektierten »Dach der Welt« fordern auch andere Frauen, Nonnen und Bürgerliche, die Unabhängigkeit. Warum sich dann nur mit Ngawang Sangdrol beschäftigen? Warum aus ihr *die* Tibeterin machen wollen? Unsere Entscheidung beruht jedoch nicht auf der Länge des Strafmaßes: Die Tatsache, daß sie diejenige politische Gefangene ist, die derzeit in Tibet zur schwersten Haftstrafe verurteilt wurde, ist nicht der einzige Grund. Nein, wenn wir *ihre* Geschichte und keine andere schreiben wollten, so geschah dies, weil sie Vorbildcharakter hat. In einem Land, in dem die buddhistischen Nonnen* freiwil-

* Der Begriff »Nonne« könnte unpassend scheinen, wird aber im Französischen, Englischen und Deutschen gebraucht, um diese Klosterschwestern zu bezeichnen, selbst dann, wenn sie noch sehr jung sind. Einige französische Buddhisten benutzen auch den Begriff »moniales« [im Kloster lebende Nonnen].

lig an die Front des friedlichen Widerstands gehen, symbolisiert Ngawang Sangdrol den gleichzeitig heldenhaften und leidenschaftlichen Kampf eines vom Aussterben bedrohten Volkes.

Sie ist bereits sehr berühmt. In Deutschland, Kanada, in den Vereinigten Staaten kämpfen Menschenrechtsorganisationen für sie. In Frankreich fordern Hunderte von Künstlern, Politikern, Sportlern und Intellektuellen, die von dem Komitee zur Unterstützung des tibetischen Volkes (Comité de soutien au peuple tibétain, CSPT France) mobilisiert wurden, ebenfalls ihre Freilassung … Aber ihr Werdegang bleibt trotz allem voller Rätsel. Die westliche Welt kennt ihn nur in groben Zügen: Man kennt ihre mehrfach verlängerten Gefängnisstrafen und ihre unablässige Rebellion gegen die chinesische Ordnung. Alles Übrige, das heißt das Wesentliche, bleibt verborgen: ihre Familie, ihre Kindheit, ihre Revolten, ihr Leben in Haft und vor allem dieser tiefe buddhistische Glaube – Gewaltlosigkeit, Entsagung, Solidarität –, der einem westlichen Geist so schwer zugänglich ist.

Wir haben uns bemüht, mehr zu erfahren, den Sinn dieser, gleichsam selbstmörderischen, Entschlossenheit, den Kommunisten Widerstand zu leisten, zu ergründen. Zunächst taten wir das in einem langen Artikel, im Oktober 1999, in der Tageszeitung *Le Monde*, dann mit dem hier vorliegenden Tatsachenbericht, der ersten Ngawang Sangdrol gewidmeten Biographie.

Wie soll man das Bildnis einer Abwesenden entwerfen! Wie über eine Frau sprechen, der wir nie begegnet sind … Die Aufgabe war ebenso anspruchsvoll wie heikel. Wie berichten, ohne Verrat zu begehen? Ngawang Sangdrol war mehr als ein Rätsel, sie war eine Herausforderung. Weder hatten wir die Absicht noch das Recht, über die wirklichen Tatsachen hinauszugehen, mit anderen Worten, die Biographie als Roman zu gestalten. Solch ein Fehlgriff wäre ein Verrat an ihr und ihrem Kampf gewesen. Auch kam es für uns nicht in Frage, uns in die

Figur hineinfühlen zu wollen, die Ich-Form zu wagen und auf unsere eigene Verantwortung ihre Entscheidungen, ihre Zweifel und, problematischer noch, ihre religiösen Überzeugungen darzustellen. Auch haben wir uns ganz bewußt dafür entschieden, im Hintergrund zu bleiben – als privilegierte Chronisten eines beispiellosen Werdegangs. Glücklicherweise mangelte es nicht an Zeugen: Freunde, frühere Mithäftlinge, Angehörige, die sich noch nie zuvor jemandem anvertraut hatten ... Alle diese Menschen erklärten sich bereit, von »ihrer« Ngawang Sangdrol zu erzählen, von dem aufsässigen kleinen Mädchen, das zur Volksheldin geworden ist. Ebenfalls zum ersten Mal haben sie an ihren Vater erinnert: Namgyal Tashi, eine starke Persönlichkeit, die auf ihre Kinder stets einen entscheidenden Einfluß ausgeübt hat.

Unsere Zeugen leben im Nordwesten Indiens, das Gastland für tibetische Flüchtlinge ist, seitdem der Dalai Lama, das geistige und politische Oberhaupt des »Schneelandes«, sich Anfang der sechziger Jahre dort niedergelassen hat. In Dharamsala, einer am Südhang der Himalayakette gelegenen Stadt, konnten wir diese Zeugen sehr ausgiebig befragen. Sie waren alle bemüht, ihren Pinselstrich zum Porträt, ihren Beitrag zum Bericht zu leisten. Sie taten es auf die tibetische Art, mit scheuer Zurückhaltung und Liebenswürdigkeit, ohne jemals irgend etwas als Gegenleistung zu erwarten. Dieses Buch ist aus ihren Erinnerungen, aus ihren Gefühlen entstanden, mit aller Feinfühligkeit, aber auch Ungenauigkeit, die das mit sich bringt. Für alle diese Männer und Frauen, die, als sie noch in Tibet lebten, manchmal Gefängnis und Folter ertragen mußten, ist das Erinnern ebenso eine Pflicht wie ein Schmerz; im Namen der »Sache« lassen sie sich mit Mut darauf ein.

Immer wenn sich eine wichtige Information als nicht nachprüfbar erwies, haben wir es vorgezogen, auf sie zu verzichten, auch auf die Gefahr hin, einige »schwarze Löcher« in unserer Geschichte zurückzulassen. Die einzigen Verstöße gegen diese

Regel betreffen die Zeitangaben, die schwer zu ermitteln waren, weil die meisten unserer Gesprächspartner den tibetischen Mondkalender benutzen. Im Rahmen des Möglichen haben wir allerdings versucht, die Chronologie der Tatsachen zu beachten. Jedenfalls sind die in diesem Buch dargestellten Ereignisse Wirklichkeit, schreckliche Wirklichkeit. Da uns einige Begebenheiten und Gespräche von den Augenzeugen berichtet wurden, haben wir sie wortgetreu, ohne Zusätze irgendwelcher Art, aufgezeichnet. Diese Erklärung zur Methode ist nötig, um die zahlreichen Passagen verstehen zu können, deren Ausführlichkeit den Leser stutzig machen könnte. So zum Beispiel die Haftbedingungen, deren bisweilen unerträgliche Gewalttätigkeit uns von ehemaligen Gefangenen geschildert wurde.

Wir haben diese Zeugen so sehr in Anspruch genommen, sie so oft gebeten, die Orte, Personen, Situationen zu beschreiben, daß sie die Geduld verlieren, an unserer Neugier Anstoß nehmen und in unserer Detailbesessenheit eine Form von Indiskretion hätten erblicken können. Sie haben es nicht getan. Im Gegenteil, sie haben sich der Wahrheit ganz und gar verpflichtet. Da sie sich der Anforderungen unseres Vorhabens bewußt waren und dieser Nonne, für die sie alle eine unerschütterliche Zuneigung hegen, eine Huldigung darzubringen wünschten, haben sie so tief wie möglich in den Abgründen ihres Gedächtnisses geschürft, um nach Bildern, Empfindungen und glücklichen oder tragischen Anekdoten zu suchen, die ein ganzes Leben erfüllen. Wir haben bei den meisten von ihnen ein wahres Glücksgefühl gespürt, an diesem biographischen Projekt teilzunehmen, einen unbeugsamen Willen, den Kampf von Ngawang Sangdrol zu unterstützen. Selbstverständlich mußten die verschiedenen Aussagen miteinander abgeglichen, ausgearbeitet oder weggelassen werden, wenn Zweifel bestanden, aber die freundschaftliche Verbundenheit, die auf natürliche Weise zu allen unseren Gesprächspartnern entstand, hat unsere Aufgabe erheblich erleichtert. In gewisser Weise ist also dieses Buch das ihrige, es ist die Frucht ihres Vertrauens.

Wenn diesen Männern und Frauen hier nicht namentlich gedankt werden kann, so geschieht dies selbstverständlich aus Gründen der Sicherheit: Ihre Angehörigen, die in der Heimat zurückgeblieben sind, hätten Repressalien zu befürchten, da die Besatzungsmacht keine Bücher über die Tibeter schätzt. Zu viele »imperialistische« Lügen, zu viel »Propaganda« … Dieses Buch wird keine Ausnahme bilden, zumal Ngawang Sangdrol allen bekannt ist, in Lhasa wie in Dharamsala; sie gilt als Vorbild in den Klöstern, in denen kahlgeschorene Novizinnen davon träumen, ihrem Weg zu folgen.

Da wir uns der Mühe unterzogen, die nach Indien geflüchteten Zeugen aufzusuchen, da wir ihnen stundenlang zuhörten, wie sie von ihr sprachen, konnten wir die zunehmende Bedeutung dieser kleinen Frau (sie ist weniger als ein Meter fünfzig groß) für die Tibeter ermessen. Von den Häusern ihrer Kindheit zu den Zellen des Gefängnisses Drapchi hat Ngawang Sangdrol stets Charakter und Liebreiz, Sanftheit und Unnachgiebigkeit ausgestrahlt; und zwar so sehr, daß ihr Schicksal, soweit es rekonstruiert werden kann, untrennbar mit dem des »Schneelandes« verbunden ist. Sie ist in der Tat zu einem Symbol ihres Landes geworden.

Nachbemerkung der Autoren

Dieses Vorwort wurde im Juli 2001 geschrieben, zwei Monate vor dem Erscheinen der Erstausgabe dieses Buches. Damals war Ngawang Sangdrol noch die politische Gefangene, die zur schwersten Freiheitsstrafe Tibets verurteilt worden war. Wie wir damals mitteilten, sollte sie erst zwölf Jahre später in die Freiheit entlassen werden. Aber letztlich hat sich ihre Lage zum Guten hin gewendet. Im Oktober 2002 haben die chinesischen Behörden ihre vorzeitige Entlassung angekündigt. Wir gehen daher im letzten Kapitel dieser Ausgabe auf die jüngsten Ereignisse im Leben Ngawang Sangdrols ein.

Paris/Dharamsala, November 2002

I

Die blaue Uniform

(2001)

Zuerst ein Foto. Das Foto*. Das Foto, das dieser Geschichte das Wesentliche gibt: ein Gesicht.

Das Mädchen ist sehr jung, weder Frau noch Kind. Sie steht aufrecht, ohne zu lächeln, mit schwarzen Augen. Man kann erahnen, das sie starrköpfig, aufsässig und unzähmbar ist. Die Jacke ist ebenso blau wie die Leinenhose. Eine gelbe, kaum sichtbare Borte reicht von der Schulter bis hin zum Fußknöchel und verleiht dieser Kleidung das Aussehen einer Uniform. Wir befinden uns im Gefängnis, das ist offensichtlich. Wohl gibt es im Hintergrund Sträucher und sonnenbeschienene Mauern, die auch zu einem Haus, einem Gehöft oder einer Schule gehören könnten, doch das junge Mädchen führt uns in ihrer einzigartigen Art, sich vor die Kamera zu stellen und das Objektiv zu fixieren, zurück zu ihrem Schicksal als Gefangene. Ihre Augen erwarten nichts, weder Erbarmen noch Mitleid, sondern lassen unbeirrte Kampfbereitschaft ahnen.

Die Herkunft dieses Fotos von Ngawang Sangdrol bleibt geheimnisvoll. Ist es einer anderen Gefangenen zu verdanken? Einem wohlmeinenden Aufseher? Oder aber, was viel wahrscheinlicher ist, den Gefängnisbehörden selbst, die darauf

* Dieses Foto befindet sich auf Seite 1 des Abbildungsteils in der Mitte des Buches.

bedacht sind zu zeigen, wie bemüht sie um ihren berühmtesten »Gast« sind? Wie dem auch letztlich sein mag: Diese Aufnahme trägt die unendliche Verzweiflung Tibets nach einundfünfzig Jahren chinesischer Besetzung in sich. In diesem Sinn gleicht es dem weltbekannten Foto des Pekinger Demonstranten, der 1989 auf dem T'ien An Men-Platz den Panzern entgegengeht. Der Widerstand der kleinen Nonne zeugt von der gleichen Folgerichtigkeit des Protestes, von der gleichen einsamen Herausforderung. Allein mit dem Unterschied, daß hier keine Panzer nötig sind, um die Unterdrückung zu erraten: Ein Blick genügt. Er allein wiegt alle Zeugenaussagen auf und führt uns – von der Vergangenheit in die Zukunft – auf die Spuren einer ewig Unbeugsamen.

2

Eine Familie und die Geschichte
(1950–1978)

Ein westlicher Gebildeter würde es »Schicksal« nennen. Die Buddhisten, zuallererst Ngawang Sangdrol selbst, werden darin wohl viel eher den Ausdruck eines einzigartigen *Karma* erblicken, das heißt der Gesamtheit aller vergangenen tugendhaften oder bösen Taten. Doch Begriffe, geistige Hintergründe sind unwichtig: Das Leben der jungen Gefangenen von Lhasa ist zunächst die Frucht einer außergewöhnlichen Familiengeschichte. Um deren ganze Tragweite zu ermessen, muß man weit vor ihre Geburt (Ende 1978) zurückgehen, auf der Suche nach ihrem Vater, einem Mann, dessen Schicksal mit dem seiner Heimat eng verbunden ist.

Namgyal Tashi* ist um die fünfzehn, als im Oktober 1950 China seine Truppen entsendet, um das Nachbarland Tibet zu erobern. Wie seine sechs Millionen Landsleute hat er zweifellos nur eine unklare Vorstellung von dieser Weltmacht, die gerade einen Krieg beendet hat und sich nun ins Schneeland selbst einlädt. Tibet lebt außerhalb der Zeit, fernab von den diplomatischen Unwägbarkeiten, unter der geistigen und politischen Herrschaft des Dalai Lama, des höchsten Würdenträgers innerhalb der buddhistischen Hierarchie. Dieser Dalai Lama, der vierzehnte in der Reihe seiner erlauchten Vorgänger, ist noch ein Jüngling, der von den Wirklichkeiten

* [rNam-rgyal bKra-śis]

dieser Welt von einem Regenten, einer Schar von Beratern und von dem unerschütterlichsten aller Schutzwälle abgeschirmt wird: dem Himalaya.

Indessen ist nicht alles in vollkommener Ordnung auf dem Dach der Welt, das so oft als ein Heiligtum der Höhen dargestellt wird. In Lhasa grenzen Reichtum und Armut auf fast unanständige Weise aneinander. Auf dem Lande sind viele Bauern von den Grundherren zu Leibeigenen degradiert. Die Blindheit von Teilen des Adels und der Geistlichkeit, dieses Gefühl der Sicherheit, auf immer und ewig von den Göttern gesegnet zu sein, machen Tibet zu einem abgeschotteten Land, ohne ausreichend feste Beziehungen zu den ausländischen Mächten, die es im Falle eines Angriffs um Hilfe rufen könnte.

Der schlecht beratene Dalai Lama, der keinerlei Vorstellung von den Hintergründen der Weltpolitik hat, stellt für die Kommunisten keine Gefahr dar. Diese haben ein leichtes Spiel, den Vorwand vorzubringen, daß sie dieses Volk von dem »feudalistischen Regime«, unter dem es seit Jahrhunderten lebt, »friedlich befreien« will. Bei der sogenannten »Befreiung« handelt es sich schlicht und ergreifend um eine Annexion dieses Gebietes mit seinen reichen Bodenschätzen, das im Norden Indiens und Nepals strategisch ideal gelegen ist. Um die militärische Operation zu rechtfertigen, behauptet Peking auch, daß dieses Land einst ganz und gar eine chinesische Provinz gewesen sei; was jedoch nicht zutrifft, denn Tibet hat trotz seiner unbestritten engen Bindungen zu seinen mächtigen Nachbarn stets eine Form der Unabhängigkeit gewahrt. Doch Mao Tse-tung weiß, daß niemand es wagen wird, diesen Aspekt der Geschichte in Frage zu stellen. Wer wird sich schon in Europa und den Vereinigten Staaten um das ferne Schneeland Sorgen machen? In Wirklichkeit leisten nur die Khampa-Krieger, die tapferen Reiter aus den weiten Steppen der östlichen Provinz, den Invasoren wirklich Widerstand. Zurückgezogen im Potala (Winterpalast der Dalai

Lamas), auf den Anhöhen der Hauptstadt, entscheidet sich der Dalai Lama vielmehr für den Weg der Versöhnung. Das junge Staatsoberhaupt und seine Berater, die wie alle Buddhisten Anhänger der Gewaltlosigkeit sind, hoffen, ihr Volk auf diese Weise zu retten und dennoch eine Form von kultureller und politischer Selbständigkeit aufrecht erhalten zu können. Sie täuschen sich.

In der streng hierarchisch gegliederten Gesellschaft Tibets ist Namgyal Tashi ein hochangesehener Mann, beauftragt mit der Verwaltung der Landgüter des Klosters Namgyal*, eines der mächtigsten des Landes. Ebenso wie andere namhafte Klosteranlagen (Ganden, Drepung, Sera …) ist dieses Kloster wie eine Art Fürstentum organisiert, das Ländereien und Gebäude besitzt. Die geistige Führung wird von einem Meister – tibetisch *rin-po-che* – ausgeübt, der als neue Inkarnation des Abteigründers gilt. Nun ist der zuständige *rinpoche* kein anderer als der Dalai Lama selbst, der zudem mit den Staatsgeschäften beauftragt ist. Daher die Bedeutung von Namgyal Tashi innerhalb der Hierarchie dieses Klosters. Der gebildete Mann wird wegen seiner Redlichkeit, seiner Gelehrsamkeit und seiner Beherrschung der tibetischen Grammatik geachtet. Ihm sind Bauern und Hilfsarbeiter der *shingas***, der Ländereien der Gemeinschaft, unterstellt.

Namgyal Tashi steht den Einflußreichen zu nahe, um nicht vorhersehen zu können, daß das 1951 begründete friedliche Zusammenleben mit den Chinesen – jedenfalls in Lhasa – nicht von Dauer sein kann. In der Hauptstadt, in der sich die Bevölkerung wegen den an den Khampa-Reitern im Osten des Landes verübten Massakern empört, wächst die Erbitterung beständig, der Aufstand droht. Im März 1959 bricht er schließlich aus. Innerhalb weniger Tage wendet sich die Geschichte Tibets.

* [rNam-rgyal grva-tshaï: Privatkloster der Dalai Lamas in Potala]
** [*źiṅ-kha*]

In der Nacht vom 16. zum 17. März gelingt dem Dalai Lama, in Militäruniform verkleidet und mit einer Pelzmütze auf dem Kopf, die Flucht aus Lhasa. Ebenso wie der General de Gaulle, der im Juni 1940 Frankreich verließ und sich nach England begab, hält der Dalai Lama es für ratsamer, ins Ausland zu gehen, um dort eine Exilregierung zu bilden und zu versuchen, Hilfe von außerhalb zu finden. Vierhundert tibetische Soldaten geleiten ihn zwei Wochen lang auf Pferden und Yaks bei der Überquerung des Himalaya, um Nepal und schließlich Indien zu erreichen. Achtzigtausend Landsleute folgen ihnen in das Land Gandhis, das ihnen gestatten wird, sich in Dharamsala, einer Stadt im Nordwesten, niederzulassen. Über vierzig Jahre später, im Jahre 2001, warten sie noch immer auf eine Rückkehr in die Heimat.

Auch für den jungen Namgyal Tashi bedeutet dieses Frühjahr 1959 das Ende einer Epoche. Der Dalai Lama auf der Flucht, die Chinesen am Ruder … nichts würde mehr so sein wie in den Zeiten, als er die Güter des Klosters verwaltete. Über diese Periode seines Lebens ist nichts Genaueres zu erfahren, aber seine Teilnahme an den gewalttätigen Kundgebungen gegen die Chinesen in dem Viertel von Norbulingkha* steht außer Zweifel. Die Beteiligung an diesem Volksaufstand, der 2000 oder 20000 Opfer gefordert hat, je nachdem, ob man das aus chinesischer oder tibetischer Sicht betrachtet, hat ihm die Verhaftung und die Verurteilung zu Zwangsarbeit eingetragen. Er wird zwei Jahre an dem Ngachenthang genannten Ort, in den östlichen Vororten von Lhasa, verbringen und an der Erweiterung eines kleinen Elektrizitätswerks arbeiten, das Ende der vierziger Jahre von dem österreichischen Bergsteiger Peter Aufschnaiter, dem Gefährten Heinrich Harrers, ausgebaut worden war. Harrer und Aufschnaiter gehörten zu den wenigen Ausländern, die Tibet vor 1950 ken-

* [Nor-bu-gliṅ-kha: »Edelsteingarten«, der Sommerresidenz des Dalai Lama]

nengelernt hatten.* Es ist uns weder möglich gewesen zu erfahren, wie Namgyal Tashi diesen ersten Gefängnisaufenthalt erlebt hat, noch unter welchen Bedingungen er die Haft absolvieren mußte. Verschiedene protokollierte Aussagen von ehemaligen Häftlingen vermitteln allerdings eine recht genaue Vorstellung von den damaligen Arbeitslagern und Gefängnissen.

1959 werden die »Reaktionäre«, die angeklagt sind, das »rückständige« Regime des Dalai Lama zu unterstützen – Namgyal Tashi gehört dazu – zu je zwanzig Leuten unter den entwürdigendsten hygienischen Bedingungen in einer Zelle zusammengepfercht. Sie werden gezwungen, die Erde auf den Feldern umzugraben, den Pflug wie Lasttiere zu ziehen, die Sträucher auf den umliegenden Hügeln mit bloßen Händen auszureißen. Andere schuften in den Steinbrüchen, werden gefesselt und ausgepeitscht, wenn sie ihr Soll nicht erfüllen. Allen Gefangenen ist jegliche religiöse Handlung verboten.** Außer Namgyal Tashi wurde seine ganze Familie wegen feindseliger Haltung gegenüber den Chinesen angeklagt. Das Haus der Schwiegereltern, in dem er mit seiner Frau, Jampa Chonzom, und seinen beiden Kindern lebte, wurde beschlagnahmt und die Bewohner wurden in einem Schafstall untergebracht, um sie gesellschaftlich zu erniedrigen.

* Das Leben Heinrich Harrers, der mit dem Dalai Lama befreundet war, wurde von dem französischen Filmemacher Jean-Jacques Annaud in seinem bemerkenswerten Film *Sieben Jahre in Tibet* (1997), mit Brad Pitt, verfilmt. [Heinrich Harrer, *Sieben Jahre in Tibet. Mein Leben am Hofe des Dalai Lama* [1952], S. 173 f., völlig neubearb. u. erw. Aufl., Frankfurt am Main, Berlin, Wien: Ullstein, 1966, S. 184f., 191; vgl. auch ders., *Wiedersehen mit Tibet*, Innsbruck: Pinguin, Frankfurt am Main: Umschau, 1983, S. 174, und *Erinnerungen an Tibet*, Frankfurt am Main, Berlin: Ullstein, 1993.]

** Protokollierte Aussage von Palden Gyatso, einem Mönch, der dreißig Jahre im Gefängnis verbracht hat, bevor er dem Dalai Lama nach Indien gefolgt ist. Palden Gyatso, der den Vater von Ngawang Sangdrol gekannt hat, befand sich 1959 in Gutsa in Haft.

Mit der Kulturrevolution (1966–1976) setzt dann die schlimmste Zeit der Unterdrückung ein. Alles, was »die alte Zeit« symbolisiert – die Menschen, die Bücher, das kulturelle Erbe, die Religion – war verdächtig, Namgyal Tashi, der Gelehrte, wird zu Zwangsarbeit verurteilt, ebenso seine Frau Jampa Chonzom. Deren Mutter erleidet sogenannte *thamzings*, öffentliche Bestrafungen, in deren Verlauf die »Konterrevolutionäre« entweder hingerichtet werden oder mit einer Haube auf dem Kopf und einem Schild um den Hals öffentlich auftreten müssen, bevor sie den Beschimpfungen, ja sogar den Schlägen der Menge ausgesetzt werden. Die alte Frau wird derart grausam mißhandelt, daß sie daran stirbt.

Die jungen Leute dagegen sind für die Chinesen unentbehrlich. Sie stellen Arbeitskräfte dar, die beim Aufbau des Landes rücksichtslos eingesetzt werden. So finden sich Namgyal Tashi und seine Frau, die wegen der Verbindung zum »reaktionären Klüngel« angeklagt sind, in Tsalhakhang wieder, einem Bergwerk in der Umgebung von Lhasa, in dem die Menschen brutaler als in jedem anderen Gefängnis behandelt werden. Jahre später wird Namgyal Tashi entlassen, er ist abgemagert, das Gesicht zerfurcht, gekleidet in Lumpen. Als wäre diese Demütigung nicht genug, wird auch seine dreizehnjährige Tochter Tamding Lhamo zu Zwangsarbeit (1969) in der Gegend von Dölung verurteilt. Auch sie wird für die Vergangenheit in verhältnismäßigem Wohlstand büßen müssen, einem Wohlstand, der nunmehr sehr fern zu sein scheint.

Zu dieser Zeit, während der Kulturrevolution, ereignet sich ein entscheidendes Drama im Schicksal der Familie. Alle Augenzeugen, die wir aufgesucht haben, haben diesen Zwischenfall hervorgehoben, der lange vor der Geburt der jungen Nonne stattgefunden hat. Er betrifft den ersten Sohn des Ehepaares, Rigzin Gompo.

Der älteste Bruder Ngawang Sangdrols war auf dem Höhepunkt der chinesischen Invasion weniger als zehn Jahre alt und etwa fünfzehn am Anfang der Kulturrevolution. Wie viele junge Leute schließt er sich der Widerstandsbewegung an, um mit geringen Mitteln, aber viel Heldenmut gegen die chinesische Diktatur zu kämpfen. Wahrscheinlich von dem Patriotismus seines Vaters angesteckt, wird er Mitglied einer Gruppe junger Rebellen, für die sich sein bester Freund, ein gewisser Setor, engagiert. Sie schwärmen oft nachts aus, um heimlich kleine Plakate an die Regierungsgebäude zu kleben oder um öffentliche Plätze auszukundschaften.

Eines Abends, als Rigzin Gompo gerade in die Stadt gegangen war, erfahren seine Eltern aus dem Radio, daß ein junger Mann von ungeklärter Identität von Soldaten getötet wurde. Namgyal Tashi und seine Frau bringen ihren Sohn zunächst nicht mit dem Vorfall in Verbindung. Die Stunden vergehen, und am Ende müssen sie sich den Tatsachen stellen: Es ist Rigzin Gompo, ihr erstes Kind, das von den chinesischen Kugeln getroffen wurde. Einige Tage darauf werden sein Freund Setor und etwa zehn andere Jugendliche, die verdächtigt werden, zu der Gruppe zu gehören, die sich »Die jungen tibetischen Tiger« nennt, im Volkspark öffentlich hingerichtet. Bevor sie sterben, schreien sie zum letzten Mal: »Es lebe das freie Tibet!«

Diese Tragödie hat zweifelsohne die Eltern mehr erschüttert als die vorangegangenen Schicksalsschläge. Alle anderen Kinder des Ehepaares – insgesamt vier Jungen und drei Mädchen – werden im Andenken an den als Märtyrer gefallenen Bruder und in der Verehrung des freien Tibet erzogen. Namgyal Tashi geht ihnen dabei als gutes Beispiel – und zwar unter Lebensgefahr – voran. Im Laufe der nicht enden wollenden Kulturrevolution werden seine Frau und seine Kinder erleben, wie er *thamzings* von beispielloser Grausamkeit ausgesetzt wird. Mehrmals müssen ihn die Nachbarn in halb ohnmächtigem Zustand nach Hause bringen, das Gesicht voll Blut, nachdem er von den entfesselten »roten Garden«, dem bewaffneten Arm des wütenden Maoismus, zusammengeschlagen wurde.

Erst in der zweiten Hälfte der siebziger Jahre verbessert sich die Lage des Ehepaares merklich. Selbstverständlich kann keine Rede davon sein, daß Namgyal Tashi, früher eine hochangesehene Persönlichkeit, seine ehemalige Stellung wiedererlangt. Doch die chinesische Strategie in Tibet hat nach Mao Tse-tungs Tod (9. September 1976) eine positive Wendung genommen, die im Dezember 1978 zu einem politischen Kurswechsel führt: Schluß mit der Hysterie, her mit den Reformen. Einige Verantwortliche, die Lhasa besuchen, gehen sogar so weit zuzugeben, daß man in den zwanzig Jahren der Besatzung »Irrtümer« begangen habe. Diese Irrtümer hatten einen hohen Preis: mindestens eine Million Tote nach den Angaben der Tibeter im Exil; nicht zu vergessen die Tausenden von Kultstätten, die zerstört wurden. Von den 6000 Klöstern sind nur noch Ruinen übrig. Die »roten Garden« haben Bücher und heilige Schriften verbrannt, Standbilder zertrümmert und das Gold der Reliquien eingeschmolzen.*

Peking ist bereit, all das zuzugeben. Doch die Selbstkritik hat ihre Grenzen: die des nationalen Interesses. Und das nationale Interesse gebietet, jedenfalls in den Augen der Chinesen, Tibet zu halten.** Die Chinesen räumen Tibet einen weiteren Handlungsspielraum ein, leisten Hilfe bei seiner Entwicklung, suchen sogar den Dialog mit dem noch immer in Indien lebenden Dalai Lama, gewähren dem Land jedoch nicht die Unabhängigkeit. Das Volk von Lhasa erwartet aber

* In seinem Buch *Tibet mort ou vif* (Paris: Gallimard, 1990) schildert unser Kollege Pierre-Antoine Donnet die Periode der Kulturrevolution ausführlich. Wir können die Lektüre dieses Standardwerks nur empfehlen.

** In diesem Buch gebrauchen wir den Namen »Tibet« in Bezug auf das historische tibetische Gebiet. Die Chinesen bezeichnen Zentraltibet als die »Autonome Region Xizang«. Sie rechnen die beiden – heute chinesischen – Grenzprovinzen Amdo und Kham nicht zu dieser »Autonomen Region«. Historisch sind diese Nord- und Ostgebiete jedoch tibetisch. Der gegenwärtige Dalai Lama ist übrigens am 6. Juli 1935 in dem Dorf Tagtser, in der Provinz Amdo, Distrikt Dokham, geboren.

genau das. Die neuen Herrscher von Peking können kaum einschätzen, in welchem Maße die »Irrtümer« ihrer Vorgänger den tibetischen Nationalismus verschärft haben, wie sehr die während der Kulturrevolution erlittenen Greuel dazu beigetragen haben, eine vormals sehr gespaltene Bevölkerung zusammenzuschweißen.

Vor dem Hintergrund einer gemäßigten Entspannungspolitik einerseits und eines übersteigerten Nationalgefühls andererseits hat für Namgyal Tashi und seine Frau die Qual der Zwangsarbeit ein Ende genommen. Nach ihrer Freilassung finden sie als Maurer Beschäftigung

Mit dem Lohn der beiden läßt sich eine immer größer werdende Familie ernähren. Außerdem hat die Familie eine Wohnung im Zentrum von Lhasa erhalten, etwa hundert Meter entfernt vom Jokhang*, einem der Heiligtümer der Stadt. Die Wohnung ist winzig – ein Zimmer im Erdgeschoß, sechs mal vier Meter –, aber das Ehepaar hat gelernt, mit wenig auszukommen.

Dieses dreistöckige Wohnhaus hat früher zum Kloster Sera (gegründet 1419) gehört. 1962 haben es die Chinesen requiriert, um im Falle der Ausweitung des Grenzkonfliktes mit Indien einen Schutzraum daraus zu machen. Man hat in Erwartung von möglichen Kämpfen sogar Schützengräben im Hof ausgehoben. Gleich nachdem er eingezogen war, hat Namgyal Tashi diese Gräben wieder zugeschüttet, bevor er das dunkle und ungemütliche Zimmer im Erdgeschoß einrichtete. Eltern und Kinder müssen in den Hof gehen, um zum Wasserhahn zu gelangen. Ihre Betten, die mehr schlecht als recht auf 24 Quadratmetern untergebracht sind, lassen kaum Platz für weitere Möbel und die Kochecke. Da die Betten mit Teppichen bedeckt sind, setzt man sich darauf, um zu plaudern, zu nähen und zu lesen. Die Decken werden jeden Mor-

* [gTsug-lag-khaṅ: Jo-khaṅ, Stadttempel von Lhasa]

gen zusammengefaltet und aufgeschichtet, um abends wieder auseinandergefaltet zu werden, wenn die Betten nur noch zum Schlafen dienen.

Die Intimsphäre ist in dieser neuen Wohnung schwer zu wahren, da noch andere Familien in dem Haus wohnen. Während die Kinder miteinander auf dem Hof spielen, laden sich die Erwachsenen gegenseitig nach Hause ein. Redselig wie die Tibeter sein können, geht ihnen dabei der Gesprächsstoff nie aus. Namgyal Tashi schätzt dieses Leben in Gemeinschaft mehr als alle anderen. Seine Angewohnheiten haben das maoistische Jahrzehnt überlebt; er ist sich selbst treu geblieben. Er hat ein großes Mundwerk, ist aber dennoch kultiviert und stets bereit zu lachen und anzustoßen. Er begeistert sich für die tibetische Oper (den *lha-mo*), ist ein begabter Sänger und spielt so meisterhaft *danyen**, daß er sich in den Kopf gesetzt hat, es auch seinen Kindern beizubringen.

Diese Abendgesellschaften werden gelegentlich von den Schreien einer Nachbarin gestört, die dem *chang*, dem landesüblichen Gerstenbier, zugeneigt ist. An den Tagen, an denen diese etwa vierzigjährige, mit einem Militär verheiratete Frau im Übermaß trinkt, beginnt sie zu brüllen: »Ich weiß, daß es hier Leute gibt, Feinde der chinesischen Regierung! Ah, zu gerne wüßte ich, was die vorhaben!« Aber sie kann noch so sehr schreien, mit dem drohenden Finger auf diese oder jene Wohnung zeigen, niemand nimmt ihre Drohgebärden ernst. Die Kinder machen sich über sie lustig, und die Eltern sind nicht sonderlich besorgt. Auf ihre Weise gehört sie ins Bild, wie die mürrischen Nachbarn, die man wegen ihrer Schrullen schließlich lieb gewinnt.

Doch im Erdgeschoß wohnt tatsächlich ein Paar von Unabhängigkeitskämpfern. Beide Elternteile sind darauf bedacht, ihren Kindern die Liebe zur Heimat, die Kenntnis von deren tragischem Schicksal zu vermitteln. Vor allem Namgyal Tashi,

* [*sgra-brñan:* eine Art Laute]

der den Spitznamen »der Stier« erhalten hat, widmet dieser Aufgabe seine ganze Kraft. Weder die Zwangsarbeit noch die *thamzings* konnten seine Überzeugungen erschüttern, ganz im Gegenteil, seiner Ansicht nach ist der einzige Ausweg aus den dreißig Jahren der Okkupation die Unabhängigkeit. Selbst in den düstersten Momenten der Kulturrevolution, als die Vorsicht gebot, auch der eigenen Familie zu mißtrauen, hat er nicht aufgehört, privat seine Forderung nach einem freien Tibet geltend zu machen. Mehr noch, er hat stets ein Foto des Dalai Lama aufbewahrt. Allein dieses Schwarzweißfoto, das zu der Zeit aufgenommen wurde, als der Gottkönig noch ein unerfahrener Jüngling war, hätte ihm die schlimmsten Unannehmlichkeiten bereiten können, aber er hat es versteckt, denn er wollte, daß seine Söhne und Töchter sich mit diesem Gesicht vertraut machen. Jetzt noch, in Zeiten der Entspannung, drängen sie sich um ihn, wenn er dieses Foto herausholt. Sie reißen ihre Kinderaugen weit auf und hören die Geschichte von dem jungen Mann, der gezwungen war, über den Himalaya zu fliehen, um den Chinesen zu entkommen.

Namgyal Tashi und seine Gattin, für die die Liebe zum Dalai Lama an Verehrung grenzt, bekennen sich zur Nyingmapa-Schule, einer religiösen Strömung, die als die älteste des tibetischen Buddhismus gilt (8. Jahrhundert). Nun will es der Zufall, daß ausgerechnet in ihrem Viertel ein alter Nyingmapa-Meister lebt. Er heißt Rigzin – wörtlich »Besitzer der Weisheit«* – und kommt aus der angesehenen Schule von Mindroling**. Sein Stammkloster, sieben Busstunden südlich von Lhasa gelegen, war früher dafür bekannt, daß es den Dalai Lamas einen hochwertigen Weihrauch lieferte. Namgyal Tashi bewundert diesen Weisen, macht es sich zur Gewohnheit, ihn jedes Mal zu konsultieren, wenn seine Frau einem

* [*rig-'dzin*: klug, intelligent]

** [sMin-grol-gliṅ: 1676 gegründete, wichtige Lehrstätte der rÑiṅ-mapa in Zentraltibet]

Kind das Leben schenkt. Dann hilft ihm der alte Mann, einen Namen für das Baby zu finden. Jedes Mal entscheidet er sich für einen Namen, der mit »Rigzin« – wie sein eigener – anfängt, was zweifellos in den Augen des stolzen Papa dem Neugeborenen eine Gewähr für Weisheit bietet! So wird die Familie bald ein Mädchen (Rigzin Dolkar) und drei Jungen zählen (Rigzin Chomphel, Rigzin Samdup, Rigzin Lhundup).

Ende 1978, an einem sehr frostigen Tag in der Hauptstadt Tibets, begibt sich »der Stier« noch einmal zum Meister. In diesem Jahr des Erde-Pferdes wurde noch ein Mädchen geboren. Der Meister beschließt, sie »Rigzin Chonzom« zu nennen. Jahre später, als sie Nonne wird und ihr Novizengelübde leistet, wird sie einen anderen, diesmal religiösen Namen erhalten: Ngawang Sangdrol.

3

»*Bumo*«

(1983–1987)

Die Kleine ist kein Kind wie die anderen. Nie hören die Eltern, daß sie jammert, daß sie weint, oder daß sie launisch ist. Ist das die Weisheit, die der alte Nyingmapa-Meister in Aussicht gestellt hatte? Zwar sind auch die anderen Kinder der Familie, insbesondere die Jungs, ebenfalls »Rigzin«, doch sie toben wild durch die Gassen des Viertels. Die Kleine scheint ganz anders zu sein, sanft, friedfertig, anschmiegsam, von außerordentlicher Liebenswürdigkeit. Sie meistert die üblichen Widrigkeiten ihres jungen Lebens mit ungewöhnlichem Gleichmut.

Einer ihrer Brüder, Rigzin Lhundup, der fünf Jahre älter ist als sie, ist ihr Beschützer geworden, ihr auserwählter Ritter, den sie einfach »älterer Bruder« nennt, tibetisch »Dschodscho«*. Die beiden sind unzertrennlich. Tagsüber schließen sie sich den Jungs aus der Umgebung an, um Verstecken oder *akdo* zu spielen, ein Geschicklichkeitsspiel, das darin besteht, daß man eine Handvoll Steine in die Luft wirft und dann versucht, möglichst viele Steine auf dem Handrücken aufzufangen. Wie ihre Spielgefährten lieben sie es, sich dadurch Angst einzujagen, daß sie schreckliche Dämonen und auch Löwen, Tiger, Schneeleoparden nachahmen ... Doch sobald das Spiel zu wild wird, sucht sie Schutz hinter ihrem Bruder, der den

* [*jo-jo*]

Streit auf seine Art schlichtet, mit Fausthieben, wenn es sein muß. Die Kleine entzieht sich solchen Rangeleien; denn Gewalt ist ihr fremd.

Nachts schlafen die beiden zusammen in einem der vier Betten im Wohnraum der Familie. Das geduldige Wesen seiner Schwester bleibt Dschodscho ein Rätsel, und so versucht er sie unablässig zu reizen, um die Grenzen ihrer Geduld herauszufinden. Im Winter, wenn die Kälte sie sogar unter den Decken zittern läßt, berührt er sie leicht mit seinen eiskalten Füßen und erwartet, daß sie schreit. Doch die Kleine stößt ihn nicht zurück; ganz im Gegenteil, sie nimmt seine Füße, reibt sie und legt sie an ihre Brust, um sie zu wärmen!

Die frommen Eltern erziehen ihre Kinder im Geiste des Buddhismus. Sie möchten, daß sich jedes Kind entfalten kann und das Höchstmaß seiner Fähigkeiten entwickelt. Statt die Kinder zu schlagen, sind die Eltern bemüht, mit ihnen zu reden und ihnen die Grundsätze der buddhistischen Philosophie zu vermitteln: Entsagung und Hingabe. Tatsächlich halten es die Buddhisten für ein Privileg, das eigene Dasein dem Wohle der Nächsten und der Menschheit zu opfern. In den früheren Leben muß man viele Verdienste erworben haben, um die Bereitschaft zur Entsagung zu erlangen. Das persönliche Schicksal ist unter diesen Umständen unbedeutend; selbst Leiden und Tod scheinen unwichtig zu sein. Obwohl die Kleine noch zu jung ist, um sich der geistigen Bedeutung von Gut und Böse bewußt zu sein, ahnen die Angehörigen die Tiefe ihrer Güte, ihrer Klugheit, ihres Mitleids.

So nachsichtig Namgyal Tashi auch sein mag, wird ihn die Kleine zwei Mal so sehr in Rage erleben, daß er einem der Kinder eine Tracht Prügel verpaßt.

Der erste Zwischenfall betrifft Dschodscho, den Raufbold. Eines Tages kommt er nach Hause, nachdem er seinen Gegner niedergeschlagen hat. Voller Wut steht »der Stier« im Begriff, seinem hitzköpfigen Sohn das Fell zu versohlen, als die Jungs aus dem Viertel sich ein Herz fassen und herbeieilen, um für ihren Kameraden einzutreten. Ihrer Meinung nach läge die Schuld auf beiden Seiten und Dschodscho würde die väterlichen Schläge nicht verdienen. Der Vater ließ sich schließlich überzeugen, erteilte seinem Sohn aber eine lange Standpauke über Gewalt und Respekt.

Der zweite Zwischenfall betrifft die Kleine und einen anderen Bruder, den acht Jahre älteren Rigzin Samdup. Eines Abends, mitten in den Feierlichkeiten des tibetischen Neuen Jahres, haben sich alle Kinder auf der Straße versammelt, um Knallfrösche und Feuerwerkskörper anzuzünden. Die Kleine geht auf ihren Bruder zu und fleht ihn an:

»Ich möchte auch eine Rakete abschießen, bitte gib mir eine!«

»Also gut, gib die Hand!«

Die Kleine streckt ihm ihre rechte Hand entgegen. Rigzin Samdup legt eine Rakete hinein.

»Halt sie mit deinem Zeigefinger fest«, befiehlt er.

Er zündet die Zündschnur an, die Rakete fliegt los und reißt der Kleinen ein Stück vom Zeigefinger ab. Mit einem Verband um den Finger wird sie ins Krankenhaus gebracht. Die Ärzte reinigen die Wunde, schneiden die zerfetzte Haut ab und fragen nach dem fehlenden Fingerglied. Doch leider befindet sich das Glied in einem zu schlechten Zustand, um replantiert werden zu können.

Zu Hause angekommen, legt sich die Kleine wie jeden Abend neben Dschodscho. Ihr anderer Bruder ist verschwunden: Da er sich vor dem Vater fürchtet, hat er sich nach dem Unfall nicht mehr gemeldet. Das kleine Mädchen weint vor Schmerzen, doch es ist ihrem Bruder nicht böse. Die ganze Nacht, während die Eltern angespannt auf die Rückkehr des Schuldigen warten, bittet sie unablässig um dessen Nachsicht:

»Bestraft ihn bitte nicht, ich flehe euch an, schlagt ihn nicht!«

Besonders der Vater ist so aufgebracht, daß Rigzin Samdup eine denkwürdige Prügelstrafe erwarten kann. Doch die Kleine überredet ihren Vater, den Jüngling nicht zu verprügeln.

Die kleine Rigzin Chonzom, die künftige Ngawang Sangdrol, ist erst fünf Jahre alt, aber ihr Charakter ist bereits außerordentlich ausgeprägt und ihr Weg klar vorgezeichnet: Sie will Nonne werden. Dieses Vorhaben liegt ihr so sehr am Herzen, daß sie sich sehr kurz geschnittene, fast ganz abrasierte Haare wünscht, so wie die Nonnen sie haben, denen sie in Lhasa hin und wieder begegnet. Sie lehnt alle Koketterie ab und trägt kein *chupa*, das traditionelle tibetische Kleid. Nur Hosen. Und diese nur in den Farben der Mönche: weinrot, braun, rot, gelb.

Ohne Erfolg versucht die Mutter ihr beizubringen, daß sie noch Zeit habe, über ihre Zukunft nachzudenken, daß ein so fröhliches Mädchen kokett sein müsse: Aber davon will sie ganz und gar nichts wissen. Sobald ihre Haare ein ganz klein wenig nachwachsen, bittet sie eine ihrer Schwestern, eine gelernte Friseurin, sie ihr abzuschneiden. Ihre Mutter, die Sanftheit in Person, greift nicht ein. Die Kleine, die lieb, aber dickköpfig ist, würde ihre Meinung ohnehin nicht ändern. Sie wird umso weniger ihr Vorhaben aufgeben, als ihre ältere Schwester – diejenige, die zehn Jahre Zwangsarbeit geleistet hat – gerade ins Kloster gegangen ist. Eine Entscheidung, die von den Eltern sofort gutgeheißen wurde. Dazu muß man anmerken, daß die nationale Eigenart und der Buddhismus in diesem traditionsverbundenen Land eng miteinander verschränkt sind. Die religiösen Institutionen, die viel mehr sind als nur einfache Stätten des Kultes und der Entsagung, sind wie Schulen eingerichtet, in denen die Philosophie und die Rituale des Buddhismus, die Kultur, die Kunst, die Heilkunde, die Astrologie Tibets gelehrt werden. Einige ihrer Bibliotheken umfassen mehrere tausend Bände, sofern sie die kommunistischen Plünderungen überstanden haben. Der Eintritt ins Kloster gestattet also den Zugang zum kollektiven Gedächtnis des Landes, zu den Wurzeln seiner Geistigkeit, fernab von den unter chinesischem Einfluß stehenden Schulen. Die Novizinnen, manchmal erst zehnjährig, werden von ihren Familien getrennt – ungefähr so, als wären sie im Internat –, können aber mit den Ratschlägen und der Zuneigung von Tutoren rechnen. Erfahrene Mönche oder Nonnen, die damit beauftragt sind, für ihr Wohlbefinden zu sorgen und ihnen bei den Schularbeiten zu helfen.

Nicht immer haben die Nonnen einen solchen Platz in der tibetischen Gesellschaft innegehabt. Es gab Zeiten – vor den achtziger Jahren –, als Nonnen die Verachtung ihrer Mitbrüder über sich ergehen lassen mußten. Sie waren viel weniger zahlreich als die Mönche, stellten die unterste Stufe der Geistlichkeit dar und mußten sich mit einer schlechteren Ausbildung begnügen. Aus Mangel an Mitteln mußten viele von ihnen betteln oder sich bei reichen Stadtbewohnern verdingen, um überleben zu können. Ein tibetischer Sinnspruch lautete: »Wenn du einen Herrn möchtest, mach einen Mönch aus deinem Sohn. Wenn du eine Dienerin willst, mach eine Nonne aus deiner Tochter«. Seit Anfang der achtziger Jahre hat sich die Lage jedoch gebessert: Viele Nonnen haben sich die Achtung aller errungen, indem sie am Widerstand teilnahmen.

Tamding Lhamo, die Schwester der Kleinen, ist keine Kämpfernatur, dennoch zollt ihr die ganze Familie tiefe Bewunderung. Als sie den Eltern ihre Absichten kundgab, halfen diese ihr bei der Suche nach einem geeigneten Kloster. Bei dieser Gelegenheit konnten sie die Enge der »Öffnung« erleben, die von den chinesischen Behörden am Ende der Kulturrevolution versprochen wurde. Die Mehrzahl der Klöster, die während dieses Jahrzehnts der Gewalt beschädigt oder zerstört wurden, sind nicht mehr in Betrieb. Und die Religionsfreiheit, die ebenfalls von Peking in einem Bestreben um Demokratisierung gewährleistet wurde, bleibt rein theoretisch. Zwar drängen sich Scharen von Pilgern, die zu Fuß oder mit Reisebussen aus den entferntesten Provinzen angereist sind, in der unmittelbaren Umgebung des Jokhang, dem Haupttempel von Lhasa. Es ist ihnen erlaubt, sich niederzuwerfen, Hunderte Male »*Oṃ maṇi padme hūṃ*«, das Mantra des Chenrezig*, des Bodhisattva des Allmitleids, zu murmeln und die Gebetsmühlen zu drehen.** Doch all das spielt sich unter den Augen der Polizei ab, als wären die angesichts dieser Verehrung skeptischen Chinesen jederzeit bereit, beim geringsten Zwischenfall einzugreifen. Die chinesischen Besatzer glauben, den Vorgang der Liberalisierung im Griff zu haben, haben es aber tatsächlich nicht. Auch können sie nicht einschätzen, in welchem Maße das Wiedererstarken der Religion nach Jahren des roten Obskurantismus eine neue Blüte des Nationalismus begleitet. Wenn Tausende von jungen Leuten, Jungen und Mädchen, begierig sind, in die Klöster einzutreten, so geschieht dies auch, um »die Sache« – friedlich – zu verteidigen.

Hat Tamding Lhamo mehr Glück oder ist sie besser beraten als die anderen Anwärter auf die geistliche Laufbahn? Jedenfalls hat sie im Kloster einen Mentor gefunden – einen alten, soeben aus dem Gefängnis entlassenen Mönch –, der bereit ist, sie auszubilden und ihr die Grundlehren in reichem Maße zu übermitteln. Später, als sie Fortschritte in ihrer geistigen Ausbildung machen konnte, trat sie in das Kloster Tashichöling ein. Seitdem ist ihr Kopf kahlrasiert, als Zeichen des Ver-

* [sPyan-ras-gzigs, skr. Avalokiteśvara]

** Die »Gebetsmühlen« (tibetisch *ma-ṇi-chos-'khor-lo*) sind Kupferzylinder, in deren Inneren sich Papierstreifen befinden, die mit heiligen Gebetsformeln (*mantra*) bedruckt sind. In den Tempeln sind diese Mühlen mannshoch, in Reihen aufgestellt und drehen sich um eine Achse. Die Pilger setzen sie mit der Hand in Bewegung als Zeichen der Verehrung des Bodhisattva des All-Erbarmens. [Zur tieferen Bedeutung der so genannten Gebetsmühlen vgl. Lama Anagarika Govinda, *Der Weg der weißen Wolken. Erlebnisse eines buddhistischen Pilgers in Tibet*, Zürich, Stuttgart 1969, S. 47 ff. Zum großen Mantra vgl. ders., *Grundlagen tibetischer Mystik. Nach den esoterischen Lehren des Großen Mantra Oṃ Maṇi Padme Hûṃ*, Zürich, Stuttgart 1957, 2., erw. Aufl. 1966.]

zichts auf die Güter und die Freuden dieser Welt. Sie kommt nur noch ein oder zwei Mal im Monat nach Hause.

Jeder ihrer Besuche ist für die Kleine ein Fest.

»Ich will auch Nonne werden!« ruft sie ihrer Schwester entgegen und klammert sich an ihren Nonnenrock, dem *chamtab*, fest.

»*Bumo* (kleines Mädchen), du bist noch zu jung, um ins Kloster zu gehen! Warte noch ein paar Jahre! Geh zuerst in die Schule, und dann sprechen wir noch darüber.«

Mit sieben kommt die Kleine in eine Grundschule in der Innenstadt. Wie die anderen Schüler auch (es sind ungefähr achthundert) hat sie sechs Unterrichtsstunden täglich im Sommer und fünf im Winter. Man bringt ihr im wesentlichen Chinesisch und Tibetisch bei. Von der Geschichte Tibets ist nie die Rede, auch nicht von China und vom Westen.

Die Kleine erzielt in jedem Fach hervorragende Ergebnisse. Ihre Mitschüler aus der Grundschulklasse staunen jeden Tag, wenn sie beobachten, wie sie die tibetischen Buchstaben mit der Leichtigkeit eines Malers zeichnen kann. Die Freunde von Dschodscho, die Bengel aus der dritten Klasse, lassen keine Gelegenheit aus, sich über den »großen Bruder« lustig zu machen: »Deine Schwester ist fünf Jahre jünger, aber sie ist schon besser als du!« Das stimmt, aber Dschodscho ist zu stolz auf seine Schwester, um sich zu ärgern. Immer wenn die Kleine nach Hause kommt und den Eltern die Zensuren zeigt, gratulieren sie ihr ebenso liebevoll wie ihm. Die Eltern können aber nicht über ihre Zukunft reden, ohne daß die Kleine ihren sehnlichsten Wunsch äußert: Nonne will sie werden!

Trotz dieses für ein Kind in ihrem Alter verblüffenden Ehrgeizes ist sie kein trauriges, zurückgezogenes, verträumtes Mädchen. Sprühend vor Leben, immer vergnügt, geht sie den Freuden der Kindheit nicht aus dem Weg. Jedes Mal, wenn ihre Eltern ihr drei Silbermünzen Taschengeld geben, gibt sie sie für Kandiszucker oder Karamelbonbons aus. Ihre Zähne werden so zu schwarzen Stümpfen. Dschodscho nennt sie deswegen, nie um eine Hänselei verlegen, »*Mo-o-lag*«*, was ihre Naschhaftigkeit jedoch keineswegs bremsen kann. Außer Süßigkeiten ißt die Kleine eine bestimmte Art kugelrunder und scharf gewürzter chinesischer Teigwaren leidenschaftlich gern.

Zu Hause benimmt sie sich wie ein ausgeglichenes und fröhliches Mädchen. Abends, wenn ihr Vater Freunde empfängt und Musik macht, tanzt und singt sie den Gästen vor. Doch ihr größtes Glück besteht darin, neue Lieder von Tamding Lhamo, der bewunderten Schwester, zu lernen. Jedes Mal, wenn diese einige Tage bei der Familie verbringt, bedrängt sie die Kleine: »Bring mir Lieder bei, alle Lieder, die du kennst!« Die junge Nonne läßt sich nicht lange bitten. Stundenlang bringt sie der hochbegabten kleinen Schwester Lieder bei. Es gibt viele Refrains der Freiheit, die in der Zeit der Zwangsarbeit gesummt wurden.

Von allen Familienmitgliedern bleibt indessen Dschodscho der Kleinen am nächsten. Nachts erzählt sie ihm von ihr selbst erfundene Fabeln. Alle fünf Minuten muß er seine Aufmerksamkeit mit »*hon hon*«** kundtun, was beweisen soll, daß er den Faden der Erzählung nicht verloren hat. Wenn ihm die Augen halb zufallen oder er nach ihrem Geschmack etwas zu viel gähnt, schüttelt sie ihn:

»Dschodscho, hörst du mir noch zu?«

»*Hon hon.*«

Er fragt sich, woher sie wohl all diese Fabeln hat, die manchmal so lang sind, daß sie bisweilen mehrere Tage braucht, um sie mit verschiedenen Episoden zu entwickeln. Meistens handelt es sich um Geschichten ohne Ende und ohne Moral, die nur von der Freude an der Sprache und vom Traum inspiriert sind. Einige, die sowohl Witz als auch Gewalt auf seltsame Weise verbinden, zeugen von einer unglaublichen Reife für ein Kind in diesem Alter. So etwa die Geschichte vom Hasen:

* [*rMo'o-lags:* Großmutter]

** [*aṅ-aṅ:* jaja]

Es waren einmal ein Mann und eine Frau, die sich auf die Suche nach einer Pflegemutter für ihren Sohn begaben. Unterwegs begegneten sie einem Hasen, der sie herbeirief:

»Wohin des Weges?«

»Wir suchen nach einer Kinderfrau für unseren Säugling.«

»Abgemacht«, sagte der Hase, »ich werde mich um ihn kümmern.«

»Wie willst du denn das anstellen?«

»Ich werde einen Teil der Speise essen und ihm das geben, was übrigbleibt.«

»Nein, nein«, erwiderten die Eltern, »dich wollen wir nicht.«

Und sie gingen weiter, bis sie einem anderen Hasen begegneten, mit dem sie das gleiche Gespräch führten. Vergebens. Sie gaben jedoch die Hoffnung nicht auf, setzten ihre Suche fort und sahen einen dritten Hasen, der zu ihnen sagte:

»Ich werde eure Kinderfrau sein. Ich werde ihm all die gute Speise geben und mich mit den Resten zufriedengeben.«

Das Ehepaar willigte ein, und der Hase begleitete sie nach Hause. Der Mann und die Frau gingen zur Arbeit und ließen das Tier auf den Säugling aufpassen. Der Hase nutzte die Gelegenheit, fraß den Säugling auf und ergriff dann die Flucht.

Als sie heimkehrten, entdeckten die Eltern das Unglück. Sie machten sich auf die Suche nach dem Hasen, um mit ihm abzurechnen, und schließlich fanden sie ihn. Der Vater steckte ihn sofort in einen Sack. Die Mutter rannte nach Hause und sagte zu ihrem Mann:

»Bis du nach Hause kommst, setze ich Wasser auf, um diesen niederträchtigen Hasen zu kochen, und dann werden wir ihn essen!«

Der Vater blieb unterwegs stehen, um einen Augenblick zu ruhen, und stellte den Sack einige Schritte von sich entfernt ab. Der Hase hörte die Raben und rief sie zu Hilfe:

»Ihr Raben, o ihr Raben! Helft mir doch! Macht den Sack auf, löst den Knoten!«

Die Vögel gehorchten und öffneten den Sack mit ihren Schnäbeln. Der Hase kroch heraus aus dem Sack und füllte ihn dann mit dornigen Ästen, Steinen und Eis.

Der Mann hat aber nichts bemerkt. Er ging fort, den Sack auf dem Rücken. Als er ging, fingen die Dornen der Sträucher an, ihn zu stechen. Er sprach zum Hasen, den er selbstverständlich im Sack gefangen wähnte:

»He, he, Hase, schlag deine Krallen nicht in meinen Rücken!«

Einige Meter weiter spürte der Mann, wie eine Flüssigkeit ihm den Rücken herunterlief. Es war das schmelzende Eis. Er schrie:

»He, he, Hase, pinkle mich nicht an!«

Zu Hause angekommen, rief er seiner Gefährtin zu:

»Weib, heb den Deckel deines Kochtopfes hoch, damit ich diesen verfluchten Hasen hineinwerfe!«

Die Steine fielen auf den Boden des irdenen Topfes, zerbrachen ihn, und das brodelnde Wasser lief in der Küche aus. Wütend beschloß das Paar, den Hasen wiederzufinden. Doch diesmal ging es nicht mehr darum, ihn zu kochen und zu essen, sondern darum, ihm den Garaus zu machen. Als sie ihn gefangen hatten, brachten sie ihn nach Hause und banden ihn an der Treppe fest. Der Mann nahm einen riesigen Stein. Er stellte sich über dem gefesselten Hasen auf, in der festen Absicht, ihn zu erschlagen. Die Frau blieb am unteren Ende der Treppe stehen, mit einer Lanze in der Hand, um das Tier zu durchbohren. Der Hase war aber schlau. Als er sah, wie der Stein und die Spitze der Lanze näherkamen, wich er aus und war so im Bruchteil einer Sekunde unter der Treppe. Der Mann und die Frau konnten ihren Schwung jedoch nicht mehr bremsen. Der Mann zerschmetterte den Schädel seiner Frau mit dem Stein; die Frau durchbohrte den Bauch ihres Mannes mit der Lanze. Und so sind alle beide gestorben …

1985 zieht die Familie um. Die Wohnung im Jamyang Shar-Viertel ist für das Ehepaar und seine sieben Kinder zu eng geworden, selbst wenn Tamding Lhamo von nun an im Kloster lebt. Namgyal Tashi und seine Frau verdienen genug, um eine geräumigere Wohnung zu mieten, ebenfalls im Zentrum von Lhasa, ganz in der Nähe des Mentsikhang*, des Zentrums für tibetische Medizin und Astrologie.

Die Altstadt hat sich seit der chinesischen Invasion 1950 sehr stark verändert. Tibetische Läden, hundert Jahre alte Häuser und Heiligtümer sind dem Ansturm der Bulldozer und der Roten Garden zum Opfer gefallen. Trotz allem schlägt hier das Herz der Stadt, und das des ganzen Landes; hier hat die Politik der Öffnung, die China Ende der siebziger Jahre in Aussicht gestellt hatte, die sichtbarsten Folgen: Westliche Touristen drängen sich durch die Straßen. Sie kommen in Gruppen an, betreut von wachsamen Reiseführern, und reisen wieder ab, ohne die Verzweiflung dieses im eigenen Land gefangenen Volkes auch nur zu ahnen. Andere Reisende, die auf eigene Faust kommen, wagen sich außerhalb der ausgetretenen Pfade vor und suchen die Begegnung mit der Bevölkerung. Sie entdecken so die tibetische Wirklichkeit: Ein durch die verheerenden Auswirkungen der Kulturrevolution traumatisiertes Land; die Religionsfreiheit steht nur auf dem Papier; die Polizei und die chinesische Armee sind allgegenwärtig, unterstützt durch einige Tibeter, die eifrig mit dem kommunistischen »Herrn« kollaborieren. Der Gedanke an Unabhängigkeit gilt nach wie vor als höchst subversiv und der Dalai Lama als verhaßte Persönlichkeit. Obwohl er Tibet bereits vor einem Vierteljahrhundert verlassen hat, wird er von seinen Landsleuten hoch verehrt. Das Exil hat seinen Einfluß nicht geringer werden lassen, sondern vielmehr verstärkt. Die durchreisenden Touristen, die »gelben Köpfe« (die Blonden, das heißt die Westler), die mit Rucksäcken über

* [sMan-rtsis-khaṅ]

das Dach der Welt reisen, werden von zerlumpten Jungs nicht um Bonbons oder Dollars, sondern um Fotos des Dalai Lama gebeten.

Alle Kinder der Familie, allen voran die Kleine, fühlen sich von Anfang an wohl in ihrer neuen Wohnung. Dieses Gebäude aus Quadersteinen, in dem einst das Kloster Thenguyenling untergebracht war, ist noch immer erfüllt mit Geschichte und Geistigkeit. Man erreicht es durch eine enge Gasse ohne Gehsteige, die gerade so breit ist, daß ein Wagen durchfahren kann. Rechts vom Eingang wohnt ein Maler, ein Mann von etwa fünfzig Jahren, dessen Wangen mit ihren geplatzten Äderchen den Hang zur Trunksucht erraten lassen. Er malt vor allem *thangkas*, feinste farbenfrohe Darstellungen des religiösen Lebens. Im obersten Stock entdeckt die Kleine zu ihrem Glück einen winzigen, mit Statuen geschmückten Tempel. Dort leben vier Mönche des Klosters Samye*. Jeden Tag hören die anderen Mitbewohner ihre Gebete und den hohen und klagenden Klang der *gyalings***.

Die Wohnung der Familie liegt im Erdgeschoß und ist sehr viel komfortabler als die vorherige. Es gibt eine Küche, ein Gemeinschaftszimmer und vor allem einen *chökhang****, einen dem Familienschrein vorbehaltenen Raum. Der *chökhang* ist ein Ort der inneren Sammlung; dort dürfen Familienmitglieder nicht schlafen, dies ist eine Ehre, die nur hohen Gästen und Mönchen oder Nonnen zuteil wird. Eltern und Kinder versammeln sich jeden Abend in diesem Raum, um die Gebete der einundzwanzig Tārās****, der Schutzgöttinnen der Menschheit, zu intonieren. Die Kleine hat sich diese Texte mit so viel Eifer eingeprägt, daß sie sie ebenso gut wie ihre Schulaufgaben kennt. Der auf diese Weise besetzte Familienchor, von der

* [bSam-yas, gegründet um 779, ältestes Kloster Tibets]

** [*rgya-gliṅ:* eine Art Oboen]

*** [*chos-khaṅ:* »Kapelle«]

**** [die 21 Emanationen der Tārā: *sGrol-ma-kyil-'khor]*

zarten Stimme des kleinen Mädchens bis zu dem Tenor des Vaters, wirkt sehr edel, vor allem in einer so einfachen Umgebung. Der Schrein beschränkt sich auf ein Möbel in leuchtenden Farben, eine Art Anrichte aus zwei Teilen. Der obere Teil ist ein Schrank mit Glasscheiben, in dem die Statuetten des Buddha und der anderen Gottheiten des tibetischen Pantheons stehen. Auf dem niedrigeren, aber breiteren Teil werden die Opfergaben für die Götter niedergelegt: die Schälchen mit Reis, Gerste oder geröstetem Gerstenmehl, das einfach oder mit Tee gemischt verzehrt wird, in denen Weihrauchstäbchen, Blumen und Miniaturmusikinstrumente (Glocken, kleine Becken) stecken. Dann gibt es noch die Butterlampen, die Kerzen der Himalaya-Gegend, die den Altar mit ihren zarten Flammen beleuchten.

Die Pflege des *chökhang* ist fast ausschließlich die Aufgabe der Kleinen. Jeden Morgen spült sie die Butterlampen ab und zündet sie dann für den Tag an. Sie füllt die sieben Schalen, die den Gottheiten für die Läuterung aller Lebewesen dargebracht werden, mit Wasser und leert sie am Abend.

Ihr Eifer, ihre Gründlichkeit bei den rituellen Gesten werden von den vier Mönchen im letzten Geschoß bewundert. Jedes Mal, wenn sie ihren Vater besuchen kommen, staunen sie über die Klugheit und die Reife des Mädchens. Sie empfängt die Mönche, drückt sich in gewählter Sprache aus und kredenzt – höchst weltgewandt – den Tee mit Butter von der *dri**. Sie beherrscht mit ihren sieben Jahren die komplizierten Gebräuche dieser jahrhundertelangen Tradition perfekt: Die Tassen werden nach dem gesellschaftlichen Rang des Gastes verteilt und mit einem flachen Untersatz, einem Fuß oder einem Deckel versehen – je nachdem, ob es darum geht, einen weltlichen oder einen geistlichen Gast zu ehren. Die mit versilberten Motiven geschmückte Teekanne aus Kupfer wird hoch über die Tasse gehalten, um den Tee von oben herab ein-

* [*'bri:* Yakkuh]

zugießen. Sie wird dann mit einer langsamen Schulterbewegung bis hin zur Tasse gesenkt... Die Gäste, die den Brauch ebensosehr achten, lehnen den Tee dreimal ab, bevor ihre junge Gastgeberin sie mit einigen tiefen Verneigungen und einem Lächeln schließlich doch überredet. Erst dann kosten sie von dem cremigen Tee. Sie trinken mindestens drei Tassen, was für den Kenner der guten Sitten eine sehr hohe Stufe der Höflichkeit bedeutet.

Für die Kleine sind die Besuche dieser drei Mönche immer einzigartige Augenblicke, Gelegenheiten, den Männern des Glaubens näherzukommen und auf diese Weise zu versuchen, die lange Abwesenheit von Tamding Lhamo, der Schwester und Nonne, zu überbrücken. Diese Zusammenkünfte sind nicht die einzige Verbindung der Familie mit der Religion. Wie vielen ihrer Landsleute liegt Namgyal Tashi und seiner Frau Jampa Chonzom die Erhaltung der Kultstätten sehr am Herzen. Jeden Sonntag pilgert die Familie zu den Klöstern der Umgebung. Eltern und Kinder gehen zu Fuß oder radeln mit den drei oder vier Fahrrädern, die »der Stier« gekauft hat, weil er sich ein Motorrad oder ein Auto nicht leisten konnte. Das Ehepaar spendet einen Teil seiner Ersparnisse für die Restaurierung der während der Kulturrevolution abgerissenen oder beschädigten Bauten. Die Chinesen, die sich des touristischen Potentials eines derartigen Kulturerbes durchaus bewußt sind, fördern – manchmal sogar finanziell – diese Unternehmung. So haben sich die Eltern der Kleinen seit 1984 an der Wiederinstandsetzung des Tempels des Klosters Gari* beteiligt, die Rekonstruktion einer Steintreppe des

* Die Meinungen über Schreibweise und Aussprache des Namens dieses Klosters gehen auseinander. In Tibet wie in Indien meinen einige Tibeter, daß es »Garu« heißen müsse. Aber unsere Gesprächspartner, unter denen auch ehemalige Mönche des in Frage stehenden Klosters waren, versicherten uns, daß die richtige Bezeichnung »Gari« lautet. So haben wir uns ihrer Meinung angeschlossen.

Tempels Palhalupuk finanziert und bei den Arbeiten im Kloster Tsurphu mitgewirkt.

Nun widmen sie all ihre Kräfte dem Kloster Samye, aus dem die vier Mönche kommen. Da die Gebäude des Klosters von den Kommunisten fast völlig zerstört worden sind, fehlt es nicht an Arbeit. Der Wiederaufbau hat auch zwei der Söhne mehrere Monate lang in Anspruch genommen, unter ihnen den tatkräftigen Dschodscho, der so eifrig mitmacht, daß er schließlich selbst in das Kloster eintritt.

Dschodscho, der angebetete Bruder, der Beschützer bei den aufregenden Versteckspielen, der unzuverlässige Zuhörer in den schlaflosen Nächten wird Mönch. Für die Kleine ist das ein zusätzlicher Anreiz, den Weg des Glaubens einzuschlagen. Die Nachricht hat ihren Entschluß bestärkt. Niemand wird sie mehr umstimmen können – auch Dschodscho nicht, mit dem sie ein lebhaftes Gespräch darüber führt:

»Man hat mir gesagt, daß ich zur Schule gehen sollte, wenn ich Nonne werden will«, ruft sie ihm zu. »Nun da ich zur Schule gegangen bin, kann ich also Nonne werden!«

»Aber warum willst du Nonne werden?« ereifert sich der junge Mönch. »Na warum denn ... doch wohl darum, weil ich Mönch bin. Einer von uns im Kloster, das reicht. Setze also dein Studium fort. Du bist klug, du hast gute Zensuren. Ich kenne dich doch, du willst es doch nur unserer Schwester gleichtun!«

Die Kleine läßt nicht locker. Ihr Vorsatz wird zu einer Zwangsvorstellung. Das einzige Zugeständnis, das sie an die Schlichtheit ihrer Kleidung machen wird, ist ein Geschenk ihrer Mutter: Eine Jacke aus grauem Kunstpelz, gefüttert mit roter Baumwolle. Ein Geschenk, das sie bei allen Gelegenheiten tragen wird. Die einzige Koketterie ihrer Kindheit.

Die Mitglieder der Familie hätten den geistlichen Plänen wohl kaum Beachtung geschenkt, wenn die Kleine ein launisches Mädchen gewesen wäre, das seine Meinung von einem

Tag auf den anderen ändert. Das Gegenteil ist der Fall: Sie scheint immer gleichbleibender Stimmung zu sein, liebenswürdig und hilfsbereit. Ihre starke Persönlichkeit und ihre Heiterkeit haben sie zum Mittelpunkt der Familie gemacht. Ihre beiden älteren Schwestern – die Nonne und die etwa zwanzigjährige Rigzin Dolkar – können ihr nichts abschlagen. Auch als die Kleine ihnen vorschlägt, daß sie selbst neue Lieder komponieren sollten, haben die beiden Größeren eingewilligt. Seitdem hat es sich das Trio angewöhnt, sich in die Wohnung einzuschließen, wenn Tamding Lhamo aus dem Kloster nach Hause kommt, um stundenlang zu singen. Meistens geht es um reine Improvisation, um gesungene »Debatten« nach tibetischer Art, in der sich die verschiedenen Teilnehmer anreden und rhetorisch herausfordern, als wollten sie sich daran erinnern, daß einst die Meister des Buddhismus (Marpa, Milarepa* ...) einige Lehren singend vortrugen. Die Kleine erweist sich als äußerst begabt für diese Übung und läßt ihrer Einbildungskraft freien Lauf. Ebenso macht es ihr großen Spaß, die Schauspieler nachzuahmen, die sie im Fernsehen gesehen hat. Als ihre Eltern ein Fernsehgerät kaufen, prägt sie sich mit verblüffender Leichtigkeit die flüchtigsten Antworten ein, die nichtssagendsten Gebärden. Alle brechen in schallendes Gelächter aus bei ihrer »Show«, die sehenswerter ist als die langweiligen, durch den Filter der Zensur gegangenen Programme.

Was weiß die Kleine von dem Leiden in ihrer eigenen Familie? Von der Jugend ihrer Eltern im Dienste des Klosters des Dalai Lama, von der Ankunft der Chinesen, vom Diebstahl ihrer

* [Mar-pa (1012–1097), Heiliger, Übersetzer aus dem Sanskrit, Begründer der bKa-rgyud-pa-Schule des tibetischen Buddhismus, Lehrer des Mi-la-ras-pa (1040–1123). Dieser Mi-la, »der mit einem Baumwolltuch bekleidete« Yogin und Heilige ist bis heute der verehrteste Dichter Tibets.]

Güter, von der Zwangsarbeit, von der Kulturrevolution? Ihr Vater erinnert sich jeden Tag neu an die Demütigungen, die Gewalttaten und die Lügen aus der nun schon fünfunddreißig Jahre andauernden Besetzung. Die offiziellen Schulbücher schreiben, daß das tibetische Volk dank dem Kommunismus »aufblüht«. Doch die Öffnungspolitik, die Ende der siebziger Jahre versprochen wurde, stößt an ihre Grenzen: Zwischen den in Peking verkündeten Entscheidungen und ihrer täglichen Durchführung durch die in Tibet eingesetzten Beamten gähnt ein Abgrund. Die einflußreichen Beamten, die sich an ihre Privilegien klammern, haben für die Tibeter nur Verachtung übrig, zumindest für diejenigen, die widerwillig kollaborieren. Das Schneeland bleibt trotz des Touristenandrangs, trotz des teilweisen Wiederaufbaus sakraler Bauten und der scheinbaren Religionsfreiheit eine chinesische Provinz, deren Annexion auf die wirksamste Art und Weise fortgesetzt wird: durch den Zustrom chinesischer Siedler. Mit ihrer Hilfe wollen die chinesischen Besatzer die Tibeter ausgrenzen. Tibetische Kinder werden mit kleinen Chinesen aufwachsen, Mischehen werden den Integrationsprozeß erleichtern, und Lhasa wird sich wie jede beliebige Industriestadt entwickeln und seine Stadtgrenzen ausdehnen, wobei Wohngegenden in Gewerbegebiete übergehen. Selbstverständlich wird es immer einige Aufsässige geben, vor allem Mönche und Nonnen, doch man wird Gefängnisse und Militärlager am Stadtrand errichten, um diese Unbelehrbaren einzusperren.

Namgyal Tashi ist sich der Gefahr des Verschwindens in der Masse – also des Untergehens –, mit dem sein Volk zu rechnen hat, bewußt, und er spricht Stunden über Stunden mit seinen Kindern. Er will ihnen das wahre Tibet vermitteln, das Tibet vor 1959 – mit all seinen Unvollkommenheiten – und das spätere, noch ungerechtere. An den Tagen, an denen er sicher ist, daß kein unliebsamer Besuch ihn stören wird, setzt er sich an einen Tisch im gemeinsamen Wohnraum und holt alle möglichen politischen Urkunden hervor: Flugblätter aus Indien,

Fotos von Demonstranten, die von Polizisten verprügelt werden, Texte, die im Ausland verteilt wurden, und spricht mit seinen Kindern über die Zustände. Die Kleine begreift, wie die anderen auch, daß es erforderlich ist, das Gesagte geheimzuhalten. Es kommt vor, daß sie sich mit ihren Brüdern und Schwestern leise heranschleicht, ohne es zu wagen, den Vater bei seiner Arbeit zu stören. Aber dann wendet sich dieser zu den Kindern und kommt in ernstem Tonfall auf diese oder jene Episode zu sprechen. Seine Erzählungen enden oft mit derselben Ermahnung:

»Meine Kinder, solange Tibet nicht frei sein wird, müssen wir unablässig kämpfen. Wir müssen den Dalai Lama mit all unseren Kräften unterstützen, denn auch er wirkt dort, in Indien, ohne Unterlaß für die Freiheit unseres Landes und unseres Volkes. Eines Tages werdet ihr ihn sehen, da bin ich mir ganz sicher.«

Dschodscho ist, wie die anderen Jungen auch, für solche Reden besonders empfänglich. Seit langem weiß er, daß sich sein Vater nicht nur damit begnügt, ein friedlicher Liebhaber von Musik und Gesang, Mitglied einer berühmten tibetischen Operntruppe zu sein. Vor kurzem hat Namgyal Tashi aufgehört, auf den Baustellen zu arbeiten, und hat den älteren Kindern die Verantwortung überlassen, die Familie zu ernähren. Das geschah nicht nur, damit er sich langen geistigen Exerzitien, den von den Buddhisten so geschätzten Zeiten der Meditation und Einkehr, hingeben kann, sondern auch, um sich einer Widerstandsorganisation anzuschließen. Innerhalb dieser Gruppe besteht seine Rolle vor allem darin, daß er aus dem Ausland eingetroffene Dokumente oder von ihm selbst verfaßte Schriften landesweit in Umlauf bringt. Wenn er sich an den Tisch setzt, um zu arbeiten, schreibt er lange Briefe, die er nie unterzeichnet und die an mysteriöse Adressaten gerichtet sind. Er hat Verbindungen im ganzen Land, vor allem zum Kloster Samye, das dafür bekannt ist, daß es militanten Mönchen Zuflucht gewährt.

Da die meisten Familienmitglieder sich in unterschiedlichem Maße an diesen Aktivitäten im Untergrund beteiligen, will auch Dschodscho an diesem Kampf teilnehmen. Am Ende des Aufenthaltes im Hause seiner Familie, als er im Morgengrauen nach Samye aufbricht, geht er durch die menschenleeren Straßen zur Bushaltestelle. Unterwegs klebt er kleine Plakate, die zum Unabhängigkeitskampf aufrufen. Jeden Augenblick kann er von einer Polizeipatrouille überrascht oder von einer Überwachungskamera aufgenommen werden, doch er bringt seinen Auftrag erfolgreich zu Ende. Er ist erst dreizehn. Und bereits Widerstandskämpfer.

Die Kleine ist acht Jahre alt und entdeckt mit fast erschreckender Frühreife die Welt der Erwachsenen; da sie im Unterschied zu anderen Mädchen Vorbilder hat, zu denen sie aufschauen kann – zu ihrer älteren Schwester, der so sehr bewunderten Nonne, zu ihrem Vater und zu ihren großen Brüdern, die Rebellen im Untergrund sind –, sind die beiden Richtungen ihres Schicksals bereits vorgegeben: auf der einen Seite die Religion, auf der anderen der Widerstand. Nun ist es an der Zeit, den Schritt über die Schwelle zu wagen.

4
Die Unbeugsamen von Gari
(1987)

Die Eltern haben letztendlich zugestimmt: Die Kleine wird Nonne. Weil es ihr Wille und zweifellos auch ihr Karma ist, sehen Namgyal Tashi und Jampa Chonzom keinen Grund mehr, sich zu widersetzen.

In diesem Alter, was in den anderen Weltreligionen nur schwer vorstellbar ist, ist der Eintritt ins Kloster wie die Aufnahme in ein Internat. Trotz ihrer acht Jahre ist die Kleine schon reif genug dafür, sie fühlt sich bereit. Es gilt nur noch das Kloster zu finden, das geeignet ist, ihr die beste schulische wie geistige Ausbildung zu ermöglichen. Ihre Eltern beschließen, sie in Gari anzumelden, einem Nonnenkloster nördlich von Lhasa, wo sie einige Jahre zuvor Restaurierungsarbeiten ausgeführt hatten.

Kein öffentliches Verkehrsmittel führt in diese entvölkerte Region. Um zu Fuß dorthin zu kommen, muß man zwei Stunden auf einem Feldweg wandern, an zwei anderen Klöstern vorbei – an Shubsang und an Tashichöling, dem Kloster, in dem die ältere Schwester lebt –, bevor man ein grünes Tal erreicht. Dort liegt das Kloster an einem Berghang, umrahmt von Felsen und Sträuchern.

Aus der Ferne sieht Gari wie ein großer Würfel aus, von Dutzenden von Fenstern durchbrochen. Jede der Seiten dieses Würfels besteht aus einem zum Innenhof sich öffnenden Gebäude, in dem die Zimmer der Zöglinge untergebracht sind. In der Mitte des Innenhofes erhebt sich, beschützt von den zwei- oder dreistöckigen Wohngebäuden, der Klostertempel. Der Besucher schreitet, nachdem er eine Treppe hochgeklettert ist und seine Schuhe ausgezogen hat, durch eine große Glastür und gelangt in den eigentlichen Tempel, einen geräumigen Saal, dessen Decke auf acht Pfeilern ruht. An beiden Seiten des Mittelgangs sind fünf Reihen von Bänken aufgestellt, eine Art niedriger Gestelle, höchstens ein Meter breit, die mit flachen Polstern bedeckt sind, auf denen sich die Nonnen während des gemeinsamen Betens im Schneidersitz setzen. Ganz hinten, vor den Bänken, ist zuerst ein Thron zu sehen, der symbolisch für den Dalai Lama freigehalten wird. Hinter dem leeren Thron steht der Schrein mit seinen zahlreichen Statuen: Avalokiteśvara, der Bodhisattva des All-Erbarmens, mit seinen elf Gesichtern, seinen tausend Augen und tausend Armen; Lama Tsongkhapa, der Reformator des Buddhismus in Tibet; Vajrayoginī, eine Göttin, die Weisheit und Erleuchtung verleihen kann; und auch Tārā, die Göttin in den einundzwanzig Gestalten, die Beschützerin der Menschheit. Links von dem Schrein steht ein weniger eindrucksvoller Tempel, der dem Schutzgott des Klosters, Chökyi Gyaltsen*, geweiht ist. Dieser hat den Ruf eines »zornigen« Gottes, gereizt von den Irrwegen der Menschen. Doch er ist auch, wenn man den Zöglingen von Gari Glauben schenken will, voller Mitgefühl und Aufmerksamkeit gegenüber den Seelen, die guten Willens sind. Rituale von unterschiedlicher Dauer werden ihm regelmäßig gewidmet.

Außer der Kleinen selbst kann sich heute niemand mehr an das genaue Datum erinnern, an dem sie ins Kloster eingetreten ist, man kann es aber, ohne sich zu sehr zu täuschen, an den Anfang des Jahres 1987 setzen. Ihre Eltern haben zweifellos diesen Tag nicht dem Zufall überlassen, da tiefgläubige Buddhisten die Anforderungen des Kalenders nicht vernachlässi-

* [Chos-kyi rGyal-mtshan; skr. Dharmadhvaja: »Banner des Dharma«]

gen würden. Es gibt tatsächlich Zeitabschnitte im tibetischen Mondjahr, vor allem den zweiten Monat, den »schwarzen« Monat*, während denen davon abgeraten wird, irgend etwas, vor allem was mit Religion zusammenhängt, zu unternehmen. Ebenso sind es innerhalb der Woche der Dienstag und der Donnerstag, die als ungünstig gelten. Das bedeutet, daß Namgyal Tashi und seine Frau, die sich beide für Astrologie begeistern, mit Sicherheit einen Tag für den Eintritt ihrer Tochter ins Kloster ausgesucht haben, der allen diesen Anforderungen genügt, um der Kleinen eine strahlende Zukunft zu sichern.

Der einzige Schatten an diesem so heiß ersehnten Tage ist die Abwesenheit des treuen Dschodscho, den eine böse Infektion am Bein zu Hause festhält. Er wird an dem Aufnahmezeremoniell in Anwesenheit von hundertdreißig Nonnen des Klosters nicht teilnehmen können. Wie für die ältere Tochter einige Jahre zuvor, hat auch diesmal die Familie alles sorgfältig vorbereitet. Die Eltern, die für die Kosten der Zeremonie und für die Opfergaben gespart haben, möchten den anderen Nonnen Tee, der Klosterleitung einige Silbermünzen sowie sechzehn Bände mit Gebeten und buddhistischen Schriften darbringen. Sie haben auch ein *khatag* vorgesehen, einen Segensschal aus weißer Seide als eine Gabe der Hoffnung und der Ehrerbietung für das Oberhaupt der Klostergemeinschaft. Eine Nonne um die Sechzig, Nori Dhondup, hat zugestimmt, die Kleine als Schülerin aufzunehmen, in diesem neuen Dasein ihre Führerin, ihr Vormund zu sein.

Um ihren Entschluß ins Kloster einzutreten, öffentlich zu bekunden, muß die Kleine die sechsunddreißig Gelübde einer Novizin ablegen, das heißt eine Reihe von Verpflichtungen gemäß den ursprünglichen Lehren des Buddha übernehmen, die ihr auf dem Weg zur Erleuchtung hilfreich sein werden. Einige dieser Gelübde sind außerordentlich wichtig, vor

* [*nag-zla*, skr. *caitra*]

allem das Keuschheitsgelübde. Jeder Verstoß dagegen würde ihre Ausschließung nach sich ziehen. Verstöße gegen solche Gelübde, die als untergeordnet gelten, können hingegen durch Bußübungen ausgeglichen werden. Das Aufnahmeverfahren stellt einen wesentlichen Abschnitt im Klosterleben dar.* Das Herzstück der Zeremonie ist die Verleihung des religiösen Namens, der den bürgerlichen Familiennamen ergänzt. Theoretisch trifft ihre Tutorin oder ein hochrangiger *Lama*** diese Entscheidung, wir konnten jedoch nicht mit Sicherheit feststellen, wer den Namen »Ngawang Sangdrol« ausgesucht hat, einen Namen, der schwer zu übersetzen ist, da die tibetische Sprache aus nicht flektierbaren, meist einsilbigen Wörtern zusammengesetzt ist. Anders ausgedrückt, jeder Name kann gleichzeitig an mehrere Begriffe erinnern. In dem Fall der Kleinen beziehen sich diese Begriffe selbstverständlich auf die buddhistische Religion: Ngawang bedeutet »wortmächtig, beredt«***; Sangdrol heißt etwa »erlöst, eingeweiht«****.

Noch am selben Tag wird ihr ein Zimmer im ersten Stock, neben einem Empfangsraum, zugewiesen. Dieses Zimmer, das man über eine Treppe erreicht, ist schön gelegen. Die Tür öffnet sich zum Innenhof und eines der Fenster geht nach außen. Von dort oben bietet sich der Kleinen ein erstaunliches Schauspiel dar: Unmengen von Felsen sind im Umland verteilt.

Ngawang Sangdrol teilt ihr Zimmer und die kleine angrenzende Terrasse mit einer anderen Novizin. Jede von ihnen hat

* Die Kleine war ein wenig älter als acht Jahre, als sie, Anfang 1987, die Noviziatsgelübde abgelegt hat. Es kam zur damaligen Zeit nicht selten vor, daß es in Tibet Nonnen in diesem Alter gab. Der Dalai Lama empfiehlt jedoch, sowohl bei Mädchen als auch bei Jungen das Alter von fünfzehn Jahren abzuwarten.

** [*bla-ma:* geistiger Lehrer, Meister, skr. *guru*]

*** [*Ṅag* = Rede, Wort, Rede; *dbaṅ* = Macht, Gewalt; *Ṅag-dbaṅ* = beredt, wortmächtig, wortgewaltig]

**** [*gSaṅ* = Geheimnis, geheim, verborgen; *grol* = befreit, erlöst]

ihr eigenes Bett, nur der Schrein muß gemeinsam genutzt werden; die beiden Bewohnerinnen haben die Pflicht, ihn in Ordnung zu halten, über die sorgfältige Pflege der Reliquien zu wachen und die sieben Opferschalen täglich aufzufüllen. Die Kleine wird sich gerne darum kümmern, es wird kaum anders sein als zu Hause. Im übrigen wird sie sich aber an das Leben in Gemeinschaft, fern von den Ihren, gewöhnen müssen.

In dem Kloster, das von einem Konvent von zehn »älteren« Nonnen (im Alter von fünfzig bis sechzig) geleitet wird, herrschen strenge Regeln, die Ngawang Sangdrol und die anderen Novizinnen unter zehn Jahren ohne Murren befolgen müssen. Der Unterricht wird von der Tutorin, Nori Dhondup, erteilt. Aus Gesundheitsgründen lebt diese bald im Kloster, bald in Lhasa. Sie hat den Rang eines *Lama* inne. Unterstützt von drei älteren Nonnen betreut sie etwa zwanzig Schülerinnen.

Wie alle Novizinnen bringt die Kleine die meiste Zeit damit zu, sich die Gebete einzuprägen. Sie muß Hunderte von Seiten auswendig lernen und sie richtig intonieren können. Doch ebenso wie bei der Pflege des Schreins hat das Mädchen keinerlei Zweifel an seiner Fähigkeit, sich die heiligen Texte zu merken, da singen seine große Leidenschaft ist und beten zur Familientradition gehört. Jeden Morgen muß sie ihrer Tutorin die Aufgaben vortragen, und diese staunt über die Begabung ihrer Schülerin. Ngawang Sangdrol ist nur ein Kind, eine etwas pummelige Puppe, winzig für ihr Alter, aber ihre Entschlossenheit, ihr Streben nach Vollkommenheit, ihre Fähigkeit, sich die kompliziertesten *Mantras* zu merken oder die tibetische Schrift zu beherrschen, nötigen allerseits Bewunderung ab.

Die Nonnen des Klosters übernehmen die Mutterrolle an den Novizinnen. Sie achten an den Tagen, an denen Zeremonien stattfinden, auf die Kleidung der jungen Mädchen, darum bemüht, den meterlangen Stoff ihrer Roben bestmöglich in Ordnung zu bringen. An gewöhnlichen Tagen dürfen die Novizinnen ihre Alltagskleider tragen, allerdings unter der Bedingung, daß sie sich an die üblichen Farben halten (weinrot, braun, rot, gelb). So trägt die Kleine beispielsweise Hose, Hemd und Jacke; auch eine Mütze auf ihrem kahl geschorenen Schädel.

Ihr Tageslauf beschränkt sich nicht nur auf Gebet und Unterricht. Die Tage, die von einem »Gong« um fünf Uhr morgens eingeläutet werden, werden auch für Arbeiten von allgemeinem Interesse genutzt, wie etwa der Renovierung oder dem Wiederaufbau der Klosteranlagen. Sie hat ihre Eltern so oft in Samye, Palhalupuk oder auch hier in Gari arbeiten sehen, daß sie es für selbstverständlich hält, nun ihrerseits dieser nationalen Priorität, der Instandsetzung der von den Kommunisten verwüsteten Klöster, ihre ganze Zeit und Kraft zu widmen. Aber die Verantwortlichen von Gari weisen den Novizinnen auch andere Aufgaben zu, besonders das Sammeln von Sträuchern und abgehauenen Ästen auf den benachbarten Hügeln ist wichtig, denn mit diesem Holz wird der Küchenherd befeuert. Die Novizinnen betreuen auch die Yaks der Gemeinschaft, die auf einer mit einer niedrigen Steinmauer umfriedeten Koppel gehalten werden. Die vom Land stammenden Nonnen übernehmen das Melken der Yakkühe; die anderen hüten die Kälber, die von den ausgewachsenen Tieren getrennt werden. Jeden Morgen zwischen neun und zehn Uhr gehen die Nonnen in Gruppen zu je vier oder fünf los, um die Yakfladen einzusammeln. Wenn sie flach wie Pfannkuchen und auf den Felsen getrocknet sind, geben sie einen vorzüglichen Brennstoff ab. Diese Sammeltätigkeit ist im Juni und Juli besonders angenehm, wenn die Weide mit Blumen übersät ist. Die Nonnen nutzen die Gelegenheit und sammeln Beeren oder Früchte, vor allem wilden Rhabarber, der dann nach den Traditionen ihres Heimatdorfes zubereitet wird: geschält und über dem Feuer geröstet oder in Würfeln geschnitten und mit Zucker eingelegt.

Eine solche Gemeinschaft hat nichts mit einer von der Welt abgeschnitten Festung gemein, in der die Nonnen abgeschieden leben und von der Außenwelt abgeschnitten sind. Ganz im

Gegenteil, es kommt oft vor, daß sie in die Dörfer oder in die Stadt gehen. In der schönen Jahreszeit erlauben die Seniorinnen ihren Zöglingen, das Kloster zu verlassen, um draußen im Freien zu lernen. Auch wenn die Kleine eine noch so gute Schülerin ist, sie ist nie die letzte, die sich ihren Gefährtinnen anschließt, um Verstecken oder eine Partie *akdo* zu spielen. Wenn die Alten einmal unerwartet auftauchen, müssen sich die Novizinnen selbstverständlich zurechtweisen lassen, aber keine der Erwachsenen würde es übers Herz bringen, sie zu bestrafen. Auch bei den religiösen Ritualen verhalten sich die Novizinnen durchaus nicht vorbildlich. Sie richten es so ein, daß sie sich bei den täglichen Gebeten an Tārā* hinter einen Pfeiler setzen, um entweder vor sich hin zu dösen oder um unbehelligt Schabernack zu treiben. Einer dieser in den Klostergemeinschaften sehr beliebten Streiche besteht darin, daß man eine Mitschwester ausmacht, die gerade eingeschlafen ist, und ihr einen Sack *tsampa*, geröstetes Gerstenmehl, vor die Nase setzt. Wenn die Schlafende nach vorne sinkt, landet sie mit dem Gesicht in dem *tsampa*, worauf alle anderen in schallendes Gelächter ausbrechen.

Ngawang Sangdrol fühlt sich wohl in der Gemeinschaft. Sie hat sich an den Lebensrhythmus gewöhnt, selbst wenn er für ein Kind in ihrem Alter als lästig empfunden werden mag:

5 Uhr: Aufstehen, individuelles Auswendiglernen von Gebeten und Aufgaben. Die Tutorin oder ihre Stellvertreterinnen prüfen anschließend, ob die am Tag zuvor aufgegebene Arbeit zufriedenstellend ausgeführt wurde.

7 Uhr: Frühstück. Der Koch des Klosters bereitet ihr und ihren Gefährtinnen eine Thermosflasche mit schwarzem Tee (ohne Milch) zu, dem sie nach tibetischem Brauch Salz und *dri*-Butter**, die ihr ihre Eltern mitgegeben haben, beigibt.

* [tib., Grol-ma: »die Erlöserin, die Retterin«]

** [*'bri:* Yakkuh]

Die Kleine kostet auch *pags*, herkömmliche Klößchen, die nach altüberlieferten Rezepten zubereitet werden: Zunächst muß geröstetes Gerstenmehl in eine Holzschale geschüttet werden, dann wird Butter, Zucker und Tee hinzugefügt, danach wird alles mit den Fingern geknetet, um dann Klößchen mit leichtem Haselnußgeschmack daraus zu machen.

8 Uhr: Arbeit auf einer der Baustellen des Klosters. Die Kleine durchsiebt den Sand, der anschließend mit Zement angerührt wird.

12 Uhr: Mittagessen, die das Kloster für alle Nonnen bereitet, die auf den Baustellen gearbeitet haben. Auf der Speisekarte stehen Reis, Gemüse oder auch *tingmos*, in Dampf zubereitete Brote; alles wird in der Klosterküche zubereitet, die sich nicht weit vom Tempel befindet. Eine Bäckerei, die sich ebenfalls mitten in Gari befindet, stellt in Öl gebratene Fladen her, die köstlich, aber schwer verdaulich sind.

14 Uhr: Rückkehr zur Baustelle.

18 Uhr: Abendbrot auf den Zimmern. Diesmal müssen die Nonnen im Gegensatz zum Mittagessen für sich selbst sorgen. Gemeinschaftsküchen wurden zu diesem Zweck eingerichtet. Es gibt eine Küche für zwei oder drei Zimmer, jede ist mit einem gemauerten Kochherd ausgestattet, dem *tschatap**, der mit Holz oder getrocknetem Yakdung befeuert wird. In zwei Öffnungen auf der Oberfläche dieses Herdes können Kochtöpfe gestellt werden. Einige Tropfen Petroleum genügen, um den Herd anzuzünden. Der Rauch wird durch ein Rohr aus Blech abgeleitet. Jede Nonne hat ihren eigenen Vorrat an Lebensmitteln und nutzt die Aufenthalte bei der Familie, um Reserven anzulegen. Auch kommt es vor, daß von außerhalb Grundnahrungsmittel gespendet werden: Butter, Mehl, Salz …

19 Uhr: Versammlung im Tempel, Gebete zu Tārā.

21 Uhr: Rückkehr in die Zimmer, Studium, danach Löschen der Feuer.

* [*lCags-thab:* Eisenofen, -herd]

Dieser tägliche Stundenplan kann je nach Art des Unterrichts und der geistigen Übungen variiert werden, denn außerhalb der Zeiten, in denen Renovierungsarbeiten verrichtet werden, lebt das Kloster im Rhythmus des religiösen Kalenders. Bestimmte Tage sind der allgemein beliebten Göttin Tārā geweiht, andere den *Gurus*, den geistigen Meistern; den *ḍakinīs**, himmlischen Feen, die fähig sind, die Weisheit zu lehren; dem blauen Buddha der Heilkunde, dessen Mitgefühl die Heilung der Kranken fördert; oder auch den sechzehn *Arhats*, den Yogīs, die als Jünger des Buddha die Erleuchtung erlangt haben... Der am meisten ausgefüllte Monat ist jedoch der vierte, *Saka Dawa***, in dem der Geburtstag, die Erleuchtung und das Ableben des Buddha gefeiert werden. Es ist ein Monat der Gebete, in dem die Nonnen abwechselnd drei Arten der Enthaltung üben müssen: nicht sprechen, nicht essen, nicht trinken. Zu diesem vorgeschriebenen Programm kommt noch das Sprechen von Gebeten hinzu, die von Gläubigen in Auftrag gegeben werden – als Gegenleistung für Spenden (Lebensmittel, Geld, Stoffrollen).

Häufig ziehen die Nonnen durch die Umgebung, um Spenden zu sammeln. Ngawang Sangdrol beweist so viel Reife, so viel Überzeugungskraft, daß sie stets im Namen der anderen spricht und mit grenzenloser Sanftheit um Spenden für das Kloster bittet. Fast jedes Mal, wiederholt sich dieselbe Szene: Die Dorfbewohner, verzaubert von diesem immer freundlich lächelnden Mädchen, bereiten den Tee zu und bitten: »Liebe Nonne, bleiben Sie doch bei uns, nehmen Sie noch eine Tasse Tee, wir gehen zu unseren Nachbarn und bitten sie, ihre Opfergaben herzubringen.« Währenddessen bleiben die anderen Nonnen auf dem Dorfplatz und murmeln das Mantra »*Oṃ maṇi padme hūṃ*«. Durch ihre schlichte Anwesenheit,

* [tib. mKha'-'gro-ma]

** Die Zeitspanne des *Saka Dawa* [*Sa-ga zla-ba*, skr. *vaiśākha*] entspricht etwa dem Monat Juni in unserem Kalender.

ihre einfachen Worte, ihre natürliche Güte erhält Ngawang Sangdrol bedeutende Spenden: Geld, Vorräte, insbesondere Säcke mit Getreide, die ein Lastwagen nach Gari bringt. Da diese Spenden nur für die Gemeinschaft bestimmt sind und nicht für diejenigen, die darum gebeten haben, sind die Nonnen für ihre eigene Versorgung ausschließlich auf ihre Eltern und auf die älteren, stets hilfsbereiten Nonnen angewiesen.

Obwohl das Kloster nur zwei Wegstunden von Lhasa entfernt ist, darf die Kleine ihre Familie nur in den Ferien besuchen oder vier Tage im Monat und zwei Wochen im Herbst. Die Freizeit ist streng geregelt. Im Falle einer Verspätung müssen die Schuldigen tatsächlich mit Strafen rechnen: 5 Yuan* je Tag Verspätung für diejenigen, die aus verhältnismäßig begütertem Hause kommen, Sammeln von Sträuchern für die anderen.

Jeder dieser Aufenthalte in Lhasa ist für die kleine Ngawang Sangdrol ein aufregendes Wiedersehen mit den Ihren.

Nichts hat sich wirklich geändert in der Wohnung der Familie, nur ihre Mutter, Jampa Chonzom, hat jetzt einen Stand mitten in der Hauptstadt, unweit des Zentrums für Astrologie und Medizin. Eigentlich handelt es sich weniger um einen Stand, sondern vielmehr um ein Klappbett, auf dem sie eine bunte Mischung von Zigaretten, Klopapierrollen und Süßigkeiten ausgebreitet hat. Die Konkurrenz auf dem Barkor**, dem großen Platz in der Innenstadt ist jedoch hart: Dutzende von anderen Händlern preisen im Schatten der Schutzdächer und der bunten Sonnenschirme ihre Waren an. An den Tagen, an den großer Andrang herrscht, patrouillieren

* Der Yuan ist die chinesische Währung, die in Tibet benutzt wird. Der Wechselkurs beträgt etwa 15 Cent je 1 Yuan. Ein sehr gutes Einkommen für einen Tibeter liegt ungefähr bei 2000 Yuan monatlich, entspricht also etwa 300 Euro. Die Mindestlöhne erreichen höchstens 200 Yuan (30 Euro).

** [Bar-bskor]

Militär und Polizei, jederzeit bereit, etwaige Unruhestifter festzunehmen. Die einzigen sichtbaren Fahrzeuge in dieser Fußgängerzone sind die gepanzerten Wagen der Polizei, Gefangenentransporter von üblem Ruf, gemeinhin »Schlachterwagen« genannt.

Einer ihrer Brüder, der geliebte Dschodscho, ist nach Hause gekommen. Seine Ausbildung zum Mönch ist durch eine Verletzung am Bein beeinträchtigt. Ein anderer, älterer Bruder studiert hingegen noch immer im Kloster Samye und wird sich bald durch seine Aktionen im Kampf für die Unabhängigkeit hervortun. Die Familie, von den Eltern bis hin zu den Kindern, ist durch und durch patriotisch gesinnt. Unablässig schärft Namgyal Tashi seinen Kindern die Vorstellung von einem freien Tibet ein, das sich der chinesischen Besatzungsmacht entledigt. Er hat sogar die Logik der konsequenten Verweigerung auf die Spitze getrieben, als er einen immerhin verlockenden Vorschlag der Behörden in Lhasa ausgeschlagen hat. Diese hatten sich verpflichtet, die Personen zu entschädigen, die während der Kulturrevolution ihrer Güter beraubt wurden. Namgyal Tashi und seine Frau hätten also einen Teil ihres Hausbesitzes wiederbekommen oder notfalls einen finanziellen Ausgleich empfangen können. Allerdings unter der Bedingung, den chinesischen Kommunismus zu unterstützen. Da Namgyal Tashi nicht der Mann ist, der sich auf diese Weise erniedrigen läßt, hat er das Angebot abgelehnt.

In diesem Jahr, 1987, ist das Land in Aufruhr. In Lhasa gärt es unter dem Einfluß der Widerstandsgruppen, die sich bewußt sind, daß die Anfang der achtziger Jahre von den Chinesen versprochene Öffnung ihre Grenzen erreicht hat und daß die – politische, religiöse und kulturelle – Freiheit reine Theorie bleiben wird. Nur die Opposition, ob gewalttätig oder nicht, kann die Flamme des Protestes im Volk lebendig erhalten. Daraus ergibt sich die Konsequenz, daß die Beziehungen zu den im indischen Exil lebenden Landsleuten im Umkreis des Dalai Lama und seiner Regierung aufrechterhalten werden müssen. Wie die Franzosen, die während des Zweiten Weltkriegs Radio London hörten, so versuchen auch zahlreiche Tibeter die Sendungen von *Voice of America* und *Radio Free Asia* zu empfangen. Sie erhalten auf diese Weise verläßliche Informationen über das eigene Land oder über die Aktivitäten des Gottkönigs. Im Landesinneren, in Tibet selbst, setzen sich Patrioten eifrig dafür ein, daß die aus Dharamsala übermittelten Dokumente bestmöglich genutzt werden. Die Widerstandskämpfer haben Netzwerke zur Übertragung und Vervielfältigung der wichtigsten Dokumente eingerichtet. Im ganzen Land werden Druckplatten an Druckereien im Untergrund gesandt. Das erlaubt anderen Gruppen, sie ihrerseits zu verbreiten.

Lhasa ist das Epizentrum dieses Systems und bestimmt den Pulsschlag des Widerstands. Nicht alle Touristen, die in immer größeren Scharen die religiösen Sehenswürdigkeiten besichtigen, bemerken es, aber Tibet, das so oft in den Broschüren als ein Land des Friedens und der Eintracht dargestellt wird, wird von neuem in Gewalt versinken.

Anfang Herbst 1987 machen die chinesischen Behörden den Versuch, der ganzen Welt zu zeigen, daß sie nicht im geringsten gedenken, Tibet aufzugeben, das sie vor siebenunddreißig Jahren erobert haben. Zweifellos sind sie nicht darüber erfreut, daß der Dalai Lama sie mit seiner Diplomatie und seinem Charme auf eine harte Probe stellt. Auf einer Reise in die Vereinigten Staaten hat er gerade für die Sache Tibets bei den amerikanischen Volksvertretern plädiert und diesen einen Friedensplan in fünf Punkten vorgelegt. Die äußerst verärgerten Männer Pekings sehen darin eine Form imperialistischer Einmischung und ein Manöver des »Wolfes in Mönchskutte«, wie sie den Flüchtling von Dharamsala nennen. Sie beschließen daher, die Schraube der Unterdrückung in Lhasa fester anzuziehen.

Am 24. September wird in einem Stadion der Hauptstadt der öffentliche Prozeß gegen acht Personen eröffnet, die wegen strafbarer Aktivitäten angeklagt werden. An den darauffolgenden Tagen tauchen an den Wänden der Innenstadt Plakate auf, die Menschenrechtsverletzungen anprangern. Danach wagen einige Dutzend Mönche der chinesischen Ordnung zu trotzen, indem sie in der Nähe des Jokhang-Tempels in Gegenwart westlicher Touristen Parolen des Unabhängigkeitskampfes ausrufen. Am 1. Oktober, dem chinesischen Nationalfeiertag, versammelt sich die Menge vor dem Polizeihauptquartier, um die Freilassung der bei dieser Gelegenheit verhafteten Demonstranten zu fordern. Eine Spirale der Gewalt entsteht: Es werden Steine geworfen und Autos in Brand gesteckt. In Panik geratene Polizisten holen mit AK 47-Maschinenpistolen zum Gegenschlag aus. Szenen von Lynchjustiz, Opfer, die von ihren Kameraden auf den Armen getragen werden ... Man beobachtet sogar Demonstranten, die unauffällig um das Polizeirevier schleichen, um dann mit Hilfe von Pferden die Gitter der Zellen herauszureißen, in denen die Gefangenen eingesperrt sind.

Die Bilanz dieser Zusammenstöße, die auf Grund der Zeugenaussagen von Touristen erstellt werden konnte, beläuft sich auf mindestens zehn Tote und vierzig Verletzte. Die Chinesen, die gezwungen waren, Verstärkung zu rufen, um die Unruhen in Schranken zu halten, haben die Abneigung der Tibeter ihnen gegenüber unterschätzt. Auch haben sie den Einfluß des Dalai Lama auf seine Landsleute und auf einen Teil der Weltöffentlichkeit vollkommen verkannt. Von nun an werden die Hardliner in der chinesischen Regierung es leicht haben zu behaupten, daß die Politik der »Flexibilität«, die von den »Reformern« betrieben wurde, fehlgeschlagen sei und daß es nun an der Zeit sei, die Dinge selbst in die Hand zu nehmen. Die tibetischen Mönche und Nonnen müssen sich von nun an auf Repressalien gefaßt machen.

Was wird aus Ngawang Sangdrol am Ende dieses Jahres 1987? Alles deutet darauf hin, daß sie sich während der Unruhen nicht auf den Straßen von Lhasa, sondern im Kloster Gari befand. Schließlich ist sie erst neun Jahre alt, und ihre älteren Schwestern haben sie, ebenso wie ihre Gefährtinnen, von diesen Gewalttaten ferngehalten. Das bedeutet aber keineswegs, daß das Kloster in politischer Hinsicht untätig ist. Einige Nonnen, selbst jüngere, werden hin und wieder verhaftet und dann für Monate, ja sogar für Jahre eingesperrt, weil sie gerufen haben: »Es lebe Tibet!« oder »Lang lebe der Dalai Lama!« Die Nonnen von Gari, ebenso wie die von Michungri und Shungseb, scheinen immer bereit, die Tätigkeit des Dalai Lama zu unterstützen und setzen ihre Ehre daran, sich von ihren Mitschwestern von Zangku (Zentrum von Lhasa), die den Besatzern gegenüber als gefügig gelten, abzugrenzen.

Die Entscheidung, die Kleine nach Gari zu schicken, ist also nicht dem Zufall zu verdanken. Bei einem Vater, der dermaßen stark in die Widerstandsbewegung eingebunden ist, konnte nur ein »befreundetes« Kloster in Frage kommen. Selbstverständlich ist jede politische Aktivität im Kloster selbst verboten, aber die dort herrschende Geisteshaltung begünstigt mehr als anderswo eine militante Aktion. Die Kommunisten sind sich dessen durchaus bewußt, und organisieren mitten im Kloster »Umerziehungs«-Sitzungen, die besonders den Aufsässigen gelten, die sich gegen die Frohe Botschaft des Kommunismus auflehnen.

Obwohl die meisten »Umerzieher« tibetischer Herkunft sind, sind sie mit allen Vollmachten ausgestattet. Wenn sie ankommen, müssen sich die Oberen des Klosters verneigen. Die Nonnen versammeln sich im Empfangssaal, der an das Zimmer der Kleinen grenzt, und lassen deren Propaganda stundenlang über sich ergehen. »Hören Sie nicht die Kassetten des Dalai Lama, das ist verboten«, ruft man ihnen zu. »Ändern Sie Ihre Einstellung«; »Treiben Sie keine Politik«; »Der Kommunismus ist eine Chance für Tibet«. Den widerspenstigen Schülerinnen droht Verweisung, was sie jedoch nicht davon abhält, diese finsteren »Lehrer« zu provozieren, indem sie mitten im Unterricht plaudern, schniefen oder husten. Wenn eine von ihnen sich in ihr Zimmer einschließt, um der Sitzung demonstrativ fernzubleiben, holen sie die Erzieher mit Gewalt. Außerhalb der Propagandakurse verbringen die »Umerzieher« ihre Zeit damit, die Nonnen auszuhorchen, um so zu versuchen, die Aktivistinnen zu entlarven.* Die Novizinnen, die auf den psychologischen Druck empfindlich reagieren, weinen oft so heftig, daß die Seniorinnen versuchen, sie abzuschirmen, indem sie sie auffordern, Geschirr zu spülen oder Wäsche zu waschen.

Eines Tages, als einer der Umerziehungsbeauftragten gerade die Nonnen in den Empfangssaal bestellt, nähern sich Ngawang Sangdrol und drei ihrer Gefährtinnen der Tür, um Freiheitslieder anzustimmen, vor allem *Tseme Yönden***, ein vom Dalai Lama am Anfang seines Exils in Indien gedichtetes Gedicht. Zum Glück haben sie noch Zeit, davonzulaufen, bevor sie erwischt werden können. Sie rennen in die Küchen des Klosters, in denen die Erzieher ihre eigenen Gerätschaften aufbewahren, dann nehmen sie Messer und zerstechen systematisch alles, was den Unerwünschten gehört: Teekannen, Kochtöpfe ... Der Koch, ein gutmütiger Mann, ist stets bereit, den vier Biestern alles zu verzeihen, er wird sich damit begnü-

* In Gari kamen Zusammenstöße zwischen den Nonnen und den Umerziehungsmannschaften, die sich bisweilen mehrere Monate im Kloster aufhielten, häufig vor. 1990 wurde eine Nonne namens Gyaltsen Dechen verhaftet, weil sie die Erzieher mit Steinen beworfen hatte. Ihre Verhaftung löste eine Demonstration der anderen Nonnen im Hof des Klosters aus, und Gyaltsen Dechen nutzte die Gelegenheit, um barfuß übers Land zu flüchten. Es gelang ihr, sich in Lhasa zu verstecken und später nach Dharamsala (Indien) zu fliehen, wo sie 1997 einem Gehirntumor erlag. An dem Tag des Vorfalls hatten die dreizehn anwesenden Erzieher Soldaten zu Hilfe gerufen, um die Nonnen im Zaum zu halten. Zwölf von ihnen wurden festgenommen und ins Gefängnis Gutsa gebracht.

** [*tshad-med yon-tan:* »grenzenloses Wissen«, Anfangsworte dieses Gebets]

gen zu brummen: »Ah, diese kleinen bösen Nonnen, sehen Sie, was die angerichtet haben!« – er wird sich jedoch davor hüten, den Vorfall auf die Feindseligkeit gegenüber den Erziehern zurückzuführen. Ein Görenstreich, weiter nichts als ein Görenstreich, und keine Provokation.

Die Kleine setzt ihre religiöse und politische Lehrzeit fort. Sie fährt fort, Gebete zu lernen, sie ihrer Tutorin vorzutragen, und träumt davon, zur Demonstration nach Lhasa zu gehen. Die Unruhen von 1987 haben den Tibetern gezeigt, daß sie in großer Zahl auf die Straße gehen und den Chinesen auch körperlich Widerstand leisten können. Obwohl der Aufstand scheiterte, ist bei dieser Gelegenheit eine grundlegende psychologische Schranke gefallen: Mönche und Nonnen haben es gewagt, zunächst friedlich, dann immer radikaler ihrem Freiheitsstreben Nachdruck zu verleihen. Man hat sogar gesehen, wie sie Steine warfen, Polizisten schlugen, Autos in Brand steckten. Diese gewalttätigen Aktionen, die im Gegensatz zu ihren pazifistischen Überzeugungen und zu ihren religiösen Gelübden stehen, lassen auf das Ausmaß der Verwirrung in Tibet schließen. Es handelt sich nicht um vorsätzliche, geplante Gewalt, sondern um Gewalt als Antwort auf Gewalt, Selbstverteidigung angesichts der Ungerechtigkeit. Diese aus tiefer Überzeugung kämpfenden Männer und Frauen haben nicht das Gefühl, daß sie für sich selbst handeln – ihr eigenes Schicksal ist untergeordnet –, sondern für das Überleben ihres Volkes, ihrer Kultur, ihres Landes.

In ihrer Familie hat Ngawang Sangdrol schon immer mit diesem doppelten Anspruch der Geistigkeit und der Tat gelebt. Ohne dieses Streben nach Freiheit, ohne diesen konkreten, körperlichen Einsatz für den Kampf ihres Vaters könnte ihr Dasein als Novizin nicht erfüllt sein. Es ist ihr Schicksal, eine nötige Etappe auf dem langen Weg zur Vollkommenheit. Mit neun Jahren wartet sie auf ihre große Stunde.

5

Der Auftritt

(1990)

Die tibetischen Exilorganisationen, die damit beauftragt sind, die biographischen Einzelheiten ihrer inhaftierten Landsleute zusammenzutragen, halten die folgenden Informationen für gesichert: Ihnen zufolge ist Ngawang Sangdrol im März 1988 zum ersten Mal im Alter von neun Jahren verhaftet worden, weil sie an einer Demonstration in Lhasa teilgenommen hat. Dann hat sie etwa fünfzehn Tage im Gefängnis verbracht, bevor sie auf Grund ihres Alters freigelassen wurde. Es war uns aber nicht möglich, diese Informationen zu bestätigen. Die Angehörigen der Kleinen versichern, daß die Familie von diesem Ereignis nichts gewußt habe. Muß man deswegen den Schluß ziehen, daß sie nicht mit neun Jahren verhaftet wurde, wie es die entstehende Legende will? Soweit würden wir nicht gehen. Es ist in der Tat wahrscheinlich, daß die politisch frühreife Ngawang Sangdrol 1988 an einer Demonstration teilgenommen hat, und noch wahrscheinlicher, daß sie bei dieser Gelegenheit verhaftet worden ist. Ihre Familie wähnte sie sicher im Kloster bei ihren Studien, fern vom Tumult in Lhasa. Auf der anderen Seite mußten die Seniornonnen, die wachsamen »Mütter«, von Gari, annehmen, daß sich ihre Schutzbefohlene in Sicherheit bei ihrer Familie, in der Hauptstadt, befindet.

Die Wahrheit liegt vielleicht zwischen diesen beiden Möglichkeiten ... Jedenfalls war es unvermeidlich, daß Ngawang

Sangdrol früher oder später den Schritt hin zur Revolte vollzieht.

1987, dem Jahr der ersten Unruhen, haben sich die Nonnen von Gari der Unabhängigkeitsbewegung angeschlossen; drei von ihnen werden gefaßt und in der Strafvollzugsanstalt von Gutsa festgesetzt. 1988 werden dreizehn weitere Nonnen aus demselben Kloster verhaftet. Abgesehen von den Mönchen, den Hauptakteuren des Protestes, kommt es immer häufiger vor, daß Kinder, Jungen und Mädchen, an den Demonstrationen teilnehmen. So zeigen mehrere Fotos, die der amerikanische Fotograf Steve Lehman am 1. Oktober 1987 in den Straßen von Lhasa gemacht hat, wie die Kinder mit Steinen in der Hand an der Seite der Erwachsenen stehen. Auf einem dieser Fotos trägt ein Mann einen kleinen Jungen mit schmerzverzerrtem Gesicht auf dem Arm. Der Junge ist von einer Kugel in den Rücken getroffen worden.*

Selbst wenn noch Zweifel über die genaue Datierung ihrer ersten politischen Aktion bestehen, fest steht, daß Ngawang Sangdrol die Unruhen der Jahre 1987–1990 aus eigener Erfahrung kennt. In dieser Zeit entdeckt sie die Straße, die erhobenen Fäuste, den Rausch des Protestes. Ihr angebeteter Bruder, der treue Dschodscho, sieht sie häufig in einem Zustand äußerster Erregung nach Hause kommen, nachdem sie Ausschreitungen miterlebt hat. Sie zieht ihn gern ins Vertrauen, erzählt ihm, was sie erlebt hat, bittet ihn um seinen Rat.

Eines Abends, als die Kleine gerade von einer Demonstration zurückkehrt, errät Dschodscho Stolz, aber auch Angst in

* Diese Fotos und viele andere wurden in dem bemerkenswerten Buch von Steve Lehman (*Les Tibétains*, Paris: Éditions Hoëbeke, 1999) veröffentlicht. Darin kann man auch das Vorwort des französischen Journalisten Jean-Paul Ribes und einen Essay von Robbie Barnett lesen, einem Fachmann für die tibetische Frage und dem Vertreter des Tibet Information Network (TIN), einer unabhängigen Informationsagentur mit Sitz in London.

ihrem Kinderblick. »Ich war mitten in der Gruppe von Demonstranten«, erklärt sie, »und die Lage war sehr gespannt. Die Polizisten schlugen auf alle ein, auf Männer, Frauen, Kinder. Ich wußte nicht, wie ich mich in Sicherheit bringen sollte, bis ich irgendwann, gleich neben dem Jokhang, einige Pilger gesehen habe. Es waren Leute aus Amdo. Sie hielten ihre Gebetsmühlen und beobachteten von weitem das Durcheinander auf dem Barkor. Ich bin zu ihnen hingerannt und habe mich hinter den Kleidern der Frauen versteckt, die Polizisten konnten mich nicht sehen!«

Dschodscho zögert, sie zurechtzuweisen. Schließlich ist er auch noch nicht erwachsen (er ist etwa fünfzehn), was ihn aber nicht daran hindert, ebenso wie die anderen Mitglieder seiner Familie, seinen eigenen Aktionen nachzugehen. Wie sollte er daher der Kleinen irgendetwas zum Vorwurf machen, auch wenn er sich Sorgen um sie macht?

»Aber warum gehst du demonstrieren?« fragt er mit vorgetäuschter Wut.

Mit Gelassenheit legt die Kleine ein entwaffnendes Bekenntnis ab, das von ihrer Reife zeugt. Ein Bekenntnis, dem heute die Bedeutung eines politischen Glaubensbekenntnisses zukommt. »Wie sollte ich denn nicht demonstrieren? Überall in meiner Umgebung, auch hier bei uns, ist von nichts anderem die Rede als von der Befreiung unseres Landes! Alles, was ich sehe, alles, was ich höre, drängt auch mich zur Tat. Dschodscho, wir haben noch nie den Dalai Lama gesehen! Aber man hat mir gesagt, daß, wenn Tibet frei wäre, er zu uns zurückkehren würde. Ich will, daß er zurückkehrt! Ich will ihn sehen! Ich will zu seiner Rückkehr beitragen! Wenn ich zur Demonstration gehe, schnürt mir die Angst die Kehle zu, aber wenn ich auf dem Barkor ankomme und zu schreien anfange: ›Es lebe das freie Tibet!‹, verfliegen meine Ängste, ich fühle mich erfüllt mit Mut, als würde ich mir selbst nicht mehr gehören, als würde ich nicht mehr existieren. Du kannst dir nicht vorstellen, wie stark ich mich in diesen Augenblicken fühle! Ja, so stark, um mein Land und Yishi Norbu* zu verteidigen.«

Tatsächlich geht Ngawang Sangdrol immer mehr Risiken ein, kommt den Anführern näher. Nichts scheint sie davon abbringen zu können, nicht einmal die Polizeigewalt. Anläßlich einer Demonstration ist es den Polizeibeamten dennoch gelungen, sie zu erwischen und zusammenzuschlagen. Sie hat sich zu schützen versucht, indem sie die Hände auf den Kopf legte und die Knie an den Bauch zog, aber einer von ihnen hat ihr einen so kräftigen Fußtritt versetzt, daß sie mehrere Meter gerollt ist, bis zu den Röcken einer mutigen Frau, einer Freundin ihrer Familie. Sie hat Ngawang Sangdrol in die Arme genommen, um sie zu schützen, und sich einen Weg aus dem Handgemenge gebahnt. Vor der Wohnung der Familie angekommen, hat sie sich jedoch über diese »unwürdigen« Eltern aufgeregt: »Sie müssen sich um ihre Tochter kümmern!« rief sie ihnen zu. »Ich habe sie auf dem Barkor während der Demonstration aufgelesen. Die Polizisten haben sie verprügelt! Passen Sie auf sie auf und lassen Sie es nicht zu, daß sie sich so in Gefahr bringt!«

Doch das Mädchen, sturer denn je, führt ihr Leben auf ihre Art weiter. Namgyal Tashi weiß, daß sie ihm gleicht: unzähmbar, entschlossen, mutig bis zum Leichtsinn. Jahrelang hat er sie von seinem Arbeitstisch aus politisch geprägt, folglich kann er ihr jetzt nicht vorwerfen, daß sie aktiv wird. Auch die anderen großen Schwestern können ihr keine Lektionen in gutem Benehmen erteilen, denn auch sie nehmen an Demonstrationen teil, und dies oft an vorderster Front.

Die ältere Schwester – die Nonne, die sich Ngawang Sangdrol zum Vorbild genommen hat – befindet sich im März 1989 in Lhasa, anläßlich der Großen Gebetsfeier**, die das tibeti-

* [*yid-bźin nor-bu*, skr. *cintāmaṇi:* »wunscherfüllender Edelstein, Stein der Weisen«] Ein anderer Name für den Dalai Lama.

** [sMon-lam-chen-mo]

sche Neujahrsfest begleitet. Es handelt sich um eine religiöse Versammlung, nicht um eine politische Zusammenkunft. Dem Umzug wird eine Statue des Maitreya, des Buddha der Zukunft, vorangetragen. Plötzlich dringt der Gouverneur von Lhasa ins Heiligtum ein. Er ist Tibeter, ein gewisser Phaktyk, der bei der Bevölkerung sehr unbeliebt ist. Seine Ankunft erregt den Zorn eines Mönches, der auf ihn einzuschlagen beginnt. Während der Gouverneur versucht, seinen Wagen zu erreichen, der von einer drohenden Menge umzingelt ist, beziehen die Ordnungskräfte im Viertel Position. Die Demonstranten beginnen, die Überwachungskameras des Tempels zu zertrümmern, bemerken aber nicht, daß ein Kameramann der Polizei von dem Dach eines Busses aus die Vorfälle filmt. Die Schwester der Kleinen hat ihn entdeckt. Von einer den Bus überragenden Terrasse aus alarmiert sie einen Mönch, der sofort einen großen Stein auf den Kameramann schleudert. Dieser stürzt mitsamt seiner Ausrüstung vom Fahrzeug hinunter!

Jetzt gilt es, so schnell wie möglich zu fliehen.

Die Nonne erreicht ihre Freundinnen und ihren geistigen Meister, einen alten, nahezu bewegungsunfähigen *Lama*. Die Nonnen drängen sich um ihn und gehen auf den Ausgang zu.

»Gehen Sie nicht hinaus«, rät ihnen ein Mönch, »sie werden sonst getötet! Sie schießen in alle Richtungen!«

»Wir müssen aber gehen, wir können nicht hier bleiben! Öffnen Sie uns bitte die Tür!«

Er öffnet die Tür einen Spalt weit und läßt sie hinausschlüpfen, immer noch um den Meister geschart.

Draußen knallen Schüsse, Tausende von Demonstranten schreien, bewaffnete Männer beziehen strategische Positionen. In dem ganzen Durcheinander schenkt den paar um einen Greis gedrängten Nonnen niemand Beachtung. Während sie sich durch die Menge vorandrängen, hören sie, wie eine tibetische Passantin die Aufrührer tadelt.

»Die Mönche benehmen sich wirklich unmöglich! Es geht uns gut, unser Leben ist friedlich, und sie finden immer einen Grund zu klagen. Ihretwegen bekommen wir noch Ärger!«

Voller Wut versetzt die Schwester der Kleinen dem Weib einen Fußtritt. Der Meister bemerkt es:

»Aber warum haben Sie sie denn geschlagen?« wundert er sich. »Es ist doch eine Landsmännin!«

»Sie hat sich über die Demonstranten abfällig geäußert und behauptet, dies ganze Durcheinander sei deren Schuld!«

Als er davon erfährt, kommt ein Mönch herbei und vepaßt seinerseits der Schuldigen ein paar kräftige Ohrfeigen, was beweist, daß in Tibet die Gewaltlosigkeit, auf die der Buddha so großen Wert legte, oft dort aufhört, wo die Erregbarkeit anfängt!

Die Nonnen können mit Mühe aus dem Viertel fliehen, wobei sie den alten Meister stützen, um so den Eindruck zu erwecken, er sei verletzt. Die Armee bereitet den Einsatz der Maschinenpistolen vor. Das Knattern der Feuerstöße hallt in der ganzen Innenstadt wider und verursacht Panik.

Rigzin Dolkar, die andere Schwester von Ngawang Sangdrol, befindet sich ebenfalls in der Gegend. Auf der Flucht vor den chinesischen Regierungsbeamten stolpert sie über einen Mönch, der eine schwere Bauchverletzung hat. Sie hebt ihn hoch, zieht ihn in eine Gasse und klopft an mehrere Türen, ohne eine Antwort zu erhalten.

Endlich öffnet sich eine Tür. Eine Unbekannte läßt sie hinein. Sie lebt allein, im Untergeschoß eines verfallenen Wohnhauses. Der Mönch ist übel zugerichtet, verliert viel Blut, hält sich am Bauch.

»Zeigen Sie mir Ihre Wunde.«

Da er sich weigert, sich auszuziehen, zweifellos verlegen in der Gegenwart der beiden Frauen, beschließt Rigzin Dolkar, eine befreundete Ärztin zu holen. Sie kehrt wenige Minuten später zusammen mit der Ärztin und einem jungen Mann zurück, die den Verwundeten untersuchen. Der Mönch schwebt in Lebensgefahr: Die Kugel hat den Unterleib in Höhe des Beckens durchlöchert, ein Stück Darm quillt aus der Wunde heraus. Die Ärztin leistet Erste Hilfe, bevor sie ein Taxi ruft, das den Verwundeten in das staatliche Krankenhaus bringen soll. Um ihm Unannehmlichkeiten mit der Polizei zu ersparen, wird sie später erklären, daß er einen Verkehrsunfall gehabt habe. Niemand wird die Glaubwürdigkeit dieser Information in einer Hauptstadt überprüfen, die dem Chaos zum Opfer gefallen ist. Am 5., 6. und 7. März desselben Jahres 1989 brechen weitere Unruhen aus, die ebenso brutal niedergeschlagen werden. Fast auf den Tag genau dreißig Jahre nach dem Aufstand, der bei dem Aufbruch des Dalai Lama nach Indien (März 1959) ausgebrochen war, ist das tibetische Volk wieder dabei, sich gegen die Besatzungsmacht zu erheben.

Die überforderten Chinesen rufen das Kriegsrecht aus und beschuldigen die »Clique des Dalai Lama«, »China teilen und die Einheit des Vaterlandes untergraben« zu wollen. Während die Soldaten die Stadt wieder fest in den Griff bekommen und die noch in den Hotels anwesenden westlichen Touristen ausgewiesen werden, geben die ersten Bilanzen einen Eindruck der Lage: Nach Schätzungen sind es mindestens zweihundert Tote und mehrere Hundert Verletzte auf tibetischer Seite. Die Unruhen sind damit die schwersten, die sich seit 1959 im Schneeland ereignet haben.

Die Tibeter im Exil, die die unabhängigen Radiosender hören, machen sich Sorgen um ihre Angehörigen. Manche beschließen sogar, in die Heimat zurückzukehren, um die Verwundeten zu pflegen. Auch der Bruder des Mönchs, den Rigzin Dolkar rettete, kommt nach Tibet zurück. Er ist selbst Mönch in einem südindischen Kloster. »Sie haben meinen Bruder gerettet«, sagt er zu ihr, »und diese Tat ist von unschätzbarem Wert. Ich weiß nicht, wie ich Ihnen danken soll, ich stehe tief in Ihrer Schuld. Hier ist meine Anschrift. Wenn

Sie eines Tages irgend etwas brauchen, zögern Sie nicht, sich an mich zu wenden, ich werde immer für Sie da sein ...«

Eine Schwester, die bereit ist, ihr Leben aufs Spiel zu setzen, um einen Unbckannten zu retten. Eine andere, die einem allzu neugierigen Kameramann feindselig begegnet. Ngawang Sangdrol folgt dem von ihren Schwestern vorgegebenen Weg. Es handelt sich nicht einfach um Nachahmung, um den kindlichen Willen, »es den Großen gleichzutun«. Ihr ebenso tiefes wie aufrichtiges Engagement entspringt dem Grenzbereich zwischen dem Spirituellen und dem Politischen und wird vor allem durch die tausend Ungerechtigkeiten des Alltags wachgehalten. Wie viele tibetische Kinder, die zuerst Zeugen, dann Akteure der Unruhen in Lhasa waren, hat Ngawang Sangdrol so intensive Augenblicke erlebt, daß sie vorzeitig in die Welt der Erwachsenen hineingestoßen wurde. In ihrem Kloster in Gari ist sie nicht die einzige, der es so ergeht. Im Februar 1990 werden sechs Nonnen verhaftet und eingesperrt. Im ganzen Land sind Dutzende von Mönchen und Nonnen bedroht, wegen ihrer »subversiven« Tätigkeiten aus ihren Institutionen ausgeschlossen zu werden – und zwar auf Grund der Entscheidung der Behörden, nicht der religiösen Würdenträger. Im Zentrum der Hauptstadt führt die Polizei ununterbrochen Ausweiskontrollen durch, überwacht die heiligen Stätten, vor allem den Barkor, wo Jampa Chonzom, die Mutter der Kleinen, noch immer ihren Stand mit Zigaretten und Süßigkeiten hat. Nicht alle Polizisten sind Unmenschen; manche gehorchen nur widerwillig den Befehlen von oben. Einer von ihnen hat sich angewöhnt, in aller Offenheit mit Jampa Chonzom zu plaudern und ihr sein Unbehagen anzuvertrauen: »Wir Chinesen sind gezwungen, in Tibet zu leben. Glauben Sie mir, das, was hier passiert, schockiert uns selbst. Nehmen Sie mich zum Beispiel, ich war gezwungen, für drei Jahre hierherzukommen, ich hatte keine Wahl! In meiner Heimat habe ich aber weder einen Bruder noch eine Schwester, die sich um mein Haus kümmern könnten. Was werde ich nach meiner Rückkehr tun? Gute Frau, das kommunistische Regime ist für niemanden gut ...«

Wohin sie auch geht, zu ihrer Familie oder ins Kloster, alles fordert die Kleine zur Auflehnung heraus. Eine Gelegenheit zum Widerstand wird sich sechs Monate später, im Sommer 1990, von neuem ergeben. Diesmal wird es nicht darum gehen, der Masse zu folgen, sich auf die Bewegungen der Menge oder auf eine wachsame Nachbarin zu verlassen, um den Ordnungskräften zu entkommen. Ngawang Sangdrol will weitergehen: Sie legt die Statistenrolle ab und rückt in den Vordergrund.

Wie die meisten jungen Nonnen von Gari träumt sie davon zu demonstrieren. Diese Besessenheit hat eine leidenschaftliche, ja sogar selbstmörderische Seite in einem Land, in dem das Kriegsrecht gerade erst aufgehoben wurde.*

Was können die leichtsinnigen Nonnen denn noch hoffen? Ein Mal, zwei Mal schreien »Es lebe das freie Tibet!« – und danach? Danach: Verhaftung, Folter, Haft. Ihrer Ansicht nach gehört es immerhin zu ihrer Pflicht, sich im Namen des Glaubens und des Patriotismus aufzuopfern. Wenn die Bevölkerung sie wahrnimmt, wenn das Volk Verständnis für ihre Verzweiflung hat, dann ist ihr Ziel erreicht: Es besteht darin, das Bewußtsein der Menschen wachzuhalten, zu vermeiden, daß sie in Resignation verfallen. Für einige wenige Minuten Freiheit, eine Zeitspanne, die gerade noch ausreicht, um sich Gehör zu verschaffen, nehmen die noch sehr jungen Nonnen das Risiko in Kauf, verhaftet, eingesperrt, für immer von den religiösen Institutionen ferngehalten zu werden. Bevor sie

* Das Kriegsrecht wurde als Reaktion auf die Unruhen von Lhasa im März 1989 verabschiedet und über ein Jahr später, am 1. Mai 1990, wieder aufgehoben. Die Behörden haben allerdings große Polizeitruppenverbände in der tibetischen Hauptstadt stationiert.

losziehen, setzen sie also ihr Testament auf, vermachen ihre bescheidenen Habseligkeiten (Bücher, Statuetten, Kleider ...) einer Freundin, oder einem Meister, dann rezitieren sie Gebete, rufen den Dalai Lama oder Hayagrīva*, eine schreckliche Gottheit des tibetischen Pantheons, an, um am Ende eine Intensität zu erreichen, die an Trance grenzt. Erst dann fühlen sie sich stark genug, um dem Besatzer die Stirn zu bieten.

Die Kleine muß sich besonders stark fühlen, als sie an diesem 21. August 1990 (dem ersten Tag des siebenten tibetischen Monats), in Begleitung von vier Freundinnen aus Gari den Weg nach Lhasa einschlägt. Wie gewöhnlich hat sie eine braune Hose und eine weinrote Jacke angezogen und einen weichen Hut mit breiter Krempe aufgesetzt. Als sie im Morgengrauen das Kloster verließen, haben sich die Mädchen gehütet, ihre Absicht, zur Demonstration zu gehen, bekanntzugeben. Wenn die Seniorinnen von so einem Wahnsinn Wind bekommen hätten, hätten sie sie zweifellos davon abgehalten. Ihr Aufbruch hat niemanden gewundert, denn das alljährliche Fest von Zhodon** – das »Fest des Joghurts« – findet in Lhasa statt und es ist nicht verwunderlich, daß sie sich wünschen, daran teilnehmen zu dürfen.

Die Kleine und ihre Freundinnen haben also nicht gelogen, als sie behaupteten, an den Feierlichkeiten teilnehmen zu wollen, die in dem Norbulingkha, dem ehemaligen Sommerpalast des Dalai Lama, veranstaltet wurden: Sie lieben die tibetische Oper, und dort würden verschiedene Ensembles, elegant kostümiert, auf einer Freilichtbühne auftreten. Diese Bühne, der Kelsang Potang, ist Teil des nationalen Kulturbesitzes. Ihre Errichtung geht auf das 18. Jahrhundert zurück, eine Epoche, in der die Gottkönige dem Schauspiel von den Fenstern des Palastes aus beiwohnten.

* [tib. rTa-mgrin: »Pferde-Hals«]

** [*źo-ston:* Opern-Sommerfestspiele in Lhasa]

Erst als sie das Gitter des Parks hinter sich lassen, erkennen die Nonnen die besondere Stimmung dieses Volksfestes. Die Frauen haben üppige Mahlzeiten vorbereitet und die Thermosflaschen mit Buttertee gefüllt. Die Männer plaudern, die Kinder spielen zwischen den Bäumen. Die Nonnen von Gari können sich einen günstigeren Augenblick für ihre Demonstration nicht vorstellen: Es ist genau dieses Publikum, das Volk von Lhasa in seiner ganzen Vielfalt, das es zum Widerstand aufzurufen gilt. Wie? Das wissen sie noch nicht. Das hängt von den Umständen ab und auch vom Glück, denn die Soldaten sind zahlreich erschienen, die Polizisten in Zivil ebenso, und sie mißtrauen diesen harmlos anmutenden Versammlungen, die schon beim geringsten Zwischenfall auszuarten drohen.

Die Kleine geht voran, als sie zufällig auf einige Nonnen aus Michungri stößt, aus einem Kloster, das für seinen Aktivismus bekannt ist. Es sind nicht mehr als zehn Nonnen in *chupas*, in traditionellen Roben. Kaum, daß sich das Gespräch angebahnt hat, fragt Ngawang Sangdrol mit der Frechheit ihrer elfeinhalb Jahre: »Seid ihr gekommen, um zu demonstrieren?« Eines der Mädchen erwidert, ohne zu zögern: »Selbstverständlich sind wir deswegen gekommen!« Dann schlägt ihnen die Kleine vor, daß sie eine gemeinsame Aktion durchführen. »Gut«, meint sie, »dann kommt doch mittags zur Bühne, wir demonstrieren dann zusammen.«

Von nun an gilt es, nicht aufzufallen. Es kommt beispielsweise nicht in Frage, sich anderswo zu treffen, um den Plan auszuarbeiten: Die Polizisten treiben jede verdächtige Menschenansammlung auseinander. Die Angst sitzt tief, die Kleine und ihre Freundinnen reden über dieses und jenes, fiebern aber einem einzigen Ziel entgegen: Es drängt sie zur Tat.

Es ist fast zwölf Uhr. Nachdem sie ihre Taschen an die Äste eines Baumes gehängt haben, als würden sie diesen Picknickplatz reservieren, bevor sie einen Spaziergang machen, gehen sie den Nonnen von Michungri entgegen. Nun hindert sie nichts mehr daran, gemeinsam zur Tat zu schreiten. Ngawang Sangdrol schlägt jedoch vor, noch einen Augenblick zu warten: »Soeben«, vertraut sie ihren Gefährtinnen an, »bin ich drei Mönchen aus Tsemöling begegnet, und sie haben versprochen, sich unserer Demonstration anzuschließen. Warten wir noch einen Augenblick auf sie. Sie werden bald hier sein.«

Da die drei Mönche nicht kommen, beschließt die Kleine, sich auf die Suche nach ihnen zu begeben. Ihre Freundinnen werden eine Stunde lang warten müssen, ehe die Kleine endlich mit den drei jungen Mönchen zurückkehrt. Eigentlich sind diese gar nicht begeistert darüber, demonstrieren zu müssen. Aber nun ist es zu spät, um aufzugeben, der Augenblick ist gekommen, die Bühne zu betreten, sich an das Publikum zu wenden.

Die Menge, die immer dichter wird, je näher die Nonnen und die drei Mönche den ersten Rängen kommen, ahnt nichts von deren Absicht. Das Publikum ist viel zu sehr damit beschäftigt, über das Schauspiel zu lachen. Das gespielte Handgemenge purpurroter Kutten, aus dem alle möglichen Vogelnamen erschallen, ist durchaus geeignet, die weltlichen Zuschauer zu begeistern. Doch weder Ngawang Sangdrol noch die etwa zwölf jungen Mädchen und die drei Mönche, die das Stück verfolgen, scheinen sich darum zu kümmern. Sie drängen immer weiter nach vorn, ohne daß sich ein Uniformierter widersetzt. Vor der Bühne trennen Metallschranken das Publikum vom Podium, doch die jungen Rebellen werden keinerlei Mühe haben, darüberzuspringen.

Zwanzig Meter ... fünfzehn ... Die Menge lacht. Schauspieler spielen.

Fünf Meter... drei... zwei... Und noch bevor sie die Schranken überwinden, die ersten Schreie: »Lang lebe der Dalai Lama!«; »Tibet ist ein freies Land!«; »Chinesen raus aus Tibet!«

Die Zuschauer der ersten Ränge schrecken jäh zurück. Mit erhobener Faust brüllen die Unruhestifter: »Freiheit!«, »Unabhängigkeit!« Eine der Nonnen ist noch ein Kind, eine etwas pummelige Göre mit einem breitkrempigen Hut, aber sie gestikuliert wie zehn: Ngawang Sangdrol.

Die Demonstration wird drei Minuten dauern. Aus der Sicht der Chinesen eine Ewigkeit. Hundertachtzig Sekunden Geschrei und Wut auf der Bühne, auf der sich in einem denkwürdigen Durcheinander Schauspieler und Aufwiegler, falsche und echte Geistliche mischen!

Als die jungen Nonnen auf die Bühne stürmten, als würden sie gegen feindliche Reihen anrennen, fielen Soldaten über die Demonstrantinnen her. Doch sie fuhren fort zu schreien: »Es lebe das freie Tibet!« Die Mönche hingegen sind getürmt, als sie die Uniformen sahen.

Der erste Soldat stürzt sich auf die Kleine, greift sie am Handgelenk und verdreht ihr den Arm auf den Rücken, um sie ruhig zu stellen. Als sie versucht, sich zu wehren, schlägt ihr ein anderer Soldat ins Gesicht. Mit blutenden Lippen und schmerzverzerrtem Gesicht scheint sie wie von Sinnen. Alles um sie herum ist Chaos und Panik: Die Mädchen kämpfen wie die Teufelinnen, wehren sich gegen die Schläge und schreien aus Leibeskräften. Das Publikum bleibt stumm. Niemand wagt es, die Parolen aufzugreifen.

Die Soldaten versuchen die Bühne zu räumen, indem sie die Mädchen an den Armen zerren, wird uns später eine von ihnen anvertrauen, doch das genügt nicht, um sie zu beruhigen. Je mehr Schläge niedergehen, desto lauter schreien sie: »Lang lebe der Dalai Lama!« Die Soldaten prügeln so brutal auf sie ein, daß ein Teil der Zuschauer sich empört. Hie und da ertönen Rufe aus der Menge – »Sachte, sachte, immer mit der Ruhe, verdammt noch mal, mißhandelt sie doch nicht!« – doch nicht die leiseste Spur einer politischen Parole war zu hören, als hätte diese gewaltsame Rückkehr zur Wirklichkeit, weit entfernt von einer Opernparodie, die Anwesenden gelähmt.

Die Soldaten und ihre zwölf Gefangenen* verlassen den Park und überqueren die Straße, um zu einem Militärcamp in der Nähe von Norbulingkha zu gehen. Halbbetäubt nehmen die Kleine und ihre Freundinnen weitere Uniformierte wahr.

Die Soldaten schleudern die Mädchen gegen den Kühlergrill der Gefangenentransporter, zerren sie zurück, mit dem Gesicht in den Staub, dann schleudern sie sie von neuem gegen die Wagen, so lange, bis sie ohnmächtig werden. Diese grün und blau geschlagenen, besudelten Körper, die wie ausgerenkte Gliederpuppen aussehen, mit blutunterlaufenen, tränenden Augen, werden wie Müllsäcke hinten in die Wagen geworfen.

Die Kleine befindet sich in dem zweiten Transporter. Richtung Gutsa, dem Gefängnis für Aufsässige.

* Außer Ngawang Sangdrol wurden folgende Nonnen aus dem Kloster Gari am 21. August 1990 in Norbuglinkha verhaftet: Gyaltsen Chonzom, Gyaltsen Dolkar, Gyaltsen Lhagtsam und Gyaltsen Mönlam. Die Nonnen aus Michungri waren: Gyaltsen Chodon, Gyaltsen Lungrig, Karma Tinley, Lhundup Sangmo, Lobsang Chodon, Ngawang Tendol, Tenzin Ngawang und Tenzin Thupten. Insgesamt waren es aber dreizehn oder vierzehn Nonnen; die Zeugenaussagen gehen in dieser Hinsicht auseinander.

6

Der zweite Hof

(1990)

Die Strafvollzugsanstalt von Gutsa, die Anfang der sechziger Jahre auf den Überresten eines Arbeitslagers errichtet wurde, liegt weit außerhalb der Stadt, in der Nähe des Nordgebirges. Das Stahltor und die mit Flaschenscherben verputzten Außenmauern lassen das Gefängnis wie eine Festung aussehen. Von der Allee in der Mitte gehen mit großen Bäumen gesäumte Wege ab. Aus der Ferne erkennt man hinter den Gitterfenstern der ebenerdig errichteten Baracken die Zellen der Häftlinge. Andere Mauern unterteilen die verschiedenen Bereiche des Gefängnisses, um zwischen den Gebäuden weitläufige Innenhöfe zu bilden.

Die Gefangenentransporter halten vor einem dieser Höfe an. Die Soldaten zerren die Nonnen aus dem Wagen, stoßen sie zu Boden, zwingen sie anschließend unter Fußtritten, wieder aufzustehen. Zwei Reihen von Männern sind vor ihnen aufgestellt. Eine nach der anderen müssen die Nonnen durch das Spalier gehen. Erst schlagen die rechts stehenden Soldaten zu, dann die links Stehenden. Und so geht dieser Spießrutenlauf weiter, bis zum letzten Soldaten. Die Mädchen brechen zusammen, versuchen sich aufzurichten, stürzen wieder zu Boden. Trotz ihrer elf Jahre und ihres Kindergesichts wird die Kleine wie ein Ball von links nach rechts geschleudert, bevor sie sich bei den anderen Nonnen im Hof wiederfindet.

Der Anblick der hier versammelten stolzen Aufständischen von Norbulingkha schmerzt: Mit geröteten Augen, angeschwollenen Backenknochen, aufgeplatzten Lippen, blutbeschmierten Kleidern bestehen sie nur noch aus Wunden und Beulen, Tränen und Leid. Sie mustern sich ungläubig, als hätte diese Gewalttätigkeit alles das übertroffen, was sie sich in der Behaglichkeit ihres Kloster je hätten vorstellen können.

Ein Mann beobachtet sie. Cho Kelsang, ein wegen seiner Grausamkeit berüchtigter Tibeter. Eine Wärterin, eine Chinesin, durchsucht sie. Sie nimmt ihnen die Gürtel ab, bindet die Schnürsenkel auf, entfernt sogar die Gummibänder der Unterwäsche, bevor sie das Geld und die verschiedenen Gegenstände einsammelt, die sie aus ihren Taschen kramt. Die Gefangenen müssen sich vor einer Mauer aufstellen, ein Meter Abstand zwischen ihnen, die Arme nach oben gestreckt.

An diesem Nachmittag des Zhodon, des Joghurtfestes, ist das Gefängnis Gutsa fast menschenleer. Die meisten Wächter sind zum Picknick gefahren. Die Nonnen werden also unter der Aufsicht von Cho Kelsang und der Chinesin auf die Rückkehr der Gefängnisleitung warten.

So verharren sie Stunde um Stunde, die Hände emporgestreckt, ohne zu wissen, was sie erwartet. Die Sonne brennt auf ihren nässenden Wunden, ihre Körper sind schweißüberströmt. Am frühen Abend, nach der Rückkehr des Personals, kommt ein Mann mit Stift und Papier auf sie zu.

»Wie heißt du?« fragt er die Kleine.

»Ngawang Sangdrol.«

»Aus welchem Kloster kommst du?«

»Aus Gari.«

Alle Mädchen müssen sich diesem Verhör zur Feststellung der Personalien unterziehen, bevor sie in Gruppen zu je drei oder vier eingeteilt werden. Von zwei Wärtern bewacht, wird die erste dieser Gruppen zum Eingang in einen anderen Hof gebracht, der an den vorhergehenden grenzt.

Nacheinander werden die Mädchen verhört. Cho Kelsang, der Tibeter, stellt die Fragen. Ein anderer Wärter schreibt alles auf. »Warum habt ihr diese Parolen geschrieen?«, »Wer ist euer

Anführer?« Die Wärter sind besessen von der Zwangsvorstellung eines »Anführers«, des »Organisators«. Sie suchen ein Oberhaupt, einen »Chef der Organisation«, um die Kette der Verantwortung so weit wie möglich zurückverfolgen zu können. Es gibt keinerlei Organisation. Ebensowenig einen Anführer. Nur leichtsinnige Gören, von ihrem eigenen Mut getrieben.

Da sie keinen Namen zu verraten und keine Strategie preiszugeben haben, bringt man sie wieder hinaus. Ein halbes Dutzend auf Stühlen sitzender Chinesen rauchen und sehen sie an. Das »Schauspiel« kann beginnen.

Drei Wärter in Uniform fangen an, die jungen Unruhestifter zu schlagen, sie mit Steinen zu bewerfen, sie wüst zu beschimpfen. Je mehr die Nonnen schreien, desto mehr prügeln die Männer auf sie ein. Das Gebrüll wird für die anderen Nonnen unerträglich, die auf dem benachbarten Hof darauf warten, an die Reihe zu kommen. Die Kleine ist besonders verängstigt. Trotz des zur Schau getragenen Draufgängertums ist sie die jüngste, die zarteste. Sie spürt ihren wunden Leib nicht mehr. Sie zittert von Kopf bis Fuß, kann sich nicht mehr zurückhalten und uriniert in die Hose.

Die ersten vier Unglücklichen kehren in den ersten Hof zurück. Weder Ngawang Sangdrol noch ihre Freundinnen, die gezwungen sind, regungslos stehenzubleiben, dürfen ihnen Hilfe leisten. Ohnmächtig müssen sie zusehen, wie sie einige Meter weiter in einer Ecke daliegen. Es wird noch lange dauern, bis sie wieder zu sich kommen.

Als sich die zweite Gruppe im Verhörraum einfindet, erkennt eine der Nonnen einen Folterknecht, genannt Tempa Rabgyal. Es besteht kein Zweifel, es ist der Ehemann einer Freundin, die am Zentrum für Medizin und Astrologie in Lhasa beschäftigt ist. Auch er erkennt sie wieder:

»Du, komm her!«

»Ich habe nichts Böses getan! Ich habe nur Schlagworte geschrieen, es ist doch nichts Verwerfliches dabei!«

»Ist gut, komm näher.«

Sie kommt näher.

»Was hast du getan?«

»Ich habe geschrieen, das ist alles.«

Tempa Rabgyal ohrfeigt sie dermaßen brutal, daß sie fast zu Boden stürzt. Dann liefert er sie einem anderen Mann aus, einem Koloß, der mehrere Äste in der Hand hält. Ohne ein Wort zu sagen, peitscht dieser sie mit den Ästen aus, während seine Komplizen sie mit Steinen bewerfen.

Die Kleine gehört zur vorletzten Gruppe. Als sie die Höhle der Folterknechte betritt, wundert sich einer von ihnen über ihr Alter: »Sag mal, du bist wohl zu jung, um hier zu sein. Warum hast du denn demonstriert? Du weißt ja gar nichts über Tibet, du weißt nicht einmal, ob es unabhängig ist oder nicht! Du bist doch nur diesen bösen Nonnen gefolgt, oder?«

Die Folterknechte hoffen zweifellos, daß sie Namen preisgibt, einen Anführer nennen wird. Aber Ngawang Sangdrol sagt kein einziges Wort. Sie bleibt hartnäckig stumm, als hätten sie diese in der Sonne verbrachten Stunden, als sie beim Hören der Schreie ihrer Freundinnen zitterte, plötzlich abgehärtet. Die Folterer können sie noch so sehr schlagen und nochmals schlagen, sie wird nicht sprechen.

Die Sitzung wird bei Einbruch der Dunkelheit beendet. Die Kleine liegt im Hof des Gefängnisses. Ihre Gefährtinnen müssen sie stützen, damit sie gehen kann. Eine einzige wurde nicht geschlagen, eine Bucklige, die die Schergen wahrscheinlich aus Aberglauben verschont haben. Die anderen, alle anderen haben dasselbe Schicksal erlitten: Fragen, Schläge, Fragen.

Man bringt ihnen immerhin schwarzen Tee und ein winziges *tingmo*, ein in Dampf gegartes Brot. Cho Kelsang, der Tibeter, ruft ihnen zu: »Gut, jetzt geht nach Hause. Doch paßt auf diese Kleine auf und bringt sie zu ihren Eltern!«

Es geht selbstverständlich weder darum, »nach Hause« zu gehen, noch irgendwen zu seinen Eltern zu bringen. Cho Kelsang scherzt. Gutsa ist eine Falle. Ngawang Sangdrol wird dort ein Jahr ihres Lebens verlieren.

7
Gutsa
(1990)

Die erste Nacht in Gutsa ist eine Nacht der Angst und der Einsamkeit. Die Zelle ist für ein Dutzend Häftlinge vorgesehen, aber Ngawang Sangdrol, die nach den Mißhandlungen von ihren »Komplizinnen« getrennt wurde, schläft dort allein. Wie gerädert von Müdigkeit und Schmerz, die Glieder mit blauen Flecken übersät, hat sie sich angezogen auf eine der zwölf Pritschen gelegt – auf eine in der Mauer einzementierte Betonplatte ohne Matratze und Decke. Die Zelle ist leer, nichts Überflüssiges, nur das Allernötigste für die Haft: Eisen, Beton, Gitter an den Fenstern, ein Kübel aus Metall als einzige Sanitäranlage.

Am nächsten Tag kommen die Wärterinnen im Morgengrauen, um sie zu wecken und in ein Verhörzimmer zu führen, wo sie erneut mit Fragen unter Beschuß genommen wird: »Wer hat die Idee zu dieser Demonstration gehabt? Wer ist der Anführer? Warum habt ihr das getan?« Sie hat noch immer nichts zu sagen, kein Geheimnis zu verraten, aber die drei Männer – sie weiß nicht, ob es sich um Wärter, Soldaten oder Polizisten handelt – wollen sich damit nicht zufriedengeben. Einer von ihnen spricht zu ihr, ein anderer macht Aufzeichnungen, der dritte mißhandelt sie; alles das vor den Augen einiger Funktionäre, die als Zuschauer gekommen sind. Wenn die Folterer einen Widerspruch in ihren Aussagen auszumachen glauben, besprechen sie sich miteinander, und die Tortur wird fortgesetzt, mit gesteigerter Gewalt und Tücke.

Niemand weiß genau, was Ngawang Sangdrol während dieses ersten Tages in Gutsa erlitten hat. Die Kleine hat zu niemandem darüber gesprochen. Die Tibeter haben nicht die Angewohnheit, sich zu beklagen, ihr Schicksal zu bemitleiden; die Kleine noch weniger als alle anderen. Mühelos kann man sich die Marter vorstellen, die sie in Gegenwart dieses Trios erleiden mußte, das vor keinem Greuel zurückschreckt und gern mit seinem furchterregenden Instrument hantiert: einem schwarzen Gehäuse, ungefähr zwanzig mal fünfzehn Zentimeter groß, mit einer Kurbel und einer langen elektrischen Leitung, die in einer Metallklammer endet. Das Opfer muß sich auf den Boden legen, mit dem Gesicht zum Boden und den Händen auf dem Rücken. Ein Mann steht auf den Waden, damit das Opfer sich nicht bewegen kann, während einer seiner Komplizen die Metallklammer am Nacken oder an irgendeinem anderen Körperteil anbringt. Der Dritte betätigt dann die Kurbel und löst einen unerträglichen Stromstoß aus. Eine Freundin von Ngawang Sangdrol, die an den darauffolgenden Tagen dieser Behandlung unterzogen wird, wird diese Empfindung nie vergessen: »Man hat den Eindruck, daß die Eingeweide so sehr in die Brust hochgedrückt werden, daß man sich erbrechen muß«, hat sie uns anvertraut. »Wenn der Körper von Krämpfen geschüttelt wird, weiß man nicht, ob man wirklich zittert oder ob dieses Zittern nur im Innern stattfindet, wie ein Zucken, das nicht zu beherrschen ist. Jedenfalls fällt man schließlich in Ohnmacht, und wenn man unter den Tritten von Stiefeln zu sich kommt, fühlt man sich elend, verzweifelt schwach.«

Im Laufe der ersten Woche wird die Kleine täglich mindestens drei Verhören unterzogen. Ihre elf Jahre ändern nichts an der Härte der Verhöre. Sie wird mit Konservendosen geschlagen und mit einem Elektroschocker traktiert, dessen Entladungen ebenso gewaltig sind wie die vom Kurbelgerät. Zusätzlich erleidet sie eine andere Marter, die bei den Chinesen sehr beliebt ist und »der Flieger« genannt wird. Die

Hände werden am Rücken zusammengebunden und ein Seil wird unter die Achselhöhlen gezogen; so wird sie an die Decke gehängt wie ein Stück Fleisch im Kühlraum eines Schlachters. Dann schlägt ein Mann mit einer Stahldrahtpeitsche auf sie ein.

Die Folterungen hören nach einer Woche plötzlich auf, als hätten die Folterer begriffen, daß sie aus den Rebellinnen von Norbulingkha nichts mehr herausbekommen würden. Sie lassen sie im Kerker dahin vegetieren und verbieten ihnen jedwede religiöse Betätigung. Auf diese Weise legen sie ihnen eine andere Form der Folter auf: Elend und Demütigung.

In ihrer ungeheizten Zelle hat die Kleine noch immer keine Decke. Nachts, wenn die Temperatur auf null Grad sinkt, zittert sie auf der Betonliege vor Kälte. Tagsüber, in der Hitze, ist die Zelle mit dem Gestank von Urin und Exkrementen erfüllt. Der dafür vorgesehene Metallkübel wird nur dann geleert, wenn er voll ist, und auch das nur, wenn es den Wärtern paßt. Diese Männer oder Frauen sind die einzige Verbindung zur Außenwelt. Ob sie Chinesen oder Tibeter sind, sie sind allesamt nach demselben Muster gekleidet: Khakiuniformen, Schirmmützen mit gelber Borte, Schnürstiefeln mit Eisenkappe. Aus ihrer Zelle – oder vielmehr aus ihrem Käfig – kann die Kleine kein anderes Mädchen aus Gari oder Michungri sehen. An den ersten Tagen, als die Wärterinnen kamen, um sie abzuholen und in den Verhörraum zu führen, hat sie noch einige gesehen, ohne ihnen jedoch näherkommen oder sie sprechen zu können. Auch hat sie zu keinem Zeitpunkt ihre Familie verständigen können. Selbst ihre Eltern wissen nicht, wo sie steckt. Als ihre Brüder und Schwestern von ihrer Verhaftung erfuhren, haben sie alle Polizeistationen abgeklappert und die diensthabenden Wachposten gefragt, was mit dem in Norbulingkha festgenommenen Kind geschehen ist, doch niemand ließ sich dazu herab, ihnen zu helfen. Mehrere Monate lang werden sie warten müssen, bevor sie herausfinden, daß die Kleine im Zuchthaus von Gari eingesperrt ist.

Diese unendlich einsamen Tage bestimmt der Rhythmus der drei täglichen Mahlzeiten, die von einer Wärterin, einem Küchenangestellten und von anderen Strafgefangenen gebracht werden.

Morgens muß sie sich mit einer Tasse Schwarztee und einem schwer verdaulichen, aus einem Mehl von erbärmlicher Qualität zubereiteten *tingmo* begnügen. Zu Mittag ein anderes *tingmo* und etwas Gemüse, das in einer ungenießbaren Brühe schwimmt, in der sich nicht selten Erdbrocken oder tote Insekten befinden. Das Ganze verströmt einen abscheulichen Gestank, der daher kommt, daß in Gutsa, wie in den meisten Gefängnissen des Landes, die in Eimern gesammelten Exkremente als Düngemittel für die Gemüsegärten benutzt werden. Das im Treibhaus angebaute Gemüse wird kaum gewaschen, bevor es in die Suppe kommt. Abends gibt es keine Brühe, sondern wieder das unvermeidliche *tingmo*, das abermals von schwarzem Tee begleitet wird. Das Schlimmste bleibt der Entzug des Wassers. Ohne so recht zu wissen, warum ihr die Gefängnisbehörden diese zusätzliche Marter auferlegen, hat die Kleine nicht einmal das Recht auf ein einziges Glas Wasser, zum Trinken oder zum Waschen. Wenn Regen über dem Gefängnis niedergeht, streckt sie eine Hand durch die Gitterstäbe ihres Fensters und versucht, einige Tropfen in einer Tasse einzufangen. Unglücklicherweise ist ihr Arm zu kurz, und die Tasse bleibt leer.

Im Laufe des Monats September sind weitere Nonnen in Gutsa angekommen. Da man Platz für sie machen mußte, wurden die meisten der am 21. August festgenommenen Mädchen in eine gemeinsame Zelle verlegt. Ngawang Sangdrol hat dieses Glück nicht. Die Wärter machen ihr klar, daß ihr auf Grund ihres Alters eine gerichtliche Sonderbehandlung vorbehalten sei: Die anderen würden vor Gericht gestellt; sie aber nicht. Ebenso wenig müsse sie die Abfälle verbrennen oder die Latrinen leeren, Aufgaben, die Häftlingen über fünfzehn Jahren vorbehalten seien. Die Kehrseite dieser relativen Milde ist die Einsamkeit, die immer bedrückender wird.

Als der Herbst naht, wird diese Einzelhaft, mehr noch als die Kälte oder der Hunger, unerträglich. Glücklicherweise hält das Leben im Gefängnis gelegentlich Augenblicke der Freude bereit, die dem Terror von Gutsa abgetrotzt werden können. So kommt es vor, daß sie einer ihrer Freundinnen begegnet, als sie ihren Eimer leeren geht. Mit etwas Glück, wenn die Wärter nicht aufmerksam sind, gelingt es ihnen sogar, miteinander zu sprechen. Mit der Zeit kann sich die Kleine auf unerschrockene Boten verlassen, junge Straffällige, die für kleine Diebstähle einsitzen. Im Unterschied zu den »politischen« Gefangenen genießen sie eine gewisse Freiheit in der Strafvollzugsanstalt, und es macht ihnen Spaß, alle möglichen Informationen von Zelle zu Zelle zu übermitteln.

Eines Morgens kommen zwei Funktionäre, um die am 21. August verhafteten Nonnen von ihrem bevorstehenden Erscheinen vor dem Gericht in der Hauptstadt zu informieren. Nur zwei von ihnen, die jüngsten, werden nicht vorgeladen: Ngawang Sangdrol und Gyaltsen Chondon, eine Jugendliche aus Michungri. »Möchtet ihr den Beistand eines Rechtsanwalts?« fragt man die anderen zwölf. »Nein, wir brauchen niemanden«, erwidern sie im Sinne des Verhaltenskodex für politische Gefangene, die immer bereit sind, die Verantwortung für ihre Aktionen zu übernehmen. Bei dieser Art von Gerichtsverhandlung, einer Farce, deren Ergebnis von vornherein feststeht, gibt es ohnehin nichts zu hoffen.

Und in der Tat, nachdem der Richter die Anklageschrift vorgelesen und die Ereignisse zusammengefaßt hat, und zwar ohne jeden Bezug zur Wirklichkeit, verhängt er Freiheitsstrafen von drei bis sieben Jahren. Er wendet sich ein letztes Mal an die Beschuldigten und sagt: »Bereuen Sie ihre Irrtümer? Möchten Sie Berufung einlegen?« Eine nach der anderen geben sie dasselbe zur Antwort: »Ich bereue nichts, es gibt also keinen Grund, Berufung einzulegen.«

Diese Verurteilung macht die Herrschaft des Schreckens in Tibet in seiner ganzen Maßlosigkeit, in seiner Ungerechtigkeit deutlich. Ende 1990 werden die Gefährtinnen der Kleinen nach Drapchi verlegt, in eine Haftanstalt, die für lange Strafen eingerichtet ist.

Für sie dagegen kommt eine Verlegung nicht in Frage. Sie wird einige Monate, mindestens aber bis zum Sommer 1991, bleiben müssen.

Seit dem Prozeß ihrer Freundinnen haben sich ihre Haftbedingungen ein wenig verbessert, obwohl sie sich noch immer in einer Einzelzelle befindet. Die Wärter vertrauen ihr nun verschiedene Arbeiten an. Vormittags gehört sie zu einer Gruppe von Häftlingen, die mit der Reinigung der Straßen von Lhasa beauftragt ist. Auch kommt es vor, daß sie Steine brechen, wie einst die Sträflinge in den Arbeitslagern, oder die Fahrzeuge des Gefängnisses waschen muß, wobei sie stets mit ihrer sanften Stimme singt. Ein weiteres Zeichen der Lockerung: Man teilt ihr mit, daß sie bald das Recht auf Besuche haben wird. Dschodscho, der geliebte Bruder, wird sie als erster besuchen kommen.

8

Dschodschos Tränen

(1990)

Ein Gitter trennt sie von ihm. Ein einfaches Gitter, neben dem Eingangstor. Sie hat die Erlaubnis erhalten, sich dem Gitter zu nähern, um ihm die Hand durch die Gitterstäbe zu reichen und um die Lebensmittelpakete, die er mitgebracht hat, entgegenzunehmen. Über drei Monate sind vergangen, seitdem sie ins Gefängnis eingeliefert wurde. Mit Tränen in den Augen, mit zugeschnürter Kehle starrt der Jugendliche seine Schwester an und fragt sich, ob es wohl dasselbe Kind ist, das ihn einst zum Lachen brachte, wenn es die chinesischen Schauspieler nachmachte. Ihre Haare sind gewachsen, ihr Blick hat sich verändert, die Gesichtszüge sind härter geworden, als wären sie von einer plötzlichen Reife, einer geradezu erwachsenen Unnachgiebigkeit geprägt.

Das wird Dschodscho bei ihrer nächsten Begegnung bestätigt finden. Diesmal wird ihnen erlaubt, sich länger und unter besseren Bedingungen zu sehen. Ihr Bruder wird selbst zu einer Art Platz vorgelassen, der sich zwischen zwei Toren des Gefängnisses erstreckt.

Da er Nudeln, eine Dose mit Schweinefleisch und eine Thermosflasche mit Tee – mit richtigem, äußerst cremigem Buttertee – mitgebracht hat, setzen sie sich auf das Gras zum Picknick. Dieser Anblick mutet unwirklich an: Sie sitzen da, als befänden sie sich in einem Park der Innenstadt an einem Feiertag! Um sie herum nichts als Beton, Eisen, Stacheldraht,

Wachtürme und Wehrgänge, doch sie haben das Gefühl, auf ihrem Stück Rasen allein auf der Welt zu sein.

Wenn er sie so vor sich sieht, so zart und stark zugleich, versteht Dschodscho, daß seine Schwester endgültig in die Welt der Erwachsenen eingetreten ist. Was sie in den ersten Haftmonaten erleben mußte, hat sie zutiefst geprägt; die Grausamkeit der Menschen hat ihr die letzten Träume der Kindheit genommen.

Die Wärter überwachen die beiden, beobachten ihr Tun und Treiben, doch sie kann ihm dennoch einiges über ihre Ankunft in Gutsa anvertrauen: »Dschodscho, sie haben mich so brutal geschlagen, damit ich gestehe, doch ich hatte nichts zu gestehen! Als sie mich eine Woche lang ohne Wasser ließen, hatte ich einen solchen Durst, daß ich versuchte, durch die Gitterstäbe meines Fensters etwas Regenwasser aufzufangen ...«

Der Junge hört ihr wie versteinert zu, wenn sie von den tausend Greueltaten von Gutsa erzählt: »Weißt du«, vertraut sie ihrem Bruder an, »die Wärterinnen sind doppelt so grausam wie die Männer, und die Tibeterinnen sind viel schlimmer als die Chinesinnen! Außerdem sind diese Frauen unehrlich und stinkfaul, sie lassen die Strafgefangenen alle Arbeiten verrichten! Die Päckchen mit Lebensmitteln oder Kleidung, die von den Familien geschickt werden, erreichen uns selten, denn sie bedienen sich, wo sie nur können.«

In den folgenden Monaten wird Dschodscho mehrmals kommen, um seine Schwester zu sehen. Theoretisch dürfen die Besuche alle zwei Wochen stattfinden. Das aber hängt letztlich von der Lust und Laune der Wärter ab. Die Besucher, die seit neun Uhr morgens an Ort und Stelle warten, müssen oft enttäuscht weggehen. Sie übergeben ihre Päckchen den Strafgefangenen, die sie dem Personal zum Durchfilzen vorlegen und versprechen, sie den »politischen« Gefangenen auszuhändigen, was natürlich nicht immer der Fall ist.

Wenn er das Glück hat, mit ihr sprechen zu dürfen, bemerkt der Jugendliche, daß die Kleine den Eindruck von Stärke, ja sogar von Härte vermittelt, was sich schon am ersten Tag des Wiedersehens und dann beim Picknick angedeutet hatte. Ihre Stimme bebt nicht mehr, ihre Augen verraten keinerlei Gefühlsregung. Gutsa hat sie verwandelt.

9
Eine zerstörte Familie
(1991)

Auch für die Familie hat die Festnahme der Kleinen das Ende eines Lebensabschnitts bedeutet. Kurz nach ihrer Verhaftung, als es ihren Eltern noch nicht gelungen war herauszufinden, in welchem Gefängnis sie saß, waren Polizisten in die Wohnung gekommen und hatten alle möglichen Fragen über sie gestellt. So fragten sie nach ihren Kontakten, nach Hintermännern und ideologischen Einflüssen, natürlich auch nach ihrer Beteiligung an irgendeiner oppositionellen Splittergruppe. Die Polizisten haben sich anständig verhalten, sie haben die Jugendlichen der Familie nicht grob behandelt, als diese schworen, nichts von den Aktivitäten ihrer Schwester zu wissen, was im übrigen auch der Wahrheit entsprach: Die Kleine ist seit ihrer Aufnahme ins Kloster so selbständig geworden, daß kein einziges ihrer Geschwister von ihrem Vorhaben, in Norbulingkha zu demonstrieren, Wind bekommen hat. Auch wußten sie nichts über ihr Leben in Gari, über etwaige »konterrevolutionäre« Freundschaften. Selbst Dschodscho war nicht eingeweiht. Zum anderen hatte Namgyal Tashi die Familienangelegenheiten, also auch die Beaufsichtigung der großen und der kleinen Kinder, schon immer an seine Gattin delegiert. Nicht, daß ihm das Schicksal von Ngawang Sangdrol gleichgültig gewesen wäre, ganz im Gegenteil, aber er sieht darin eher einen Grund zum Stolz als zur Sorge. An dem Tag, an dem die Polizisten ins Haus kamen, empfing sie »der Stier« in aller

Zwanglosigkeit, mit der leicht verächtlichen Selbstsicherheit eines unerschütterlichen Patriarchen.

Ein bemerkenswerter Mann, ein Widerstandskämpfer mit Leib und Seele, von seinem Kampf so sehr in Anspruch genommen, daß er zuweilen monatelang von zu Hause fernbleibt, um sich in seine Heimat, in die südlich von Lhasa gelegene Region Lhoka zurückzuziehen. Nach außen hin handelt es sich um Meditationsperioden, wie sie die Buddhisten gelegentlich praktizieren.* In Wirklichkeit studiert er in dieser Zeit die Werke des Dalai Lama oder verteilt politische Flugblätter und Schriften. Sein Versteck enthält Schätze, die mit dem Unabhängigkeitskampf zu tun haben. Er besitzt, was ein seltenes Privileg ist, sogar Stoffrollen – eine gelbe, eine rote, eine blaue –, aus denen tibetische Fahnen hergestellt werden.

Normalerweise ist »der Stier« der Anführer einer Gruppe von Freiheitskämpfern, aber er führt auch auf eigene Faust Widerstandsaktionen durch. So hat er eines Nachts eine seiner kostbaren Flaggen auf dem Mast eines Dorfes gehißt. Anschließend hat er eine Warntafel angebracht: Wer es wagt, die Fahne abzunehmen, begibt sich in Lebensgefahr! Sechs Stunden hat es gedauert, bis ein Polizist wagte, die Fahne zu entfernen. Später sind hie und da weitere Fahnen gehißt worden, vor allem in Samye, dem Kloster, in dem Namgyal Tashi sich stets auf Gleichgesinnte verlassen konnte.

Anfang Juni 1991, als sich erneut Unruhen gegen die chine-

* Diese Meditationsperioden werden sowohl von Geistlichen als auch von tiefgläubigen Laien, wie etwa den Eltern von Ngawang Sangdrol, eingehalten. Die Dauer dieser Klausuren reicht von einigen Tagen bis zu mehreren Monaten, ja sogar Jahren, und sie erfolgen unter der Anleitung eines spirituellen Lehrers. Dieser »Meister« entscheidet über den Grad der Einsamkeit, der Beziehungen zur Außenwelt und leitet eine Reihe von Ritualen, die dieser oder jener Gottheit geweiht sind. Die Tage werden dem Gebet, der Versenkung, dem Studium der heiligen Schriften, der Übung der tibetischen Grammatik oder auch der Anfertigung von religiösen Kunstwerken gewidmet.

sische Unterdrückung in der Hauptstadt ankündigen, wird einer der Mönche von Samye verhaftet. »Der Stier«, der sofort informiert wird, ahnt, daß ihm nur noch wenig Zeit bleibt. Früher oder später wird sein Freund zusammenbrechen und unter der Folter reden, und dann wird auch er verhaftet werden. Es ist also allerhöchste Zeit, die Flucht eines Teils der Familie ins benachbarte Nepal und danach in die indische Stadt Dharamsala in die Wege zu leiten. Es gibt nur wenige Möglichkeiten, die vierhundert Kilometer weiter südlich gelegene nepalesische Grenze zu überqueren. Selbstverständlich stellen die chinesischen Behörden vorschriftsmäßige Reisepässe aus, aber diese Dokumente werden nur an Personen ausgehändigt, die über jeden Verdacht erhaben sind – was im Falle von Namgyal Tashi nicht zutrifft –, oder solchen, die wohlhabend genug sind, um die Beamten des Auswärtigen Amtes zu bestechen. Folglich besteht die einzige Lösung für die Familie darin, geheime Fluchtwege einzuschlagen. Jedes Jahr sind mehrere tausend Männer, Frauen und Kinder bereit, ins Exil zu gehen und die Herausforderung des Hochgebirges in Kauf zu nehmen. Mit oder ohne Hilfe wagen sie das Abenteuer. Mit gewaltigem Gepäck belastet, passieren sie einen Gebirgspaß nach dem anderen, setzen ihr Leben den Launen des Himalaya aus, trotzen der Kälte, der Angst, dem Hunger, den chinesischen Grenzposten. Wenn sie verhaftet werden, droht ihnen Gefängnis. Wenn sie Erfolg haben, wird ihnen das Glück zuteil, zum mindesten einmal im Leben den Dalai Lama zu sehen. Er ist es, der ihnen auf diesem Fluchtweg in einer Nacht im März 1959 vorangegangen war.

Namgyal Tashi ist noch nicht bereit zur Flucht. Im Augenblick ist es für ihn wichtiger, seine am stärksten gefährdeten Kinder nach Indien zu schicken. Es ist einer der Jungen, ein kräftiger junger Mann um die Zwanzig, Straßenfeger in Lhasa, der als erster den Weg in die Verbannung einschlagen wird. Er hatte fast zufällig an einer Demonstration vor dem Regierungssitz der Autonomen Region teilgenommen. Die Polizei hatte ihn fotografiert, als er einigen Landsleuten dabei half, den Leichnam eines Aufrührers abzutransportieren. Für ihn ist die Flucht dringend geboten. Ebenso für Dschodscho, den verehrten Bruder der Kleinen. Obwohl er weniger in die Politik verwickelt ist als andere Mitglieder der Familie, muß auch er nach Indien fliehen.

Tatsächlich wird das Schicksal der ganzen Familie in wenigen Stunden entschieden.

Am Abend des 12. Juni 1991 dringt die Polizei in die Wohnung ein, in der Ngawang Sangdrol aufgewachsen ist, in den ehemaligen Gebäuden des Klosters Thenguyenling. Nur ihr Vater, »der Stier« Namgyal Tashi, und eine ihrer Schwestern, Rigzin Dolkar, sind anwesend. Wenn die Mutter ihre Meditationsperiode im Kloster Tashichöling verbringt, übernimmt Rigzin Dolkar die Stelle der Hausherrin und kümmert sich gleichzeitig um die eigenen Kinder – zwei Babys – und um den Rest der Familie. Sie ist eine sanfte und tatkräftige junge Frau, die mit einem Automechaniker verheiratet ist, der von der militanten Haltung der Familie, in die er hineingeheiratet hat, nicht viel hält.

Als die Polizisten in den Wohnraum eindringen, sitzt »der Stier« ruhig am Tisch und kostet *pags*, eine Mischung aus *tsampa*, Tee und Butter. Dieses nächtliche Eindringen überrascht ihn nicht übermäßig. Seit einigen Tagen schon, seit der Verhaftung des Mönches von Samye, befürchtet er eine Hausdurchsuchung. Seine Tochter ist dagegen wie versteinert. Dennoch wirken die Polizisten, alles Chinesen, nicht bedrohlich, verhalten sich recht höflich, aber Rigzin Dolkar, die große Schwester, spürt, daß ihrem Vater eine Falle gestellt wird. Da die Ermittler sie voneinander getrennt haben, bevor sie die Hausdurchsuchung durchführen, kann sie ihn weder sprechen noch sehen.

Kein Zimmer wird von der Durchsuchung ausgenommen, nicht einmal der *chökhang*, die winzige Gebetskapelle, die die kleine Ngawang Sangdrol mit so viel Eifer in ihrer Kindheit gepflegt hat. Die Polizisten entdecken bald die im Schrein versteckten Schriften des Dalai Lama und Flugblätter, die zum Unabhängigkeitskampf aufrufen. Wütend beginnen sie, den Schrein zu zertrümmern, mit den Füßen gegen die Möbel zu treten, das Geschirr zu zerschlagen, das Bettzeug von der Decke zu reißen. Alle möglichen Gegenstände fallen ihnen nun in die Hände: Kassetten, kleine Bücher und sogar, und das ist der größte Affront, tibetische Flaggen! Sie werden einen Großteil der Nacht damit verbringen, die Bestandsaufnahme ihrer Beute zu machen und die Kassetten abzuhören. Namgyal Tashi, dem Handschellen angelegt wurden, ist sich dessen bewußt, daß er so bald nicht wieder nach Hause kommen wird. Ihn erwartet das Gefängnis. Zwischen fünf und zehn Jahre, ohne jede Aussicht auf Milde.

Als sie gehen, wendet sich einer der Polizisten an Namgyal Tashis Tochter Rigzin Dolkar, die noch immer vor Entsetzen zittert: »Wir müßten auch dich verhaften, aber du hast Glück, daß du zwei Babys hast.«

Sie muß zusehen, wie ihr Vater, in der Gewalt dieser Unbekannten, abgeführt wird. Da er nur leicht angezogen ist, nimmt sie eine Jacke und eilt in den Hof:

»Vater, Vater, zieh das an, sonst holst du dir noch eine Erkältung!«

»Der Stier« blitzt sie an:

»*Kha tsum*!«* ruft er ihr zu.

Es sind seine letzten Worte. Worte des Zornes, der Ablehnung, die er widerwillig ausstößt, um seine Tochter zu schützen und ihr eine letzte Botschaft zu übermitteln: Nichts sagen, nichts tun, was die Familie in Gefahr bringen könnte.

In der Wohnung herrscht Chaos. Es ist, als sei ein Sturm darüber hinweggefegt. Die Schränke sind geöffnet, die Teller zerbrochen, die Kleider liegen auf dem Boden. Im Morgengrauen, als einer ihrer jüngeren Brüder, früher ein Mönch in Samye, am

* [*kha-btsum:* Halt den Mund! Sei still!]

Ende seiner Nachtschicht bei der Stadtreinigung nach Hause kommt, findet er Rigzin Dolkar im Zustand des Schocks, kaum dazu in der Lage, ihm zu erklären, was geschehen ist.

Nachdem er sie zu beruhigen versucht hat, geht er in die Küche, um ihr einen Tee zuzubereiten. Doch als er mit den Tassen in der Hand zurückkommt, stehen plötzlich erneut Polizisten im Zimmer. Diesmal sind sie hinter ihm her. Er steht im Verdacht, eine Flagge im Kloster gehißt zu haben und zu der Organisation seines Vaters zu gehören. Wie zuvor sein Vater, verläßt der junge Mann das Haus in Handschellen, abgeführt von zwei Polizisten.

Innerhalb weniger Stunden hat also Rigzin Dolkar die Verhaftung ihres Vaters, die Verwüstung der Wohnung der Familie und dann auch noch die Verhaftung eines ihrer Brüder miterleben müssen. Sie weiß nicht mehr, was tun, an wen sie sich wenden soll. Weder ihre Mutter noch ihre große Schwester, die Nonne, – beide haben sich zur Meditation nach Tashichöling zurückgezogen – sind da, um ihr zu helfen. Als sie ihre Fassung zurückgewinnt, findet sie die Kraft, zu einem befreundeten Mönch zu gehen, dem sie ihre Geschichte erzählt. »Ich bitte Sie«, fleht sie ihn an, »gehen Sie und benachrichtigen Sie meine Mutter und meine Schwester!«

Der Mann ist mutig. Er läßt sich darauf ein. Doch der Druck der Polizei in der Umgebung dieser verfolgten Familie ist so stark, daß er vorsichtshalber Straßenkleidung anzieht. Dann besorgt er sich einige Joghurttöpfe, um wie jene fliegenden Händler auszusehen, die ihre Milchprodukte von Haus zu Haus anbieten. In dieser Verkleidung erscheint er in dem Kloster, das sich auf einem Hügel in der Nähe von Lhasa befindet. Dort klopft er an die Tür der großen Schwester.

»Liebe Nonne«, fragt er, »möchten Sie meine Joghurts?«

Obwohl sie zunächst von diesem morgendlichen Besuch überrascht ist, öffnet sie die Tür und erkennt ihn schließlich wieder.

Da sie selbst zehn Jahre im Arbeitslager verbracht hat, erfaßt sie sofort den Ernst der Lage. Um ihre Mutter zu schonen, die ein schwaches Herz hat, beschließt sie, sie nicht sofort zu informieren, sondern in die Stadt zu ihrer Schwester Rigzin Dolkar zu eilen, die wegen der Ereignisse der letzten Stunden noch immer unter Schock steht.

Kaum in dem Hof angekommen, sieht sie Rigzin Dolkar vor der Haustür stehen. Ihre Augen sind vor Entsetzen geweitet.

»Hau ab! Hau ab!« brüllt Rigzin Dolkar, »die verhaften dich auch noch wie die anderen, die Polizei wird wieder herkommen!«

Die Nonne geht auf ihre Schwester zu, um sie zu trösten, doch diese bekommt einen Nervenzusammenbruch, stößt sie mit Faustschlägen auf die Brust zurück.

»Warum bist du gekommen? Sie werden dich verhaften. Ich hab' dir gesagt, du sollst gehen! Hau ab! Hau ab! Hau ab!«

Einen Monat später, als sich die Meditationsperiode Jampa Chonzoms dem Ende neigt, versucht die Nonne vergebens, ihre Mutter davon zu überzeugen, daß sie den Aufenthalt verlängert. »Nein, meine Tochter«, erwidert sie, »es ist Zeit, daß ich nach Hause gehe, ich kann nicht ewig hier mit dir leben. Vater und die Kinder brauchen mich.«

Im gegenseitigen Einvernehmen sagen ihr die Töchter, daß »der Stier« wieder einmal seinen Kopf durchgesetzt und sich in eine weitere Klausur begeben hat. Ihre Mutter glaubt ihnen bis zu jenem Tag, an dem sie eine Nachbarin ahnungslos fragt: »Übrigens, wie geht es Ihrem Mann? Ist das Leben im Gefängnis nicht zu hart? Und Sie, wie ertragen Sie dieses Unglück?«

Der Schock ist entsetzlich. Ihr Gesundheitszustand verschlechtert sich dramatisch. Niemand kann genau sagen, in welchem Gefängnis sich ihr Mann befindet. In Gutsa? In Drapchi? Tatsächlich sitzt er in Sangyip, einer Haftanstalt von Lhasa, das erfahren seine Verwandten einige Tage später. Sie erhalten dann auch die einzige gute Nachricht dieses schicksalhaften Sommers: Die Kleine wird bald entlassen.*

* Das genaue Entlassungsdatum von Ngawang Sangdrol aus Gutsa ist unklar – wahrscheinlich Juli 1991, einige Wochen nach der Verhaftung des Vaters.

10

Die letzte Entscheidung
(1991)

Äußerlich hat sie sich nicht verändert. Abgesehen von ihren Haaren selbstverständlich, die viel zu lang sind für eine Nonne. Das vergangene Jahr in Gutsa hat sie nicht zermürbt. Ihr jugendlicher Körper hat dem Schmutz, den Krankheiten getrotzt; hat die Mißhandlungen, die Schläge, die Kälte, die Angst ertragen können; hat sich, schlecht und recht, mit den scheußlichen *tingmos* und mit den Brühen voll Ungeziefer abgefunden. Ngawang Sangdrol hat auch nicht mehr die häßlichen Pickel auf ihren pummeligen Wangen, die Dschodscho bei seinen Besuchen so sehr beunruhigt hatten. Bei ihr hat die Veränderung im Innern stattgefunden. Nur ihre Angehörigen können die Anzeichen einer Entwicklung ausmachen: den härteren Blick, ein gesteigertes Vermögen, ihre Gefühle im Zaum zu halten, gefestigte Überzeugungen …

Dennoch erwartet sie bei ihrer Entlassung aus dem Gefängnis eine neue Schicksalsprüfung: der Tod der Mutter. Während ihrer letzten Wochen im Gefängnis hat man der Kleinen erlaubt, ihre Mutter im Krankenhaus zu besuchen, aber sie konnte sie nicht bis zum letzten Atemzug begleiten, wie sie es sich gewünscht hätte. Ihre Mutter starb, ohne zu wissen, zu welcher Strafe ihr Mann verurteilt wurde; ohne zu wissen, ob ihre Söhne gesund und sicher in Indien angekommen sind. Deren erster Brief, der beruhigend klingt, wird erst nach ihrem Tod in Tibet eintreffen.

Kurz nach ihrer Freilassung beteiligt sich Ngawang Sangdrol an der Seite ihrer Schwestern mit ganzem Herzen an der Durchführung der Bestattungsriten. Ihre Mutter, die so fromm war, wie eine Tibeterin nur sein kann, verdient die strengste Einhaltung der Traditionen. Drei Tage lang werden Mönche bei ihrem Leichnam Wache halten. Gemäß den Bräuchen haben diese die Aufgabe, den Geist der Verstorbenen – der sich von dem Leib, seiner irdischen »Hülle« losgelöst hat – durch ihre Gebete und Anrufungen zu führen und ihm bei der Wiedergeburt in einer anderen Gestalt behilflich zu sein. Die Freunde, die Nachbarn und die Verwandten kommen, um vor den sterblichen Überresten in stillem Gedenken zu verharren, um die Familie zu begrüßen, ihr Weihrauch und *khatags*, Schals aus weißer Seide, darzubringen. Der in ein schwarzes Tuch eingehüllte Leichnam wird anschließend in eine Art Friedhof gebracht. Dort wird er nach einem althergebrachten Ritual in Stücke zerteilt und den Raubvögeln überlassen. Von nun an ist der Geist von seiner fleischlichen Hülle befreit; er irrt irgendwo im *bardo* umher, in einer Zwischenwelt zwischen Leben und Tod. Sieben Wochen lang werden die Mönche regelmäßig zusammenkommen, um seine Wiedergeburt in menschlicher Gestalt zu erleichtern und um ihm auf diese Weise zu ermöglichen, den Weg zur Weisheit fortzusetzen.

Innerhalb von wenigen Wochen, kurz vor der Freilassung der Kleinen, ist die Familie also zerbrochen: Die Mutter ist gestorben; der Vater, die Onkel und einer der Brüder sitzen im Gefängnis; zwei weitere Brüder, unter ihnen Dschodscho, sind nach Indien geflohen; die große Schwester, die Nonne, hat größte Mühe, mit dieser Situation fertig zu werden; und Rigzin Dolkar, die andere Schwester, wird ihren Ehemann, den Automechaniker, verlieren, der es kaum erwarten kann, sich scheiden zu lassen, um sich von der angeheirateten Familie zu distanzieren, die in seinen Augen politisch entschieden zu aktiv ist. Die kleine Ngawang Sangdrol kann sich nicht in das Kloster Gari zurückziehen, da die religiösen Institutionen ehemalige politische Gefangene nicht aufnehmen dürfen. Die älteren Nonnen würden sie gern wieder aufnehmen, ganz besonders ihre Tutorin, aber die chinesische Verwaltung zeigt sich unerbittlich.

Die Kleine beschließt daraufhin, sich den Ihren zu widmen. So verbringt sie ihre Tage auf dem Barkor-Platz, wo sie den bescheidenen Handel ihrer Mutter wiederaufgenommen hat. Auch sie verkauft nun Süßigkeiten, Zigaretten, Toilettenpapier, gebrauchte Kleider, um die Familie, oder zumindest das, was davon übriggeblieben ist, ernähren zu können. Doch ihre älteren Schwestern machen sich nichts vor: Diese Hingabe an die Sache der Familie wird Ngawang Sangdrol vor einem »Rückfall« in den politischen Kampf nicht bewahren. Da die Kleine aus demselben Holz geschnitzt ist wie ihr Vater – unberechenbar, dickköpfig, mit Leib und Seele kämpferisch – scheint es unvermeidbar, daß sie eines Tages an der Spitze irgendeiner Demonstration marschieren wird.

Um sie daran zu hindern, schlagen ihr die Schwestern vor, nach Indien zu flüchten. Dort könnte sie ihren Brüdern wieder begegnen, vor allem Dschodscho, den sie so sehr vermißt. Sie könnte auch Zeugnis ablegen, ihre eigene Geschichte erzählen, die Verhaftung »des Stiers« anprangern. »Du bist so jung, jetzt oder nie«, versichert ihr eine der Schwestern. »Wenn du diese Gelegenheit nicht jetzt ergreifst, wird dein Leben keinen Sinn mehr haben«, insistiert die andere.

Wie die meisten ihrer Landsleute haben die drei Schwestern eine recht idyllische Vorstellung von Dharamsala, dem indischen Zufluchtsort des Dalai Lama. Nur weil sie einige Bilder auf eingeschmuggelten Videos gesehen haben, stellen sie sich eine bezaubernde Stadt vor, in der alles leichter ist: das Leben, die Religion, der politische Kampf. Der Westen, glauben sie, protestiert gegen die zahllosen Mißstände in Tibet.

Tatsächlich zeigen sich die westlichen Regierungen, unabhängig von ihrem politischen Kurs, gegenüber den Chinesen äußerst zurückhaltend. Man verärgert nicht eine Milliarde potenzieller Kunden für eine Handvoll gefolterter Gören! Nur einige wenige Mutige nehmen Anstoß an den Mißständen, Volksvertreter aller politischen Richtungen, aus Frankreich und anderswo*, und vor allem Dutzende von Organisationen wie das Komitee zur Unterstützung des tibetischen Volkes (Comité de soutien au peuple tibétain, CSPT France). Wenn die Flüchtlinge das Glück haben, Dharamsala am Ende ihrer beschwerlichen Odyssee über den Himalaya zu erreichen, können sie diesem Westen, dem Verteidiger Tibets, ihre Verzweiflung anvertrauen. Diese Informationen werden dann nach einem gut funktionierenden System in die ganze Welt übertragen, gelangen aber nur selten über den kleinen Kreis der Kenner hinaus. Den Regierenden ist das gleichgültig. Und den Chinesen erst recht…

Aber alles das ist den drei Schwestern nicht bekannt. Von Lhasa aus, wo die freie Berichterstattung sich auf die wenigen ausländischen Rundfunksendungen (*Voice of America*, *Radio Free Asia*) und auf Flugblätter beschränkt, die unter der Hand verteilt werden, wollen die Schwestern auf die Unterstützung aus dem Westen vertrauen. Denn die Kleine soll sich so bald wie möglich in diesen Westen absetzen.

Um sie auf das Exil vorzubereiten, haben sie die Schwestern für Englischkurse angemeldet. So wird sie wenigstens ihr Schicksal als politischer Flüchtling unter den besten Be-

* In den vergangenen Jahren haben mehrere französische Parlamentarier ihre Aktivitäten zugunsten Tibets verstärkt. Es seien genannt: Yann Galut (sozialistischer Abgeordneter des Départements Cher), Jean-Paul Durieux (sozialistischer Abgeordneter von Meurthe-et-Moselle), Louis de Broissia (national-konservativer [Rassemblement pour la République, RPR] Senator der Côte-d'Or) oder auch Claude Huriet (Senator der Mitte von Meurthe-et-Moselle)… Alle sind vor allem für Ngawang Sangdrol eingetreten.

dingungen antreten können. Der Englischunterricht macht ihr Freude, sie hat eine verblüffende Fähigkeit, sich alles zu merken.

Namgyal Tashi, ihr Vater, ist nach den letzten Nachrichten im Gefängnis von Sangyip eingesperrt. Seine Gerichtsverhandlung wird erst in einigen Monaten stattfinden. Unterdessen haben die beiden großen Schwestern die Genehmigung erhalten, ihn zu besuchen. Glücklicherweise treffen sie an jenem Tag auf einen gutmütigen Wärter, der sie einen Augenblick miteinander reden läßt. Selbstverständlich bleibt er dabei und hört unauffällig dem Gespräch zu, jedoch ohne einzugreifen. »Der Stier«, damals an die sechzig Jahre alt, tröstet seine in Tränen aufgelösten Töchter.

»Meine Kinder«, sagt er ihnen mit sanfter Stimme, »ihr dürft nicht auf meine Rückkehr hoffen. Ich bin bereits ein alter Mann, der seine Zeit mit Beten verbringt. Selbst wenn ich nach Hause kommen könnte, hätte ich dort nichts mehr zu tun. Ich bitte euch, meine Großen, euch um eure Brüder und um eure kleine Schwester zu kümmern. Tut alles, was in eurer Macht steht, um unsere Traditionen, unsere Kultur aufrechtzuerhalten. Ihr werdet überleben ...«

Sie flehen ihn an:

»Papa, sprich nicht so, sag so etwas nicht. Du wirst nach Hause kommen.«

»Na na«, mischt sich der Wärter ein, der ihr Gespräch noch immer überwacht, »hören Sie auf den Rat Ihres Vaters. Gehorchen Sie ihm, machen Sie sich keine Sorgen. Er bekommt zu essen, er wird nicht mißhandelt, meine Kollegen verhören ihn nur, ohne ihn zu schlagen. Da gibt's nichts zu weinen.«

Die Besuchszeit ist abgelaufen, aber der gute Mann tut so, als würde er es nicht bemerken, und gewährt ihnen noch einige Augenblicke der Vertraulichkeit.

Auf dem Heimweg nach Lhasa, während die Gebäude von Sangyip in die Ferne rücken, fragen sich Rigzin Dolkar und ihre Schwester, zu welcher Strafe ihr Vater wohl verurteilt werden wird. Zu fünf Jahren? Zu sechs Jahren? Das Urteil wird einige Monate später fallen: acht Jahre Haft, zu verbüßen in Drapchi, dem Gefängnis für lange Haftstrafen.

Ein Jahr ist vergangen, seitdem die Kleine ihr Kloster Gari, ihre Tempel, ihre Zimmer mit Blick auf die weißen Felsen im Tal verlassen hat. Ein Jahr, in dem sie die lehrreichen Unterweisungen der Seniornonnen nicht hat genießen dürfen. Nori Dhondup, ihre Tutorin, leidet sehr darunter, denn sie empfindet eine besondere, fast mütterliche Zuneigung für Ngawang Sangdrol und will sich nicht damit abfinden, daß das geistige Leben ihrer Schülerin vertan wird. Dieses Kind, denn die Kleine ist ja noch ein Kind, hat ungeahnte Begabungen, eine für ihr Alter ungewöhnliche Verstandesschärfe. Alles, was sie lernt, behält sie auch im Gedächtnis, ob es sich um englische Grammatik oder um heilige Schriften handelt. Nori Dhondup beschließt also, sie – obwohl gesetzeswidrig – wieder in Gari aufzunehmen, auch auf die Gefahr hin, sie heimlich unterzubringen oder sie notfalls sogar unter ihrem eigenen Bett zu verstecken, wenn es denn sein muß!

Tatsächlich wird Nori Dhondup (sie ist inzwischen verstorben) alles in ihrer Macht Stehende tun, um Ngawang Sangdrol zu helfen. Zwei Augenzeugen haben uns sogar versichert, gesehen zu haben, wie sie auf den Straßen von Lhasa bettelte, um für die Bedürfnisse ihrer Schutzbefohlenen aufkommen zu können. Als diese im Laufe des Jahres 1992 die letzte Gedenkfeier für ihre Mutter veranstalten will, bittet sie selbstverständlich diese treue Tutorin und ihre Gefährtinnen aus Gari darum, die Riten zu vollziehen.

Das Kloster Gari bleibt wie viele andere ein wichtiger Hort des Widerstands. Das Vorbild der Kleinen und ihrer Freundinnen hat Schule gemacht: Seit Anfang des Jahres sind hundertachtundsechzig Tibeter wegen militanter Aktionen für die Unabhängigkeit eingesperrt worden, und auch Gari kann sich diesem patriotischen Fieber nicht entziehen. Die Umerziehungskommandos, die die jungen Novizinnen auf den rechten Weg des Kommunismus bringen sollen, bleiben immer länger am Ort und sind viel unnachgiebiger als zu der Zeit, als die Kleine und ihre Gefährtinnen sich noch damit vergnügen konnten, deren Kochtöpfe zu durchstechen.

Im Frühjahr 1992 verbringt eine dieser Mannschaften einen Monat in Gari. Protestbewegungen haben gerade in der Hauptstadt stattgefunden, und die Polizei verdächtigt einige Nonnen, daran teilgenommen zu haben. Die Erzieher kommen in großer Zahl, es sind an die zwanzig; alles Tibeter, mit Ausnahme von zwei Halbchinesen. Schon bei deren Ankunft spüren die Mädchen, daß die Erzieher bereits ein ziemlich genaues Bild von der Situation haben. Den ganzen Tag über kanzeln sie die Mädchen ab, halten ihnen Strafpredigten im Innenhof des Klosters. Es handelt sich um mehr als nur einfache Lehrgänge, hier geht es um richtiggehende Gehirnwäsche. Elf Nonnen leisten Widerstand, weisen die rote Doktrin zurück, doch sie werden umgehend verhaftet. Die Mannschaft hat ihr Ziel erreicht: Sie hat es geschafft, die Aufsässigen zu isolieren.

Vor diesem Hintergrund, zwischen drangsalierten Freundinnen und einer zerstörten Familie, sucht die Kleine nach einer Zukunft für sich. Soll sie nach Indien gehen, wie ihr ihre beiden Schwestern raten? In Tibet bleiben und mit dem Verkauf von Kleinkram ein kümmerliches Dasein fristen? Oder aber dem Weg ihres Vaters folgen und sich noch mehr in die politische Aktion verwickeln? Ihre Entscheidung steht seit langem fest.

11

Rückkehr nach Gutsa

(1992)

Warum ausgerechnet an diesem Tag? Warum an diesem Ort? Nur die Kleine könnte auf diese Fragen antworten, das Geheimnis ihrer Rückkehr an die vorderste Front des Protestes lüften. Ihre engsten Freunde, die zu dieser Episode befragt wurden, wissen nicht genau, unter welchen Umständen sie am 18. Juni 1992 wieder an die chinesische Polizei geraten ist, und zwar ganz in der Nähe der Stelle, an der sie wie ihre Mutter vor einigen Monaten täglich Süßigkeiten und gebrauchte Kleider verkaufte. Nur soviel steht fest: Eine andere Novizin ihres Kloster – Kunchok Tsomo, gleiches Alter, gleiche Größe, gleiche Hartnäckigkeit – begleitete sie. Gemeinsam haben sie »Chinesen raus aus Tibet«, »Unabhängigkeit«, »Lang lebe seine Heiligkeit der Dalai Lama!« skandiert. Gemeinsam wurden sie verhaftet. Und die Geschichte hat sich zum hundertsten, zum tausendsten Mal wiederholt: Schläge, Schreie, der Gefangenentransporter … Rückkehr nach Gutsa, die Hölle für die damals Elfjährige.

Als Ngawang Sangdrol an jenem Tag in der Haftanstalt ankommt, erinnert sie sich selbstverständlich an das Aufnahmeverfahren: der erste Hof, der zweite Hof, das Verhörzimmer. Im Innern angekommen, fallen ihr jedoch zwei bedeutende Veränderungen auf: die Abwesenheit Cho Kelsangs, des tibetischen Folterknechts, und die Gelassenheit des Personals. Die Zelle hat sich nicht verändert, sie ist mit einem Tisch und einigen

Stühlen ausgestattet. Wer weiß, warum man gerade ein Bett aufgestellt hat? Vielleicht, damit sich die Henker darauf ausruhen? Es sei denn … Ja, es sei denn, das ist für bestimmte Wärter eine bequeme Möglichkeit, die weiblichen Gefangenen zu mißbrauchen. Über das eine Gefängnis von Gutsa hinaus verzeichnen die Menschenrechtsorganisationen jährlich Dutzende von Fällen von sexueller Gewalt, die an jungen Frauen verübt wird. Der absolute Horror: Einige werden bei den Folterungen mit Hilfe von Elektroschockern sogar entjungfert. Für die Nonnen stellt eine Vergewaltigung die entehrendste Verletzung überhaupt dar; einen Verstoß gegen das Keuschheitsgelübde.

Sind die Kleine und ihre Freundin Khunchok noch zu jung, um derartige Grausamkeiten zu befürchten, so bewahrt sie ihr Alter nicht vor anderen Martern. Einiges kennt Ngawang Sangdrol schon von ihrem ersten Aufenthalt in diesem Gemäuer. Doch es sieht so aus, als hätten sie einen Glückstag: Der Stellvertreter des schrecklichen Cho Kelsang hat Mitleid. Als er beobachtet, daß die chinesischen Polizisten auf die Zelle zugehen, stößt er sie unters Bett und wartet, bis die Gruppe sich entfernt, um mit dem Verhör fortzufahren. Weder die Kleine noch ihre »Komplizin«, die bei der Festnahme am Arm verletzt wurde, werden gefoltert. Der Wärter wird sich damit begnügen, sie zu ohrfeigen. In Gutsa bedeutet dies eine bevorzugte Behandlung.

Für Ngawang Sangdrol ist es wieder einmal an der Zeit, sich mit dem Gefängnisalltag vertraut zu machen: morgens *tingmo*, mittags Brühe, abends *tingmo*. Ihr Körper muß sich wieder an die Liegen aus Beton, an das Frösteln im Morgengrauen, an den Gestank des Eimers gewöhnen. Diesmal hat sie zumindest eine Matratze – eine mit Ungeziefer verseuchte Matratze, aber immerhin eine Matratze –, und ihre Angehörigen dürfen ihr eine Decke zukommen lassen.

In den benachbarten Zellen hat die Kleine einige Freundinnen wiedererkannt, darunter Lobsang Dölma, ein Mädchen aus Gari, das vor einigen Wochen verhaftet wurde. Sie begegnen sich manchmal, wenn sie ihre Eimer leeren gehen oder Wasser vom Gemeinschaftshahn holen. Wenn sie etwas Glück haben – und das kommt seit ihrer Rückkehr nicht selten vor – treffen sie auf einen freundlichen Wärter, der ihnen erlaubt, sich leise zu unterhalten.

Diese Situation ist jedoch nur von kurzer Dauer. Ngawang Sangdrol weiß, daß sie einer endgültigen Verurteilung nicht entgehen wird und früher oder später in eine Haftanstalt verlegt wird, die für Langzeitstrafen besser geeignet ist. Die Anklageschrift, sehr chinesisch in ihrer Terminologie, läßt keinerlei Hoffnung zu und beschuldigt sie der »Anstiftung zu subversiven und separatistischen Aktivitäten«. Mit dreizehneinhalb Jahren! Für einige Minuten Freiheit, für einfache Worte der Revolte! Das Urteil wird vier Monate später ergehen: drei Jahre Haft. Nicht in Gutsa, sondern in Drapchi. Drapchi, das Gefängnis ihres Vaters.

12

Drapchi
(1992)

Als sie den Haupteingang dieses gewaltigen, nordöstlich der Stadt gelegenen Komplexes betritt, entdeckt sie zunächst ein Militärlager, das aus einer langen Reihe von Baracken besteht. Das eigentliche Gefängnis, das an dieses Lager grenzt, ist durch ein zweites Tor links und dann durch ein drittes, etwas weiter entferntes Tor zugänglich. Eine dreifache Außenmauer, versehen mit sieben Wachtürmen und mit Stacheldraht, macht jede Hoffnung auf Flucht zunichte.

Auf beiden Seiten der Hauptallee sieht die Kleine zahlreiche Gebäude sowie eine Reihe von Schuppen und ganz hinten die Abteilung 5, wo sich ihr Vater, Namgyal Tashi, befindet. Näher am Eingang, auf der rechten Seite, gibt es eine weitere Abteilung, die Nummer 3. Es ist die Frauenabteilung, in der sich Dutzende von politischen Gefangenen befinden. Es ist gewissermaßen ein Gefängnis im Gefängnis, von einer Mauer umgeben und nur über eine Eingangsschleuse zugänglich. Das bedeutet, daß jeder Zugang zu anderen Abteilungen, also auch zu der ihres Vaters, unmöglich ist.

Die Kleine hat ihre Ausstattung bekommen: eine blaue Uniform, eine Decke und die internen Vorschriften. Man führt sie nun zu den Gefangenen der Abteilung 3, unter ihnen sind mehrere Teilnehmerinnen an der Demonstration vom August 1990, jenem berühmten Tag, an dem sie mitten in der Opernaufführung auf die Bühne gesprungen waren.

Ngawang Sangdrol erkennt sofort eine Nonne aus dem Kloster Michungri. In Gutsa war sie es gewesen, die in den Stunden nach ihrer Verhaftung das Pech hatte, in der Gruppe von Folterern den Mann einer Freundin wiederzuerkennen. Als sie die Kleine ankommen sicht, traut sie ihren Augen nicht.

»Aber was machst du denn hier? Ich dachte, du bist in Freiheit, und jetzt bis du bei uns!«

»Meine Freundinnen«, scherzt Ngawang Sangdrol, »ihr habt mir so gefehlt. Ich hatte Lust, euch zu sehen. Nun, da bin ich wieder!«

Unglaubliches Mädchen! Sie wirkt entspannt, gesund, aufrichtig erfreut, wie eine Verwandte die von einer Reise zurückkehrt. Drapchi, das »Gefängnis Nr. 1 der Autonomen Region Tibet«, um die offizielle Bezeichnung zu gebrauchen, ist ihre politische Bühne, ihre Art, den Kampf fortzusetzen. Dort zu sein bedeutet, zu handeln, dazusein.

Zweifellos muß man Buddhist und Tibeter sein, um diese Art von Selbstlosigkeit zu verstehen. Dem Buddhismus – den der Dalai Lama für eine »Wissenschaft vom Geist« hält und nicht für eine Religion im landläufigen Sinn dieses Begriffes – stehen die Menschen des Westens oftmals ratlos gegenüber. Das Unverständnis gipfelt in dem unergründlichen Problem des Leidens. Abgesehen von dem – unleugbaren – Mut der Kleinen, muß man in dieser Fähigkeit, das Äußerste zu ertragen, nicht die Bereitschaft erblicken, das eigene Schicksal hinzunehmen?

Dieses Rätsel veranlaßt uns, uns einmal mit den Grundsätzen des Buddhismus zu befassen: Da jedes Lebewesen dazu bestimmt ist, zu sterben und anderswo in einer anderen Gestalt wiedergeboren zu werden, erntet es in seinem gegenwärtigen Leben die Frucht seiner vorangegangenen Daseinsformen. Ob es nun ein Mann, eine Frau oder ein Tier gewesen ist – das, was ihm widerfährt, ist eine Folge der vorhergegangenen, guten oder bösen Taten. Anders ausgedrückt, jeder ist für sein Glück und für sein Unglück selbst verantwortlich.

Durch Weisheit und Mitgefühl kann der Mensch hoffen, eines Tages dem endlosen Kreislauf der Wiedergeburten (*saṃsāra*) zu entrinnen und die Vollendung (*nirvāṇa*) zu erlangen. »Man kann seine Zukunft gestalten, indem man sich für eine nützliche Tat einsetzt und von reinen Beweggründen beseelt ist«, empfiehlt der Dalai Lama. Unter diesen Umständen ist der Tod nur eine Etappe, der man ohne Furcht begegnet. »Da ich ihm ohnehin nicht entrinnen kann«, schreibt der Gottkönig, »sehe ich keinen Grund, mir Sorgen darüber zu machen. Für mich ist der Tod so wie das Wechseln der Kleider, wenn sie alt und zerschlissen sind. Er ist nichts Endgültiges […].«*

Aus dieser Philosophie ergibt sich eine eigentümliche Vorstellung vom Dasein: Dieses ist zwangsläufig beschwerlich, denn der Mensch ist seinem Wesen nach unwissend und habgierig. Kurzum, auf Erden ist alles Leiden: Geburt, Krankheit, Tod, die Trennungen … Die Aufhebung dieses Leidens kann man durch einen rechten, sittlichen Lebenswandel im Dienste an den anderen erlangen und vor allem durch eine fortwährende Loslösung von den Dingen. Selbst wenn die Buddhisten die Augenblicke des Schmerzes oder der Freude tief erleben, lösen sie sich mit der Zeit davon ab. Indem sie so handeln, können sie den Geboten des Buddha folgen: »Erkennt das Leiden. Gebt dessen Ursachen auf. Erlangt die Aufhebung des Leidens. Folgt dem rechten Pfad.«

Der »Pfad« der Kleinen hat sie also nach Drapchi geführt, in eine Zelle, die mit zwölf Gefangenen belegt ist, in der sie wenigstens das Glück hat, mit ihren Freundinnen zusammenzusein. Alle erkundigen sich nach dem Neuesten, wollen die

* Tenzin Gyatso, the Fourteenth Dalai Lama of Tibet, *Freedom in Exile. The Autobiography of His Holiness The Dalai Lama of Tibet*, London: Hodder & Stoughton, 1990; dt. Ausgabe: Dalai Lama, *Das Buch der Freiheit. Die Autobiographie des Friedensnobelpreisträgers*. Aus dem Engl. von Günther Cologna, Bergisch Gladbach: Lübbe, 1990, S. 256.

Ngawang Sangdrol (*Mitte*) bei ihrer ersten Freilassung 1988. © CSPT

Unten links: Ngawang Sangdrol im Alter von 12 Jahren. © CSPT

Unten rechts: Ngawang Sangdrol mit 20 Jahren im Gefängnis Drapchi. © CSPT

Oben links: Die Mutter der Kleinen und ihr Bruder Dschodscho. © CSPT

Unten: »Der Stier«, Namgyal Tashi, der Vater von Ngawang Sangdrol. © CSPT

Ngawang Sangdrol mit ihrem Neffen. © CSPT

Barkor-Platz im Zentrum von Lhasa, wo die Kleine bei einer friedlichen Demonstration im Juni 1992 verhaftet wurde. Links im Hintergrund der Haupttempel von Lhasa, der Jokhang. © CSPT

Fassade von Tengyeling, dem Haus, in dem die Familie von Ngawang Sangdrol wohnt. © Pierre-Yves Ginet/KR Images Press

Platz vor dem Norbulingkha, wo Ngawang Sangdrol 1991, im Alter von 11 Jahren, zum ersten Mal verhaftet wurde. © Pierre-Yves Ginet/KR Images Press

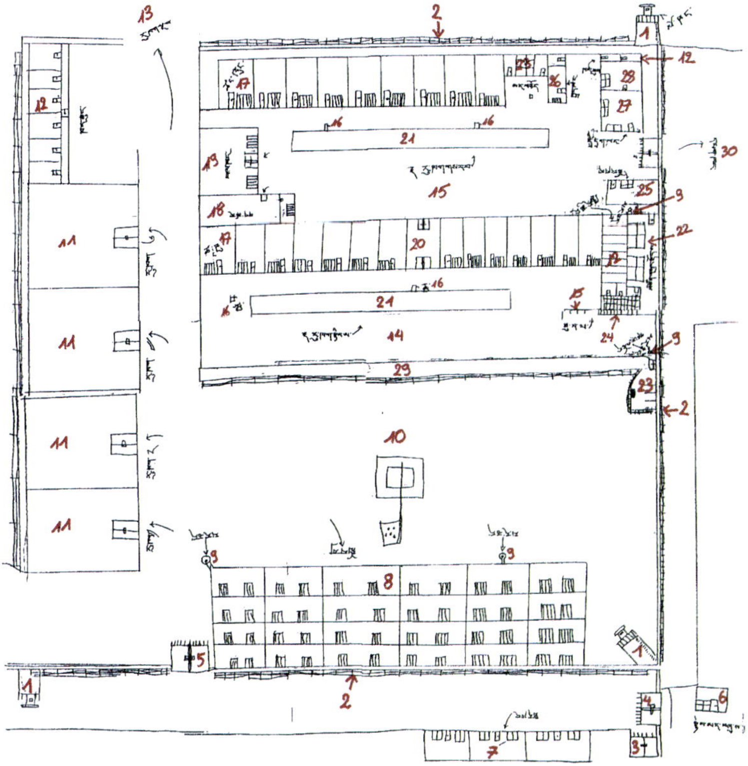

Plan des Gefängnisses Drapchi 1999
gezeichnet von einer ehemaligen Gefangenen, einer Freundin von Ngawang Sangdrol.

1. Wachtürme.
2. Außenmauer mit Stacheldraht.
3. Erstes Tor.
4. Zweites Tor.
5. Drittes Tor.
6. Eingangsbereich mit einem Wachposten, der alle Ein- und Ausgänge und die Besucher kontrolliert.
7. Neue medizinische Behandlungsstation, 1996 eingerichtet.
8. Gebäude, in dem Lehrgänge und Versammlungen abgehalten werden.
9. Überwachungskameras.
10. Großer Platz, wo alle Zeremonien stattfinden, mit der chinesischen Flagge in der Mitte.
11. Zellenblöcke (*ru-khag*) für Strafgefangene. Die Strafgefangenen können sich in Drapchi frei bewegen, während politische Gefangene sich in ihren Abteilungen aufhalten müssen. Hier gibt es Höfe, die von den Zellen aus erreicht werden können.
12. Einzelzellen.
13. Leitung des neuen *rukhag* 5 für politische Gefangene.
14. *Ru-khag rñing-pa* der Abteilung 3; obwohl dieses *rukhag* erst vor kurzem errichtet wurde, heißt es »alt«, weil darin die alten weiblichen Gefangenen untergebracht sind.
15. *Ru-khag gsar-pa* der Abteilung 3, vor 1996 war es die Abteilung 5 für politische Gefangene. Dieses *rukhag* heißt »neu«, weil darin die neuen Gefangenen untergebracht sind.
16. Wasserhähne.
17. Abstellraum.
18. Küche.
19. Versammlungs-, Spinn- und Fernsehraum. Eine schwarze Tafel hängt an einer der Wände.
20. Sicherheitsschleuse; durch zwei Türen geschlossen, die das *rukhag sarpa* und das *rukhag nyingpa* voneinander trennen.
21. Blumenbeete.
22. Aufenthaltsräume der Wärterinnen. Diese Büros befinden sich im ersten Stock des Gebäudes, die Einzelzellen sind im Erdgeschoss.
23. Toiletten.
24. Einzelzellen, die über einen kleinen Hof verfügen.
25. Laden.
26. Duschen.
27. Vernehmungszimmer.
28. Verhörzimmer.
29. Mauer, die die Abteilung 3 von dem zentralen Gefängnishof trennt. Diese Mauer ist ein Meter breit und 1,20 Meter hoch. Wärter und Wärterinnen patrouillieren darauf, auf der Seite zum zentralen Hof mit Stacheldraht versehen.
30. Leitung des Militärlagers.

Die Zelle von Ngawang Sangdrol (*oben*) im Kloster Gari.
© Pierre-Yves Ginet/KR Images Press

Innenhof von Jamyang Shar, dem ersten Haus der Familie von Ngawang Sangdrol.
© Pierre-Yves Ginet/KR Images Press

Das Kloster Gari, in dem die Kleine ihren ersten religiösen Unterricht erhalten hat. © CSPT

Zeremonie im Kloster Gari. © CSPT

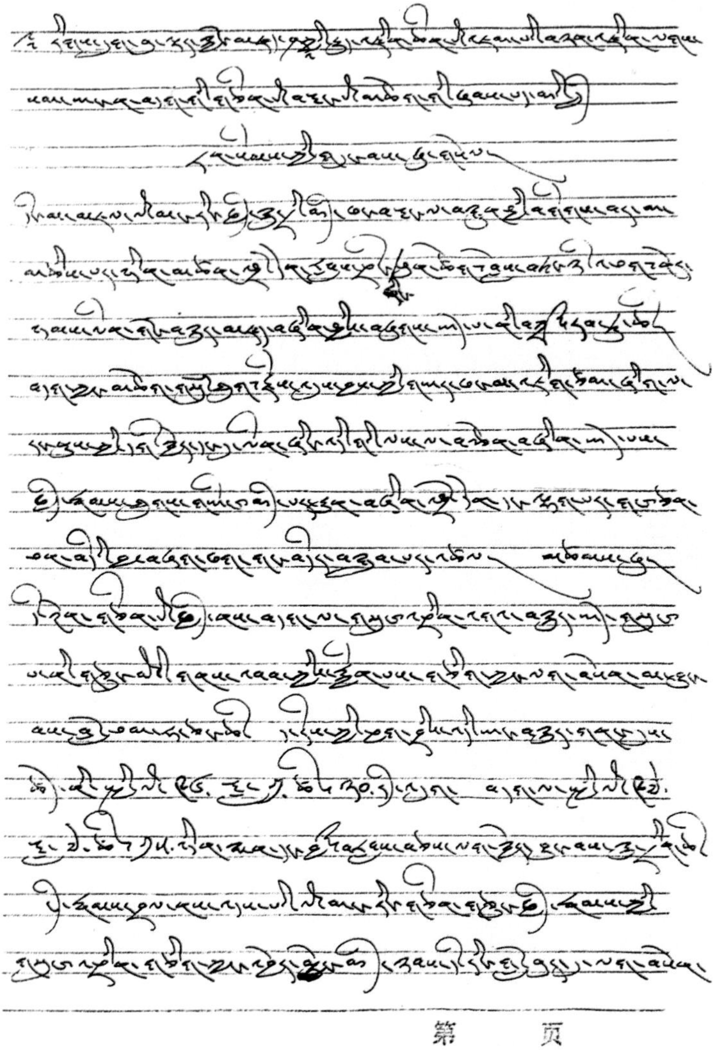

Auszug aus dem Brief, den die Kleine am 20. Januar 1996 an ihren Bruder geschrieben hat. (vgl. S. 174). © CSPT

letzten Gerüchte über den Widerstand erfahren. Was spielt sich in den Klöstern ab? Sind die Umerziehungsmannschaften immer noch so streng? Und die Demonstrationen? Finden noch welche statt?

Ngawang Sangdrol berichtet ihnen auch über ihre wenigen Monate in Freiheit.

»Meine Mutter ist krank geworden, als sie von der Verhaftung meines Vaters erfuhr. Ihr Herzleiden hat sich verschlimmert. Während meiner letzten Wochen in Gutsa war ich sehr besorgt um sie. Glücklicherweise habe ich die Erlaubnis erhalten, sie im Krankenhaus besuchen zu dürfen. Kurz vor meiner Freilassung ist sie gestorben. Nach meiner Entlassung habe ich mich also mit den Trauerfeierlichkeiten beschäftigt und mich um meine Familie gekümmert, vor allem um meine kleinen Neffen, die Söhne meiner Schwester Rigzin Dolkar. Sie war sehr niedergeschlagen, weinte ununterbrochen. Ich habe ein bißchen auf dem Barkor gearbeitet und sogar Englischkurse belegt, weil meine beiden Schwestern mich nach Indien schicken wollten. Für uns alle war das Leben sehr anstrengend. Mehrmals kam die Polizei ins Haus, um mich zu vernehmen … Und dann fand diese Demonstration auf dem Barkor statt, mit Kunchok Tsomo und drei Mönchen aus Ganden. Wir wurden zu drei Jahren Gefängnis verurteilt wegen ›Anstiftung zu subversiven und separatistischen Aktivitäten‹. Den Rest kennt ihr ja …«

Drapchi ist nicht Gutsa. Hier ist alles anders, und das beginnt bei den Zellen. Ihre Zelle ist nicht beheizt, hat kein fließend Wasser und ist für etwa zwölf Häftlinge vorgesehen. Jede Gefangene hat ihr Bett, ein Laken und eine Decke. Die Etagenbetten aus grau-blauem Metall stehen auf beiden Seiten der Zelle. Insgesamt gibt es etwa zwölf Zellen, die ebenso eingerichtet und aneinander gereiht sind. Der Aufenthaltsraum der Wärterinnen befindet sich in der Mitte des Gebäudes, auf halbem Weg zwischen den Toiletten und der Küche.

Um die politischen Gefangenen besser überwachen zu können, richtet es das Personal immer so ein, daß bei den politischen Gefangenen mindestens eine Strafgefangene untergebracht wird, die gewissermaßen den Auftrag hat, die anderen auszuspionieren. Aber nicht alle dieser mutmaßlichen »Maulwürfe« machen mit. Manche weigern sich, Nonnen zu denunzieren, die verdächtigt werden zu beten, über Politik zu reden oder gegen die internen Vorschriften zu verstoßen. So befindet sich in einer der benachbarten Zellen eine Insassin, deren tragisches Schicksal die Nonnen erschüttert hat. Tse-Yang ist eine blutjunge, siebzehn- oder achtzehnjährige Jugendliche, die in Shigatse und in Sangyip gesessen hat, bevor sie nach Drapchi verlegt wurde. Von den »Strafgefangenen« bis hin zu den »politischen« hat sich ihre Geschichte schnell in der ganzen Abteilung verbreitet.

Seit Tse-Yang ihren Vater verloren hat, hat sie immer bei ihrer Mutter gelebt, einer zarten, depressiven Frau, die in zweiter Ehe mit einem besonders gewalttätigen Mann verheiratet ist. Als die Mutter erfuhr, daß ihr neuer Ehemann ihre Tochter Tse-Yang vergewaltigt hat, hat sich ihr Gesundheitszustand plötzlich so verschlechtert, daß sie vor Kummer gestorben ist. Die Jugendliche ist von zu Hause weggelaufen und ist dann nach Shigatse, nach Südtibet, gegangen, um Dienstmädchen bei einer alten Frau zu werden. Als diese das Mädchen jedoch wie eine Sklavin behandelte und ihr den Lohn nicht auszahlte, wehrte sich Tse-Yang schließlich dagegen. Bei einem Streit, als die Alte sie schlagen wollte, hat Tse-Yang sie mit Steinen beworfen, um sich zu verteidigen. Am Kopf getroffen brach die Alte zusammen, tödlich verletzt. Die junge, wegen Mordes angeklagte Hausangestellte bekam wegen ihres Alters mildernde Umstände; sie wurde nur zu sechs Jahren Zuchthaus und nicht zu einer lebenslangen Freiheitsstrafe verurteilt.

Seit ihrer Ankunft in der Abteilung 3 verlangen die Wärterinnen, daß sie die politischen Gefangenen in ihren Zellen aushorcht. Doch bis jetzt hat sich das Mädchen stets geweigert. Diese neuen Freundinnen sind ihr sehr zugetan, und sie hat keineswegs die Absicht, sie zu verraten. Die wütenden Wärterinnen drohen ihr oft mit Repressalien (Schläge, Einzelhaft, Verlängerung des Strafmaßes...), so daß ihre Lage immer unerträglicher wird. Ihr leiblicher wie seelischer Gesundheitszustand verschlechtert sich in dramatischer Weise.

Eines Morgens macht eine tragische Nachricht in Drapchi unerwartet die Runde: Die Unglückliche hat sich in ihrer Zelle erhängt! Eine Mitgefangene konnte zwar noch rechtzeitig den Strick mit einem Messer durchtrennen, aber Tse-Yang konnte nicht richtig wiederbelebt werden. So liegt sie nun da, mit geschlossenen Augen, das Herz schlägt immer schwächer.

Die sofort alarmierten Wärterinnen kommen, jedoch ohne große Eile, und beschließen, sie ins Krankenhaus des Gefängnisses zu verlegen. Dort wird sie nicht lange bleiben: Der Arzt, der sie untersucht, hält es für ratsam, sie in ein Krankenhaus nach Lhasa bringen zu lassen, das für diese Versorgung besser ausgerüstet ist. Da kein Taxi verfügbar ist, muß sie mit einer Rikscha in die Hauptstadt gefahren werden.

Eine Gefangene und eine der chinesischen Wärterinnen setzen sich nach hinten mit der armen Tse-Yang, die noch immer in Lebensgefahr schwebt. Als sie im Krankenhaus von Lhasa eintreffen, versucht die verlegene Wärterin vorzugeben, da das junge Mädchen aus dem Bett gefallen sei, aber der Arzt im Bereitschaftsdienst wird wütend und rät ihr, ihn nicht zum Narren zu halten: Der Körper weist typische Strangulationsspuren auf und zeigt alle Symptome von Erstickung. Doch es ist zu spät, um Tse-Yang zu retten; ihre Kräfte verlassen sie, ihr Herz hört auf zu kämpfen, sie stirbt so, wie sie gelebt hatte, in Verzweiflung und Gewalt. Dem Brauch entsprechend wird ihr Leichnam in Stücke zerlegt und in der Nähe des Klosters Sera den Raubvögeln vorgeworfen.

Mehr noch als in Gutsa sind die Tage in Drapchi fast bis auf die Minute eingeteilt.

4 Uhr 30: Weckpfiff. Aufstehen. Die Mädchen schlüpfen in ihre blauen Uniformen und machen ihre Betten: das Laken straff gespannt, die Decke viereckig zusammengefaltet, das Kissen am Fußende des Bettes.

5 Uhr: Eine Stunde Frühgymnastik. Laufen im Gänsemarsch auf dem Hof. Die Mädchen leiden sehr. Vor allem diejenigen, die noch die Nachwirkungen der Folter spüren. Wenn sie nicht schnell genug laufen oder zu oft stolpern, werden sie von den Wärterinnen angeschrieen, mit Bambusknüppeln geschlagen und manchmal dazu gezwungen zu rufen: »Wir geben unsere Fehler zu« oder auch: »Wir sind gegen die Separatisten.« Alle Wärterinnen sprechen tibetisch, auch die chinesischen. Unter den Gefangenen gibt es nur wenige, die chinesisch sprechen. Das ist eine Frage des Bildungsniveaus. Und auch des Prinzips.

6 Uhr: Rückkehr in die Zellen. Sie müssen, jede vor ihrem Bett, bei der allmorgendlichen Inspektion stramm stehen. Die Wärterinnen überprüfen Ordnung und Sauberkeit. Die geringste Knitterfalte kann Anlaß zu Knüppelschlägen sein. Dann nehmen sie die grünen Decken, werfen sie auf den Boden und befehlen den Gefangenen, sie erneut in weniger als zwei Minuten – auf die Sekunde genau – wieder zusammenzulegen. Jede Gefangene wird beurteilt, und die Noten werden in Form von Sternchen in ein Heft eingetragen. Wenn die jährliche Anzahl der Sternchen dem Personal nicht ausreichend erscheint, wird die Schuldige bestraft, meistens durch das Verbot, Besuche zu empfangen. Im entgegengesetzten Fall, was aber sehr viel seltener vorkommt, kann ein Strafnachlaß in Betracht gezogen werden.

6 Uhr 30: Frühstück. Leicht und ohne Überraschung: ein *tingmo* und schwarzer Tee mit Salz. Völlig unzureichend nach einer Stunde Sport.

7 Uhr: Beginn des Arbeitstages. Zwangsarbeit unter Aufsicht wie einst in den Bagnos. Die meisten Gefangenen schuften in den überheizten Gewächshäusern. Davon gibt es viele in

Drapchi. Aus dem Flugzeug sieht man ihre weißen Planen von weitem, aufgereiht neben der Gefängnismauer oder am Rand der benachbarten Felder. In Gruppen zu je sechs eingeteilt, kommen die Mädchen beim Anbauen aller möglichen Gemüsesorten (Tomaten, Rüben, Möhren ...) gehörig ins Schwitzen, aber sie dürfen kein Wasser trinken. Der Ertrag jedes Gewächshauses wird genauestens erfaßt. Wird die Jahresquote nicht erreicht, werden sie bestraft. Das Gemüse, das zum Verkauf auf dem Markt bestimmt ist, gedeiht prächtig unter diesen Kunststofffolien, denn der Boden wird mit Exkrementen gedüngt, die die Mädchen in den Latrinen des Gefängnisses und des Militärlagers, ja sogar in den Toiletten mancher Privathäuser einsammeln müssen, in die sie unter strenger Bewachung gehen.

13 Uhr: Mittagessen. Leicht und ohne Überraschung: etwas Reis und ein Gemüsegericht, oft wochenlang das gleiche – Kohl, viel Kohl. Nie bekommen sie Eier oder Milch. Das Gemüse ist sauber, in Wasser gekocht, aber fade. In den Vorschriften des Gefängnisses wird aber ausdrücklich festgelegt, daß die Häftlinge mindestens einmal in der Woche Fleisch bekommen müssen. Das steht schwarz auf weiß in dem kleinen Heft, das am Tag der Aufnahme den Gefangenen ausgehändigt wurde! Tatsächlich mogeln die Köche, indem sie dem Gemüse einige Würfel Fett oder Speckschwarte beigeben. Das Essen wird in einem Eimer gebracht, der vor die Zelle gestellt wird. Eine Gefangene, die turnusmäßig ausgewählt wird, muß dann ihre Freundinnen bedienen. Am Ende der Mahlzeit kümmern sich zwei andere Mädchen darum, die Teller bei den Wasserhähnen im Hof der Abteilung abzuspülen.

13 Uhr 30: Mittagsruhe. Zumindest auf dem Papier. Auch das steht in dem kleinen Buch geschrieben. Doch die Gefängnisbehörden verlangen, daß die Mädchen diesen Augenblick der Entspannung dazu nutzen, um in ihren Zellen zu... stricken! Eine Frage des »Geschäfts«: Ein Stück bringt dem Gefängnis 5 Yuan ein (etwas weniger als 75 Cent). Da jede

Gefangene zweiundzwanzig Stück im Jahr herstellen muß, ergibt das also 110 Yuan, eine schöne Summe, die mit etwa sechzig Strickerinnen multipliziert wird. Diese »dürfen« die Wolle in dem Laden der Abteilung 3 kaufen – einem sündhaft teuren, von den Wärterinnen geführten Geschäft – und Mützen, Pullover oder auch Socken für ihre Angehörigen anfertigen. Das einzige Problem dabei: Das Gefängnis erhebt eine Gebühr bei der »Ausfuhr«. Es gilt als allgemeine Regel: Die Strickerinnen dürfen miteinander plaudern, wenn sie keinen Lärm machen, aber alles hängt schließlich von der Laune der Wärterinnen ab. Dagegen ist ihnen das Lesen verboten. Keine Bücher. Keine Zeitungen.

14 Uhr: Rückkehr zur Arbeit. Diesmal wieder zu harter Arbeit in den Klärgruben oder den überheizten Gewächshäusern. Hier wie dort unterscheidet sich der Gestank nicht so sehr, doch in den Gewächshäusern ist es wesentlich wärmer – so warm, das einige Mädchen ohnmächtig werden. Die Pestizide brennen ihnen in der Kehle und reizen zum Husten, aber Krankheit wird hier als Laune verstanden. Wenn eine Gefangene wegen der Hitze in den Gewächshäusern oder aus einem anderen Grund erkrankt, muß sie die für ihre Zelle zuständige Wärterin davon in Kenntnis setzen. Diese meldet es der Oberaufseherin, die wiederum entscheidet darüber, ob ein Grund vorliegt, eine Untersuchung im Krankenzimmer zuzulassen. Es ist überflüssig anzumerken, daß die meisten der Bitten abgelehnt werden.

18 Uhr: Abendbrot. Leicht und ohne Überraschung: ein *tingmo*, nichts weiter. Nicht einmal schwarzer Tee. Vorsorglich heben sich die Mädchen etwas von ihrer Morgenration auf.

18 Uhr 30: Ruhe. Zumindest auf dem Papier. Auch das steht in dem kleinen Buch! Doch es müssen noch Pullover gestrickt werden, um die Jahresquote zu erreichen …

18 Uhr 55: Toilettenpause. Die letzte vor Anbruch der Nacht. In Gruppen zu je zehn begeben sich die Mädchen,

Zelle für Zelle, der Reihe nach zu den Toiletten. Die Zeit ist knapp bemessen. Man muß sich beeilen, zur rechten Zeit seine Notdurft zu verrichten. Wenn sich eine Gruppe verspätet, werden die Mädchen bestraft. Im Winter, bei eisigen Temperaturen, kommt es vor, das die zu spät Gekommenen vorher in den Hof geführt werden. Die Wärterinnen schütten Wasser aus Eimern auf den Boden. Das Wasser gefriert, und die Mädchen stehen mit nackten Füßen auf dem Eis.

18 Uhr: Anpfiff. Rückkehr in die Zellen, in strammer Haltung, die Uniformen werden weggehängt. Wehe denen, die zu spät kommen, sie werden sofort geohrfeigt. Jede muß ihre Nummer deutlich und respektvoll aufsagen: »Nummer 1«, »Nummer 2«, »Nummer 3« … Die Wärterin sagt: »Gut, jetzt geht alle ins Bett« und pfeift ein letztes Mal. Die Mädchen breiten ihre Decken aus und wickeln sich darin wie in einen Schlafsack ein. Das Licht wird ausgemacht, die Tür abgeschlossen, man hört nur noch die Schritte der Wärterinnen. Die Nacht wird ruhig sein.

Besuche finden einmal im Monat statt. Die Gefangenen erwarten sie umso ungeduldiger, als es den Besuchern – je einer für die »politischen«, drei für die Strafgefangenen – gestattet wird, Lebensmittel mitzubringen (Zucker, Pulvermilch …). Auch Geld, höchstens 30 Yuan, mit dem die Mädchen unentbehrliche Artikel in dem Laden der Abteilung kaufen können – Seife, Zahnpasta, Klopapier …

Die erste, die Ngawang Sangdrol Anfang 1993 besuchen kommt, ist ihre große Schwester, die Nonne aus dem Kloster Tashichöling.

Als sie sich bei dem Wachtposten meldet, fragt dieser nach der Gefangenen »Chonzom«, dem bürgerlichen Namen der Kleinen. Die Gefängnisverwaltung erkennt religiöse Namen grundsätzlich nicht an. Nur der offizielle Familienstand zählt.

»Wie heißt denn Ihre Schwester?« fragt der Wächter nach, wobei er in seinem Register nachschlägt.

»Chonzom«, wiederholt die Nonne.

»Chonzom, Chonzom … aber ich habe keine Person mit diesem Namen hier!« ruft er ihr zu und blickt von seinem Register auf.

»Sehen Sie noch einmal nach, ich weiß, daß sie hier ist.«

»Nein, nein, ich versichere Ihnen!«

»Sehen Sie unter Ngawang Sangdrol nach, das ist ihr religiöser Name.«

»Nein, da habe ich auch nichts.«

Sie macht genauere Angaben: das Kloster, aus dem sie kommt, das Datum ihrer Verhaftung. Und dem wohlwollenden Wächter gelingt es schließlich, die geheimnisvolle »Chonzom« zu finden. Sie wird unter einem seltsamen Namen oder eher einer Koseform geführt: »Rigchö«. So nennt sie die Gefängnisverwaltung. Für die Mitgefangenen, die die Landessitten achten, ist sie einfach »Sangdrol«. Und für die Wärter »die Maus«, eine kleine Frau, deren lebhaften Geist und deren Charakterstärke sie fürchten!

»Dürfte ich sie denn sehen?« fragt die Schwester nach.

»Ich werde sie rufen lassen«, erwidert der Wachtposten.

Einige Augenblicke später erscheint die Kleine endlich im Besuchszimmer. Sie ist es, zweifellos, auch wenn sie wegen ihrer langen Haare und ihrer blauen Uniform nur schwer wiederzuerkennen ist.

Das indiskrete Verhalten der Aufseher verbietet jede Intimität. Die große Schwester, die sehr leise spricht und sich vor den Wächtern in Acht nimmt, kann ihr trotzdem einige Neuigkeiten über die Familie mitteilen. Zunächst über den Vater, dem Ngawang Sangdrol noch immer nicht treffen darf, obwohl er nur einige hundert Meter von ihr entfernt einsitzt. Nach den Aussagen der Schwester scheint er bei guter Gesundheit zu sein und sich damit abgefunden zu haben, hinter diesen Gefängnismauern alt zu werden.

Die Kleine ist begierig auf Nachrichten über ihre beiden Brüder, die nach Indien geflüchtet sind. Beide schlagen sich in Dharamsala durch. Dschodscho, der sich zum Tibetischlehrer ausbilden ließ, nimmt es seinen Schwestern immer noch übel, daß sie ihn über den Tod ihrer Mutter nicht informiert haben, aber er kämpft, um erfolgreich zu sein und den Seinen Ehre zu machen. Obwohl er stolz ist auf die Kleine, redet er mit niemandem darüber. Das ist seine eigene Welt, sein Geheimnis, sein Schmerz auch. Denn der junge Mann ist von den Ereignissen der vergangenen Monate tief geprägt worden. Er leidet im Stillen, als Gefangener seiner Ängste, seiner Erinnerungen. Er wird noch Jahre und einen bewundernswerten Mut brauchen, um sich von dieser Bürde zu befreien.

Ein weiteres Mitglied der Familie ist ihm nach Indien gefolgt: einer der Söhne von Rigzin Dolkar, der großen Schwester, die keine Nonne ist und den Haushalt in Lhasa übernommen hat. Nach ihrer Entlassung aus Gutsa hatte sich Ngawang Sangdrol während ihrer wenigen Monate in Freiheit sehr viel um ihre beiden Neffen gekümmert. Seitdem hat sich die Lage der Jungen gewandelt: Nur der jüngste ist mit seiner Mutter, Rigzin Dolkar, in Tibet zurückgeblieben; sein kaum fünf Jahre alter Bruder wurde heimlich nach Indien gebracht.

Anfang der neunziger Jahre ist eine Massenflucht von Kindern in vollem Gange. Von Oktober bis März, in dem Zeitraum, in dem es möglich ist, den Himalaya zu überqueren, schicken Hunderte von Familien ihre Kinder ins Ausland, damit sie eine tibetische Erziehung genießen und sich eine Zukunft in Freiheit aufbauen können. Entweder haben diese Familien die Mittel, einen Führer zu engagieren, oder sie begleiten sie selbst nach Nepal, ja sogar bis nach Dharamsala, und kehren dann allein zurück. Meistens erweist sich die Trennung als endgültig, und die jungen Flüchtlinge, die auf sich selbst gestellt sind, müssen von besonderen Einrichtungen (Polikliniken, Kinderkrippen, Erziehungsanstalten) in Dharamsala und in anderen Auffangstationen aufgenommen werden.* Um die Flucht der Minderjährigen einzudämmen, hat Peking die Bevölkerung gewarnt: Diejenigen Kinder, die in Indien gelebt haben, dürfen keinen Arbeitsplatz erhalten, wenn sie sich nach Abschluß ihrer Studien zur Rückkehr in die Heimat entschließen. Die Begründung dafür erinnert an die schlimmsten Zeiten des maoistischen China: Offenbar wird die Gedankenwelt dieser »Vaterlandsverräter« bei der Berührung mit dem Ausland »beschmutzt«! Die *gyami* (»Chinesen« auf tibetisch) befürchten vor allem, daß sich langfristig eine Elite herausbildet, die ihnen Widerstand leisten könnte.

In Lhasa mangelt es nicht an Bergführern, die fähig sind, derart beschwerliche Expeditionen zu leiten.** Einige Khampas, kräftige Gebirgsbewohner aus dem Osten des Landes, haben sich darauf spezialisiert. Sie benutzen Höhenpfade, trotzen allen Gefahren, gehen nur nachts, um den chinesischen und nepalesischen Patrouillen auszuweichen, und führen Dutzende von Flüchtlingen, einschließlich Kindern. Aber man muß diese Bergführer bezahlen, und dies oft sehr teuer. Und Rigzin Dolkar, die Schwester der Kleinen, hatte nicht das Geld dafür, auch wenn die Zukunft ihres älteren Sohnes auf dem Spiel gestanden hätte.

* Innerhalb von zehn Jahren, von 1983 bis 1993, ist die Einschulungsrate in den tibetischen Schulen im Ausland (Indien, Nepal, Bhutan) um 58 % gestiegen. Am 31. Dezember 1995 nahmen die Einrichtungen der Stiftung *Tibetan Children's Village* insgesamt 10622 Schüler auf, davon 6236 Internatsschüler. Wir machen noch aufmerksam auf die von einer tibetischen Prinzessin gegründete *Home Foundation* in Mussoorie und auch auf eine Schule, die sich darauf spezialisiert hat, Erwachsene aufzunehmen, die *Sherab Gatsel Lhobing*, allgemein bekannt unter dem Namen *»Sokar School«*, *Tibetan Transit School* in Dharamsala (Anfang 2001: 700 Internatsschüler). Die Strafen für die Eltern, die die Flucht ihrer Kinder organisieren, werden immer schärfer: Entlassung (bei Beamten), Entzug der Lebensmittelkarten …

** Vgl. Philippe Broussard, *Les Rebelles de l'Himalaya*, Paris: Denoël, 1996.

Zum Glück hat sie sich an die Unruhen von 1989 erinnert und an jenen Tag, an dem sie einem am Bauch verwundeten Mönch zu Hilfe gekommen war. Hätte sie ihn nicht bis ins Nachbarhaus gezogen, hätte sie nicht einen Arzt alarmiert und ein Taxi angehalten, wäre er innerhalb von wenigen Stunden gestorben. Damals hatte der Bruder dieses Mönchs, der selbst ein Ordensmann war, der jungen Frau seine Dankbarkeit versichert. »Ich werde alles tun, um Ihnen meine Dankbarkeit zu erweisen«, hatte er beteuert, »setzen Sie sich mit mir in Verbindung, wenn Sie irgend etwas brauchen.«

Als sie endlich beschlossen hatte, ihren älteren Sohn nach Indien zu schicken, hat Rigzin Dolkar die Hilfe des in Indien lebenden Mönchs in Anspruch genommen. Als Ehrenmann hat er Wort gehalten, und das merkwürdige Paar hat sich aufgemacht, den Himalaya zu erstürmen. Nach mehreren Wochen des Wanderns und vielen Stunden im Bus auf indischen Straßen sind sie in Dharamsala angekommen.

Die kleine Ngawang Sangdrol kann also beruhigt sein: Ihren nächsten Angehörigen geht es gesundheitlich sehr gut, sowohl in Tibet als auch in Indien. Von allen Mitgliedern ihrer Familie ist sie diejenige, deren Lage am besorgniserregendsten ist. Tamding Lhamo, ihre Schwester, die Nonne, nutzt den Besuch in Drapchi, um sie zu warnen. Während sie von zwei Wärterinnen beim Gespräch beobachtet werden, rät sie ihr, vorsichtiger zu sein, auf ihre Gesundheit zu achten, kurz, ihr kämpferisches Ungestüm im Zaum zu halten. Ngawang Sangdrol empfindet diesen Rat als beleidigend. Mit schwarzen Augen, geröteten Wangen läßt sie ihre Hand unter den Tisch des Besucherzimmers gleiten und kneift die große Schwester vor Wut. Diese begreift, daß nichts und niemand sie jemals dazu bringen wird, ihre Meinung zu ändern. Dschodscho hatte recht: Das Leben im Gefängnis hat die kleine, fröhliche und unbeschwerte Schwester in eine Welt der Auflehnung und des Widerstands geführt, weit entfernt von den Fabeln ihrer Kindheit.

13

Die singenden Nonnen
(1993)

Zwei Gruppen von Menschen leben in Drapchi zusammen: die Häftlinge, die sozusagen aus »Gewissensgründen« einsitzen, und die Strafgefangenen. Letztere, deren Zellen sich links von der Hauptallee befinden, erfahren eine mildere Behandlung als die politischen Gefangenen.* Sie bekommen bessere und mehr Nahrung, werden weniger streng überwacht und genießen mehr Freiheiten innerhalb der riesenhaften Strafvollzugsanlage. Einige erhalten sogar Ausgang und dürfen sich tagsüber bei ihren Familien aufhalten! Das Gefängnis ist derart ausgedehnt, gewissermaßen eine Stadt in der Stadt vor den Toren Lhasas, daß Ausbrüche häufig vorkommen: Manche Freigänger nutzen diese Gelegenheit, um unterzutauchen oder um sich nach Indien abzusetzen. Dieser Umstand erfreut die Kleine und ihre Freundinnen. Darin sehen sie den Beweis für die Dummheit der Verwaltungsbeamten. Alles *kugpas***, »Idioten«!

* Damals waren die Abteilungen 1, 2, 4 und 6 den Strafgefangenen männlichen Geschlechts vorbehalten. Die Nummer 3 war die Abteilung für politische Häftlinge und für einige Frauen, die wegen Straftaten einsaßen. Die Abteilung 5 nahm politische Gefangene männlichen Geschlechts auf, darunter Namgyal Tashi, den Vater der kleinen Ngawang Sangdrol. Diese Abteilung wurde später in zwei Unterabteilungen eingeteilt; jede Unterabteilung umfaßte zwölf Zellen und in jeder Zelle konnten zwölf Gefangene untergebracht werden.

** [*lkugs-pa*]

Die Mädchen – zu jener Zeit etwa sechzig – erhalten keinen Ausgang, noch können sie mit einer Verringerung des Strafmaßes rechnen. Außerdem haben sie einen Eid geschworen, daß sie niemals versuchen werden, auszubrechen oder um eine vorzeitige Entlassung zu bitten. Allein schon ihre Anwesenheit in dieser Hölle aus Beton und Stacheldraht stellt eine militante Handlung dar. Die Solidarität und der Patriotismus, die sie miteinander verbinden, sind stärker als alles andere. So paradox es auch klingen mag, dieses Leben der Entbehrungen erfüllt sie mit Stolz, ja sogar mit Glück. Sie sind durch die »Sache« verbunden, und niemand, erst recht nicht die Wärterinnen, kann ihnen dieses gemeinsame Glück, diese echte, im Unglück gestählte, aus tausend Nöten im Gefängnis erwachsene Freundschaft entreißen.

Nicht alle Wärterinnen in Drapchi – chinesisch *dutang* – sind bösartig. Gleich zu Beginn hat die Kleine mitbekommen, daß die toleranteste zweifellos die Chefin der Abteilung 3 ist, eine Tibeterin, die Dechen genannt wird. Selbst wenn sie es wegen ihres Ranges nicht immer zeigen kann, hat Dechen die Nonnen gern. Ihre Rügen sind nie sehr scharf, und die Situation der Mädchen stimmt sie offensichtlich traurig. Da die Gefangenen nach ihren Leistungen benotet werden gemäß einem System von Sternchen, die je nach Verhalten erworben oder verloren werden können, werden sie von Dechen ermutigt, Sternchen zu sammeln, um – allerdings in äußerst seltenen Fällen – Strafermäßigungen zu erhalten. Leider erweisen sich die anderen *dutangs* als nicht so einfühlsam. Chang, eine Chinesin, macht keinen Hehl aus ihrem Haß auf die »Politischen«. Nichts genießt sie mehr, als diese zu demütigen.

Die politischen Häftlinge müssen sich auch vor den Strafgefangenen in Acht nehmen, denn diese werden von den Wärterinnen beauftragt, die Politischen in ihren Zellen auszuspionieren. Solche Fälle von Verrat kommen jedoch sehr selten vor, und die meisten Straftäterinnen oder gewöhnlichen Verbrecherinnen wie die arme Tse-Yang empfinden Achtung, ja Bewunderung für die Nonnen. Mehr noch, sie unterstützen sie bei ihrem Kampf. Denn Drapchi bleibt trotz seiner Wachtürme, seiner dreifachen Mauern und seinen Sicherheitsschleusen ein Hort des Protestes. Von einer Abteilung zur anderen zirkulieren die Informationen, die Mundpropaganda funktioniert, gut ausgebaute geheime Netze ermöglichen es, Dokumente hinauszuschmuggeln: Gefangenenlisten, Pläne, Zeugenberichte, usw. Wenn diese Dokumente dann nach draußen gelangt sind, werden sie von der Widerstandsbewegung verteilt, nach Dharamsala übermittelt und von den protibetischen Organisationen in Umlauf gebracht. Umgekehrt können auf diese Weise auch die Gefangenen über die Entwicklung der Lage in Tibet und in Indien informiert werden. In einige Zellen der Strafgefangenen wurden Rundfunkgeräte geschmuggelt, und an aufmerksamen Zuhörern für *Voice of America* oder *Radio Free Asia* fehlt es nie. Dadurch riskieren die Gefangenen schwere Bestrafungen und Strafverlängerungen. Ganz zu schweigen von »körperlichen« Bestrafungen wie in Gutsa: Folter, Exerzierübungen unter freiem Himmel oder Monate der Einsamkeit in den winzigen Einzelzellen.

Mit der Kleinen an der Spitze versuchen auch die Nonnen, den Westen zu alarmieren, von dem sie sich so viel erhoffen. Vermutlich wird man nie erfahren, wie sie auf diese Idee gekommen sind – die politischen Gefangenen pflegen stets gemeinsam die Verantwortung für ihre Initiativen zu übernehmen –, aber sie nehmen Anfang 1993 ein ebenso unerhörtes wie geniales Projekt in Angriff: Sie wollen patriotische Lieder aufnehmen und die Kassetten ins Ausland schicken! Etwa zwanzig Mädchen werden eingeweiht. Die Kleine gehört selbstverständlich dazu, ebenso wie vier von den Nonnen, die 1990 zusammen mit ihr verhaftet wurden. Dieser Plan, der insgeheim in der Abteilung 3 ausgeheckt wurde, wird sie im Alter von vierzehn Jahren in das bis dahin außergewöhnlichste Abenteuer ihres noch jungen Lebens stürzen.

Da zunächst ein Kassettenrecorder aufgetrieben werden muß, kommt den Nonnen sofort ein Strafgefangener in den Sinn, ein Verbrecher, der im Schweinestall beschäftigt ist. Er besitzt einen Recorder, den haben die Mädchen, die den Schweinen die Eimer mit Speiseabfällen bringen müssen, entdeckt. Wird er ihn aber ausleihen? Der Mann ist gutmütig und etwas einfältig. Eine kleine Lüge – für die gute Sache! – wird seine Bedenken zerstreuen:

»Bitte«, drängt eine der Nonnen, »wir haben Kassetten mit Nachrichten von unseren Familien bekommen und wir möchten sie hören.«

»Einverstanden«, entgegnet der Schweinehirt, »aber nur ein paar Tage. Und geht vorsichtig damit um, er hat mich 400 Yuan gekostet!«

Der wertvolle Kassettenrecorder wird in einem Eimer versteckt und in den »Bunker« der Abteilung 3 geschmuggelt, ohne daß die *dutangs* ihn bemerken.

Trotz allem sind die Nonnen noch nicht ganz zufrieden: Sie befürchten einen dummen Zwischenfall, technische Schwierigkeiten in letzter Minute. Sie brauchen ein zweites Gerät, für den Fall, daß ...

Dann erinnert sich eine von ihnen an ihren Vetter, einen Strafgefangenen, der ebenso wie der Schweinehirt einen Recorder besitzt. Er wird ihn gern ausleihen, ohne daß sie ihn anlügen muß. Ein anderer Häftling, der mit den Unabhängigkeitskämpfern sympathisiert, wird den Mittelsmann spielen und ihnen das Gerät besorgen, eingewickelt in ein Tuch.

Nun müssen die Batterien organisiert werden. Und selbstverständlich auch Kassetten. Eine Lösung ist bald gefunden: In die Gewächshäuser, wo die Mädchen arbeiten, kommt regelmäßig eine Frau, um Gemüse zu holen. Sie ist nett, aber auch nicht besonders intelligent; es wird genügen, ihr etwas vorzumachen, stets um der guten Sache willen ...

»Wir haben Kassetten mit persönlichen Nachrichten von unseren Familien bekommen«, sagen sie ihr, »aber wir haben keine Batterien für den Recorder und wir brauchen auch Kassetten, um ihnen antworten zu können.«

Die gute Frau wird Batterien, Kassetten kaufen und sie bei ihrem nächsten Besuch den Nonnen unauffällig zustecken.

Der Plan geht vollkommen auf. Dechen, die Chefin der Wärterinnen, hat, so scheint es, den Kassettenrecorder des Vetters bemerkt, hat aber nichts gesagt, weil sie zweifellos der Meinung war, daß die Gefangenen nur ein bißchen Musik hören wollten – heimlich in der Strickstunde.

Tatsächlich haben die Nonnen mehrere Gruppen gebildet, um die Erfolgschancen zu vergrößern. Es wird geplant, die erste Kassette in einer Zelle aufzunehmen, mitten in der Nacht.

Vierzehn Mädchen sind an jenem Abend versammelt, darunter die Kleine. Mit leiser Stimme – wobei sie bei dem geringsten Anzeichen von Gefahr den »Pause«-Knopf drücken – widmet jede einzelne ihren Angehörigen ein Gedicht oder ein Lied. Einfache, von Angst und Hoffnung beseelte Worte, wie aus dem Abgrund hervorgebrochen.

Eine von ihnen spricht: »Ihr alle, da draußen, wir danken euch von Herzen, daß ihr alles getan habt, um uns zu helfen, das werden wir euch niemals vergessen; euch verehre ich dieses Lied.«

Eine andere: »Ich bitte euch: Macht euch keine Sorgen. Wir werden überleben und in unserer Entschlossenheit vereint bleiben.«

Alle zusammen: »Ich sende meinen Eltern diese Worte des Trostes: Seid nicht traurig, die Stunde unseres großen Wiedersehens rückt näher.«

Die folgenden sechzehn Lieder sind ähnlich gehalten. Sie werden ein- oder mehrstimmig gesungen, sind von Volksmelodien, von tibetischen oder chinesischen Abzählreimen angeregt. Das dreizehnte, ein Solo von über einer Minute, ist besonders ergreifend:

Durchs Fenster betrachte ich
Den Himmel als einzige Landschaft.
Und diese schwebenden Wolken –
Ich glaube, es sind meine Eltern.
Wir, die gefangenen Freunde,
Wir gehen das Kleinod suchen.*

Es bedrückt uns nicht, daß wir geschlagen werden,
Unsere Arme kann man nicht auseinanderreißen.
Die Wolke des Ostens haftet nicht am Horizont,
Die Stunde wird kommen, in der die Sonne aufgeht.

Ein anderes Lied, das zweite, ist kämpferischer:

Mein Herz ist der Dalai Lama,
Er mußte das Land seiner Geburt verlassen,
Doch die drei Provinzen Tibets sind vereint,
Um den Glauben zu verteidigen
Die Chinesen müssen vertrieben werden
In zwei oder drei Jahren,
Unabhängig müssen wir sein.

Schließlich prangert das achte Lied die Haftbedingungen an:

Man gibt uns Schweinefraß zu essen,
Man schlägt uns und behandelt uns roh
Unsere Kerkerstrafen sind grenzenlos
Doch das ändert nichts am Durchhaltevermögen des tibetischen Volkes –
Es wird sich seine Entschlossenheit bewahren.

Nun bleibt nur noch eines zu tun: Dieses Dokument von unglaublicher Kraft muß den Freunden in Lhasa und vor allem denen im Ausland zukommen. Der Trick, der angewandt

* Den Dalai Lama [*nor-bu*].

wurde, um die Kassette hinauszuschmuggeln, ist bis heute ein Geheimnis. Man kann aber annehmen, daß die Kassette mit Hilfe eines Strafgefangenen aus dem »Gefängnis Nr. 1« hinausbefördert wurde, um schließlich nach Dharamsala und nach Europa zu gelangen. In Frankreich konnte dann das Komitee zur Unterstützung des tibetischen Volkes (Comité de soutien au peuple tibétain, CSPT) die Kassette in fünfhundert Exemplaren herausgeben. Das geschah mit Unterstützung des Sängers Yves Duteil, der den Kampf der Nonnen im Schneeland aufmerksam verfolgt.

Um ganz sicher zu gehen, wollen die jungen Nonnen allerdings noch eine Kassette aufnehmen. Diesmal tagsüber, was jedoch mit viel mehr Risiken verbunden ist. Trotz ihres jungen Alters wird Ngawang Sangdrol dabei sein, ebenso die Überlebenden der Demonstration von 1990. Die Texte wurden sorgfältig vorbereitet, sie beziehen sich auf den Dalai Lama und seine künftige Rückkehr in die Heimat. Doch das Glück hat sich gewendet, eine Strafgefangene hat sie denunziert. Chang, die chinesische Wärterin, stürzt in die Zelle. Sie entdeckt die Kassette und rennt außer sich vor Wut wieder hinaus. Seltsamerweise nimmt sie aber den Kassettenrecorder nicht mit und ordnet auch keine Durchsuchung an. Obwohl den Nonnen klar ist, daß sie in der Falle sitzen, beschließen sie, ihr Vorhaben zu Ende zu führen. Da ihnen noch eine Kassette geblieben ist, werden sie an diesem Abend noch einmal singen. Unglücklicherweise platzt Chang erneut herein und beschlagnahmt nun beide Geräte.

Die Sängerinnen machen sich auf das Schlimmste gefaßt: Schläge, Folter, sogar auf einen Aufenthalt in der Einzelzelle, in dem »Verlies« von Drapchi. Das sind dunkle und enge Zellen, die sich in der Nähe der Abteilung 5, der Unterkunft für Männer, befinden.

Ein Tag vergeht, dann ein weiterer, es vergehen Wochen. Niemand macht ihnen auch nur den geringsten Vorwurf. Was hat diese Nachsicht zu bedeuten? Die Sängerinnen haben keine

Ahnung. Ist eine geheime Untersuchung in Gang? Haben die *dutangs* beschlossen, die Angelegenheit aus Angst vor Sanktionen von Oben zu vertuschen? Oder muß man darin eines der Rätsel von Drapchi vermuten? Das Leben geht in diesem gewaltigen Gefängnis bisweilen dunkle Wege. Zeiten äußerster Spannung und relativer Ruhe wechseln sich ab, ohne daß die Häftlinge immer den tieferen Sinn dieses Hin und Her verstehen. Diesmal neigt sich das Pendel zur guten Seite hin. Doch wie lange noch?

Der einzige, der sich über die Angelegenheit Sorgen macht, ist der Schweinehirt. Er ist darüber verärgert, daß er mit seinem Kassettenrecorder zum Narren gehalten wurde. Einige Zeit darauf, als eine der Sängerinnen im Schweinestall auftaucht, um die Abfälle auszuschütten, empfängt er sie unfreundlich:

»Sag, wer gibt mir jetzt meinen Recorder zurück? 400 Yuan hat er mich gekostet! Wer wird mich dafür entschädigen?«

Die Mädchen sind weder unehrlich noch undankbar. Ob Sängerinnen oder nicht, sie legen zusammen, um 400 Yuan zu bekommen. Das Taschengeld, das ihnen die Familien jeden Monat bringen, reicht aus, um diese Schuld zu begleichen. Die Gefängnisleitung hingegen läßt die Angelegenheit bis zu dem Tag ruhen, an dem sie alle, eine nach der anderen, in den Hof ihrer Abteilung rufen:

»Wir haben uns die Lieder sehr aufmerksam angehört… Wer hat die Idee dazu gehabt? Wer ist euer Chef? Raus mit der Sprache!«

Sie werden sprechen. Aber alle werden dasselbe sagen.

»Ich habe immer gern gesungen. Niemand hat mich dazu gedrängt, niemand hat mich angestiftet. Ich hab's Ihnen doch gesagt, ich liebe den Gesang, das ist alles!«

Auch an jenem Tag werden sie weder geschlagen noch in Einzelhaft gesteckt. Es sieht so aus, als würde die sonderbar geduldige und zurückhaltende Verwaltung Beweise gegen sie sammeln. Die Leitung von Drapchi hat allerdings auch andere

Sorgen. Das Gefängnis ist zum Bersten voll und muß erweitert werden. Umfassende Bauarbeiten wurden bereits in Angriff genommen. Es ist vorgesehen, daß die Männer aus der Abteilung 5 – die von Namgyal Tashi – in ein neues Gebäude verlegt werden. Die Mädchen hingegen werden die dritte Abteilung – die abgerissen werden soll – verlassen und in den Trakt umziehen, den die Männer geräumt haben. Für Ngawang Sangdrol hat diese Veränderung keinerlei Bedeutung, denn die Gebäude unterscheiden sich kaum von den vorherigen.

Die Zelle Nummer 1, für zwölf Insassen vorgesehen, ist weiß gestrichen. An der hinteren, der Tür gegenüberstehenden Wand, steht ein Regal mit drei Fächern, in die die Gefangenen ihre persönlichen Sachen legen können: Thermosflaschen, Tassen, Schüsseln, Seifen, Zahnpastatuben, Zahnbürsten. Auf beiden Seiten des Raumes stehen sechs Stockbetten aus graublauem Metall. Die Matratzen sind mit weißen Laken überzogen, die jede Woche zusammen mit den Uniformen gewaschen werden. Dann gibt es noch hellgrüne Decken, die niemals zerknittert sein dürfen. Tagsüber dürfen sich die Mädchen nicht auf die Betten setzen; sie müssen stehen oder auf dem Boden sitzen. Draußen im Hof stehen ihnen Wasserhähne zur Verfügung. Dort können sie Wäsche waschen, Geschirr spülen oder Wasser für das morgendliche Waschen holen. Eine Zelle dient als Abstellraum; dort bringen sie die Uniformen zum Wechseln unter.

Kaum beginnt sich die Kleine an dieses neue Leben zu gewöhnen, als sie am frühen Nachmittag des 8. Oktober 1993 in den Versammlungs- und Fernsehraum bestellt wird. Zahlreiche Soldaten haben vor den Zellen Stellung bezogen. Andere politische Gefangene wie Gyaltsen Chonzom und Gyaltsen Dolkar, zwei Freundinnen aus dem Kloster Gari, wurden ebenfalls herauszitiert. Auch Tenzin Thupten aus Michungri, Namdol Lhomo, die Älteste aus der Gruppe (achtundzwanzig Jahre alt) usw. Es sind vierzehn Nonnen. Die vierzehn Sängerinnen. Der Stunde der »Abrechnung« ist gekommen.

Der Saal ist brechend voll. Dutzende von Gefangenen, Straf- und politische Häftlinge, wurden zu diesem Prozeß geladen. Denn es handelt sich selbstverständlich um einen Prozeß. Die Mädchen begreifen es sofort. Drei Richter aus Lhasa sitzen hinten im Raum an einem Tisch. Die Soldaten sorgen mit Elektroschockern für Ordnung. Einige warten geduldig draußen im Hof, um Ausschreitungen vorzubeugen.

Das Gericht bietet den Mädchen zunächst den Beistand eines Rechtsanwalts an, was sie aber ablehnen, denn sie wissen nur allzu genau, daß unter solchen Umständen ein Verteidiger vollkommen nutzlos ist. Einer der Richter verliest dann die Liste der Taten, die ihnen vorgeworfen werden, und führt vor einem verdutzten Publikum die entsprechenden Passagen der Anklage an. »Verbreitung konterrevolutionärer Propaganda!« empört sich ein anderer Richter, bevor er sich an die Angeklagten wendet:

»Aus allen diesen Gründen werden Ihre ursprünglichen Strafen verlängert.«

Die Nonnen nehmen das mit erhobener Stirn und geradem Blick auf.

»Dawa Yankyi*«, verkündet der Richter. »Neun Jahre zusätzlich!«

Die Mädchen sind wie versteinert.

»Yangzom … Sieben Jahre.«

Die Kleine, die jüngste der Sängerinnen, kommt an die Reihe.

»Rigchö … Sechs Jahre.«

Nachdem er die Verkündung des Strafmaßes beendet hat, ergreift der Richter zum letzten Mal das Wort:

* Der bürgerliche Name von Tenzin Thupten. Die Verwaltung erkennt religiöse Namen nicht an, jede Sängerin wurde nach ihrem standesamtlich eingetragenen Namen aufgerufen.

»Haben Sie Einwände zu erheben? Oder Kommentare abzugeben?«

»Nein, dazu haben wir nichts zu sagen«, antworten die Beschuldigten.

Es muß sechzehn Uhr sein. Der Prozeß ist abgeschlossen. Er hat nicht länger als drei Stunden gedauert. Hundertvierundachtzig Minuten, um ohnehin schwere Strafen zu verdoppeln, ja zu verdreifachen!*

Ngawang Sangdrol, die dazu verurteilt wurde, die nächsten acht Jahre ihres Lebens in Drapchi zu verbringen, läßt sich keinerlei Verzweiflung anmerken. Weder Schreie noch Tränen, nur eine kalte Gleichgültigkeit, eine letzte Herausforderung an die chinesische Ungerechtigkeit.

»Erlangt die Aufhebung des Leidens. Schlagt den rechten Pfad ein«, hat Buddha gesagt. Sie geht ihren Weg.

* Die Strafen reichen von fünf bis zu neun Jahre zusätzliche Haft.

14

Pempa Bhuti
(1994)

Das einzige, was den Sängerinnen nach der Verkündung des Urteils besonders weh getan hat, ist die Tatsache, daß eine von ihnen, eine Nonne aus dem Kloster Shugsheb, von nun an gezwungen ist, fünf Jahre länger in Drapchi zu bleiben. Da sie ihre Strafe (drei Jahre) abgebüßt hatte, stand sie kurz vor der Entlassung. Ihre Sachen waren schon gepackt, ihre Gefährtinnen hatten die traditionellen *khatags* besorgt, die weißen Seidenschals, die den Entlassenen umgehängt werden. Doch nun hat der Prozeß alles wieder in Frage gestellt. Die dreizehn anderen Nonnen sind derart betrübt, daß die Nonne aus Shugsheb wiederum die anderen trösten und sie ohne jede Bitterkeit daran erinnern muß, daß dies eben ohne Zweifel ihr Lebensweg sei.*

Auch als das Leben in der neuen Abteilung 3 wieder seinen normalen Lauf nimmt, haben die Behörden nicht aufgehört, Ngawang Sangdrol und den anderen Sängerinnen verstärkt zuzusetzen. Ihre Haftbedingungen haben sich rasch verschärft, nachdem die Oberaufseherin, die so großzügige Dechen, nach China versetzt wurde. Zur Weiterbildung, hieß es offiziell …

* Diese Nonne ist 1998 freigelassen worden. Sie hat dann versucht, nach Indien zu fliehen, aber die Chinesen haben sie in der Nähe der Grenze verhaftet. Sie wurde zu drei Jahren Freiheitsstrafe verurteilt und soll heute in Trisam, einem anderen Gefängnis von Lhasa, ihre Strafe abbüßen.

Ihre Nachfolgerin ist ebenfalls Chinesin. Pempa Bhuti ist eine Frau um die Vierzig. Die Mutter von drei Kindern ist sehr groß, korpulent, hat schwarzgefärbte Haare, trägt stets eine khakifarbene Uniform, einen breiten Ledergürtel um die Taille, Epauletten an der Jacke, Schirmmütze auf dem Kopf. Ordnung scheint bei ihr Ehrensache zu sein. Pempa Bhuti hat ein gutes Auskommen, etwa 2000 Yuan (300 Euro) im Monat, das heißt sie verdient mehr als doppelt soviel wie ihre Untergebenen, die eifrigen Aufseherinnen Chang und Chungka. Wie den Aufseherinnen sind Pempa Bhuti die politischen Häftlinge verhaßt. Sie provoziert sie ständig, etwa indem sie ihnen zuruft: »Ihr werdet niemals die Unabhängigkeit erreichen. Eines Tages werden eure Haare grau sein und ihr werdet immer noch hier sein, um für nichts und wieder nichts zu zetern!«

Mit Pempa Bhuti ist keinerlei Kompromiß möglich. Ihre harte Hand läßt nicht auf sich warten. Zunächst hat Pempa Bhuti angeordnet, daß intellektuelle – oder als solche geltende – Tätigkeiten unterbunden werden, besonders der wöchentlichen Tibetischunterricht, auf den die Mädchen ungeduldig warten. Dasselbe gilt für den Unterricht der Geschichte Tibets – nach chinesischer Lesart. Die zunehmende Strenge ist bis in die Intimität der Zellen hinein zu spüren und äußert sich durch verstärkten Druck auf die Strafgefangenen, die verdächtigt werden, den etwa sechzig bis siebzig in Drapchi festgesetzten Nonnen zu helfen und sie, zumindest moralisch, zu unterstützen. »Euch werden zusätzliche Strafen aufgebrummt, wenn ihr gemeinsame Sache mit diesen Nonnen macht!« hat Pempa Bhuti gedroht. »Wenn ihr nach Hause wollt, spioniert sie aus und erstattet mir Bericht darüber.« Selbst wenn die Fälle von Denunziation die Ausnahme bleiben, muß man sich in acht nehmen; denn wegen allem, was verboten ist, kann man denunziert werden: wegen einer politischen Diskussion, eines Gebets, eines Scherzes über diese oder jene *dutang*. Die Mädchen müssen also doppelt vorsichtig sein, vor allem nachts, wenn sie leise sprechen.

Die Gefängnisbehörden haben auch die allmähliche Einstellung der Arbeiten in den Gewächshäusern angeordnet, mit der Begründung, daß die politischen Häftlingen dabei möglicherweise mit anderen Häftlingen in Berührung kommen. Man darf vermuten, daß diese Begegnungen ansteckend wirkten und daß sehr viele Strafgefangene den »Widerständlern« Zeichen von Achtung, ja sogar von Solidarität erwiesen.

Da man jedoch die Arbeitskraft der Häftlinge ausnutzen muß, wird der Abteilung 3 eine andere Aufgabe zugeteilt: die Verarbeitung der Wolle. Die Gefangenen verbringen den ganzen Tag in zwei eigens zu diesem Zweck eingerichteten Zellen oder im Fernsehraum, in dem der Prozeß der Sängerinnen abgehalten wurde. Ngawang Sangdrol, die zur Gruppenleiterin ernannt wurde, bekommt die rohe Wolle; sie hat die Aufgabe, sie an ihre Freundinnen zu verteilen. Anschließend wird die Wolle gefärbt, gereinigt, gekämmt und gesponnen. Sie sitzen auf dünnen Decken, die auf dem nackten Fußboden ausgebreitet werden, leiden an Kälte, Ermüdung und Gliederschmerzen, aber es ist ihnen verboten, Pausen einzulegen oder ein Glas Wasser zu trinken, wenn ihnen der tief eingeatmete Wollstaub die Kehle austrocknet. Jede Gruppenleiterin wacht darüber, daß die tägliche Quote von sieben Kilogramm erreicht wird, selbst wenn einige Gefangene fehlen. Wird die Quote nicht erreicht, was in Anbetracht der geforderten Menge recht häufig vorkommt, erhält die Gruppe kein Abendbrot und wird stattdessen gezwungen, ihr Soll zu erfüllen. Trotz ihres zarten Alters verteidigt die Kleine die Mädchen mit der Selbstsicherheit einer Erwachsenen. Nichts empört sie so sehr wie die Vorwürfe der Aufseherinnen, die sie Faulenzerinnen schimpfen.

Wenn die *dutangs* mit der Leistung der Mädchen nicht zufrieden sind, zwingen sie sie zu Exerzierübungen im Hof. Dann kommen die Soldaten aus dem benachbarten Militärlager*, um

* Alle Zeugen, die wir in Indien interviewt haben, sprechen von »Militär« aus dem Nachbarlager, aber es könnte sich auch um uniformierte und bewaffnete »Volkspolizisten« gehandelt haben.

ihnen »Manieren« beizubringen. Diese Übungen können über sechs Stunden dauern und grenzen beinahe an Folter. Die Mädchen müssen die Mauer entlanglaufen oder sich mit dem Gesicht zur Mittagssonne in einer Reihe aufstellen, strammstehen, mit weit geöffneten Augen und mit dem Finger auf der Hosennaht. Die Schwierigkeit der Übung besteht darin, die Brust vorzuwölben, die Arme steif zu halten und im Stechschritt zu marschieren. Dabei sind diese Herren besessen von der gelben Borte, die die Jacke und die Hose der Uniform ziert. Dieser dünne, von der Schulter bis zum Knöchel angenähte Stoffstreifen fällt allerdings kaum auf, aber die Soldaten schenken ihm krankhafte Aufmerksamkeit: Die Aufstellung in Reih und Glied muß perfekt sein! Keine einzige Falte. Keine Krümmung. Kein Abstand zwischen der Borte am Ärmel und der an der Hose.

Eins, zwei … Eins, zwei …

Sie marschieren im Gleichschritt, wie Holzmarionetten.

Wenn die Aufstellung nicht stimmt, wird die Übung zur Qual. Die Schuldige muß stehen bleiben, immer noch strammstehen und entweder ein Buch oder eine Zeitung auf dem Kopf balancieren oder unter dem Arm oder zwischen den Knien geklemmt halten. Wehe derjenigen, die wegen eines Schwindelanfalls das Buch oder die Zeitung fallen läßt! Dann schlagen die Soldaten mit aller Kraft zu. Auch mißhandeln sie die Nonnen, die Chinesisch weder verstehen noch sprechen. Nachdem sie sie aus der Reihe haben vortreten lassen, versetzen sie ihnen Fußtritte in den Bauch. Es ergibt sich, daß eine von ihnen, eine Nonne namens Chökyi Wangmo, die allerdings fließend chinesisch spricht, zu ihrem Prügelknaben wird. Sie mißhandeln sie öfter als die anderen, das hindert die Nonne aber nicht daran, andauernd zu rebellieren, ja sogar die Soldaten oder das Personal zu provozieren.*

* Chökyi Wangmo soll zahlreiche Folterungen in Drapchi erlitten haben, insbesondere Anfang 1995, als sie beim Beten überrascht wurde. Die Folterer sollen ihr vor allem einen Elektroschocker in den Mund gesteckt haben, um sie davon abzubringen, die Gebete zu murmeln.

Wie die Soldaten haben die Aufseherinnen so ihre Launen. Eines Tages regt sich eine der *dutangs* von Pempa Bhuti über eine neue Gefangene auf, eine Bürgerliche aus Gutsa, wo die Wärter sie unter grauenhaften Umständen zur Abtreibung gezwungen haben.

»Warum machst du so ein Gesicht?« regt sich die Wärterin auf, als sie deren traurigen Blick bemerkt.

Die junge Frau schweigt.

»He, warum lächelst du nicht?« fährt die *dutang* fort und schlägt ihr mit der Faust gegen die Brust.

Die junge Gefangene verliert das Gleichgewicht, stürzt gegen eine Nonne, die ihrerseits fällt. Rasend vor Wut greift die Wärterin die Nonne an, prügelt auf sie ein und steckt sie für drei Monate in die Einzelzelle.

Die Bedingungen in Drapchi haben sich für die Kleine Anfang 1994 wesentlich verschärft: Die jungen Gefangenen werden zwar nicht jeden Tag gefoltert wie in Gutsa, aber der moralische und körperliche Druck, dem sie ausgesetzt sind, kommt einer Art Folter gleich.

Wenigstens hat Ngawang Sangdrol die Genugtuung, ihre Pflicht getan zu haben. Denn wenn es ihr Ziel war, »den Westen zu alarmieren«, indem sie die Gedichte aufnahm, ist ihr das gelungen: *Voice of America* sendet die Lieder! Eine Nonne, die eine Freundin in Drapchi besuchte, bevor sie Ende Herbst 1993 nach Indien geflüchtet ist, hat es sogar auf sich genommen, die Nachricht von der Verurteilung der »Sängerinnen« öffentlich bekanntzugeben.* Prompt prangern die protibetischen Organisationen von Dharamsala bis Paris, von London bis Berlin das Unrecht an, das den vierzehn Heldinnen angetan wurde ... Mit fünfzehn Jahren ist die Jüngste der Gruppe, die würdige Tochter »des Stiers«, bereits zum Symbol für die Freiheitsbestrebungen Tibets geworden.

* Die außergewöhnliche Reise dieser jungen Nonne und einer Gruppe von etwa dreißig Flüchtlingen wird in dem Buch von Philippe Broussard: *Les Rebelles de l'Himalaya, a. a. O.*, geschildert.

15

»Gale pheb«

(1994)

Einige Hundert Meter trennen die Abteilung 3 von der Abteilung 5, aber die Kleine und ihr Vater sind sich seit ihrer Ankunft in Drapchi 1992 noch nie begegnet. Das Gefängnis ist so streng unterteilt, daß die politischen Gefangenen aus den beiden Trakten unter gar keinen Umständen miteinander kommunizieren können. Selbst innerhalb der Abteilung wacht die Verwaltung darüber, daß die »Alten« so gut wie möglich von den »Neuen« getrennt werden, denn sie halten letztere für allzu leicht zu beeinflussen. Und Namgyal Tashi gehört zu den Alten. Zu den Unbeugsamen.

Dennoch hat er, zumindest dem Anschein nach, nichts von einem Anführer. Seine Gefährten halten ihn für zurückhaltend. Sein rasiertes Haar, sein zerfurchtes Gesicht, seine Nickelbrille, all das verleiht ihm das Aussehen eines Weisen am Ende seines Lebens. Er wird als ein Mann mit Erfahrung und Überzeugung geachtet.

»Der Stier« spricht selten über die Seinen. Und wenn er es doch tut, so geschieht es ohne Anzeichen von Rührung. Außer seinen Brüdern, die ebenfalls 1991 verhaftet wurden, sind die einzigen Personen, denen er sich ein wenig anvertraut, die Häftlinge, die wie er aus Lhoka stammen, der Gegend südlich von Lhasa. Bei diesen fühlt er sich sicher, auf vertrautem Gelände, wie etwa bei einem jungen Mönch aus Lhoka, einem kräftigen Kerl, der vor kurzem angekommen ist und den er unter seine Fittiche genommen hat.

Im Grunde hat ihn das Gefängnis nicht verändert: Wie früher, zu der Zeit, als er sich in der Wohnung der Familie seinen Kindern widmete, findet er Gefallen daran, den jungen Häftlingen die Liebe zur Heimat, zu ihrer Kultur und ihren Traditionen zu vermitteln. Mehr noch, er erteilt ihnen heimlich Unterricht in tibetischer Grammatik und Schrift. »Ihr habt euch keines Verstoßes schuldig gemacht«, versichert er ihnen, »ihr habt euch überhaupt nichts zuschulden kommen lassen, euer Kampf ist gerecht. Vergeßt das nie, wenn ihr frei sein werdet.«

Das Leben in dieser Männerabteilung bietet einen Vorteil: Es ermöglicht den Widerständlern, Bekanntschaft miteinander zu machen. Außerhalb von Drapchi sind die Organisationen verständlicherweise aus Gründen der Sicherheit unabhängig voneinander tätig. Aber in Drapchi kommen die Aktivisten miteinander in Berührung, tauschen ihre Erfahrungen aus. In diesen Gesprächen findet »der Stier« seine Kraft und seinen Freimut wieder. Hinter der Fassade eines klugen Patriarchen, der aus einem Geschlecht von Schamanen abstammt*, schlummert noch immer ein schwieriger Charakter, der leicht aufbraust: So weiß man, daß er in seinen guten Momenten in schallendes Gelächter, aber auch, daß er in seinen dunklen Phasen in Wutanfälle ausbrechen kann, zum Beispiel dann, wenn er bei manchen im Gefängnis geduldeten Gesellschaftsspielen verliert. Seine Kameraden mögen ihn lieber als Sänger

* Namgyal Tashi stammt aus einer für ihre *ngapas* [*sṅags-pa*, skr. mantrin: Zauberer, Geisterbeschwörer] berühmten Familie, mit anderen Worten, einer Familie von tibetischen Schamanen. Sein älterer Bruder, der 1980 verstarb, hatte anscheinend die Begabung der Ahnen geerbt, beispielsweise die Fähigkeit, den Hagel aufzuhalten, die Gewitter zu bändigen oder Wasser in einem Weidenkorb zu stauen. Da dieser Mann keine Söhne hatte, ist das Geschlecht mit ihm ausgestorben. Noch heute ist dieser Glaube im Himalaya sehr verbreitet.

oder als Musiker. Oft greift Namgyal Tashi zu seinem *danyen*, der tibetischen Laute, wenn ihnen erlaubt wird, sich zu entspannen und Musik zu machen. Auf der Laute spielt er wunderbar, und seine Tenorstimme vermehrt sein Charisma.

»Der Stier« hat erfolglos um eine Begegnung mit seiner Tochter ersucht. Ihrerseits hat die Kleine ähnliche Schritte unternommen, doch die Verwaltung, die sich gegenüber dieser rührenden Familiensituation gleichgültig zeigt, blieb ihren Bitten taub. Diese Verweigerung bedrückt Ngawang Sangdrol mehr und mehr. Ihre Kameradinnen spüren, daß sie sich Sorgen macht, daß sie über den Gesundheitszustand ihres Vater beunruhigt ist – jedenfalls mehr als über ihr eigenes Schicksal. Eine glückliche Verkettung von Umständen ermöglicht im Laufe des Winters 1994 endlich ein Zusammentreffen:

Eines Morgens erhalten einige Mädchen den Befehl, den Nachbarhof der Abteilung 5 zu fegen. Seit ihrer Inhaftierung in Drapchi war Ngawang Sangdrol ihrem Vater noch nie so nahe. Durch einen glücklichen Zufall ist die *dutang*, die die Fegenden beaufsichtigen mußte, für einen Augenblick weggegangen. Diese Gelegenheit nutzt die Kleine, um sich bis zum Tor der Abteilung vorzuwagen.

Da es in dem Bretterzaun Lücken gibt, kann sie sehen, was auf der anderen Seite geschieht. Ihr Vater ist da, in wenigen Metern Entfernung! Sie ruft ihn. Er kommt und sie sprechen einige Sekunden leise miteinander. Mehrere Männer der Abteilung 5 sind mit dabei. Sie können die Kleine zwar nicht sehen, sie dafür aber hören. Sie weint.

Dieser kurzen Begegnung folgt bald eine andere, diesmal eine offizielle:

Die Gefängnisverwaltung gestattet, ohne daß man den genauen Grund für diese Entscheidung erkennen könnte, ein ordnungsgemäßes Treffen. Ngawang Sangdrol, die man sogleich benachrichtigt hat, stürzt in ihre Zelle, um ihren Kameradinnen die Nachricht zu verkünden:

»Sie haben mir erlaubt, meinen *pha-la** zu sehen. Morgen ... Ich werde ihn morgen sehen!«

Alle Mädchen nehmen Anteil an ihrem Glück. Die Kleine nimmt mittlerweile einen besonderen Platz in der Abgeschlossenheit der Abteilung 3 ein. Sie ist nicht mehr nur die Jüngste, das Maskottchen, das die Älteren mit mütterlicher Zuneigung überschütten: Der Vorfall mit den Kassetten, ihre Verantwortung als Gruppenführerin und ihre Überzeugungskraft haben eine moralische Instanz aus ihr gemacht.

In Erwartung des Wiedersehens mit dem Vater ist sie am nächsten Tag schon seit dem Morgengrauen geschäftig. Sie hat sich etwas schwarzen Tee von ihrer Frühstücksration aufgehoben, aber ihre Freundinnen geben ihr von ihrem Tee dazu, damit ihre Thermosflasche auch ganz voll wird. Der auf diese Weise eingefüllte Tee ist gerade noch lauwarm, doch sie ist damit zufrieden. Wenn man noch Butter hinzufügt, wird er fast den Geschmack von echtem tibetischem Tee haben! Sie stopft dann all ihre Schätze in einen Sack: die Thermosflasche, Milchpulver, eine Dose mit Schweinefleisch, Zucker, Kekse ...

Als sie den Trakt verläßt, begegnet sie mehreren Kameradinnen, die in den letzten Gewächshäusern arbeiten, die für die politischen Gefangenen noch zugänglich sind. Die Mädchen, die im Gänsemarsch gehen, halten kurz inne, so rührend ist das Bild, das sich ihnen bietet: Ngawang Sangdrol geht eilenden und ungelenken Schrittes, den Rücken gekrümmt unter der Last ihres großen Sackes. Noch nie zuvor ist die Kleine ihnen so zart vorgekommen wie an jenem Morgen, als sie außer sich war vor Glück. Sie hat zwar eine reiche Vergangenheit als Widerstandskämpferin und eine lange Erfahrung mit den Grausamkeiten des Gefängnisses, doch als ihre Freundinnen sie so fröhlich, so unbesorgt sehen, einzig und allein erfüllt von dem Gedanken, daß sie mit ihrem geliebten *pha-la* für einige Minuten zusammenkommen darf, verstehen sie, daß die

* [*pha-lags:* Höfliche Anredeform für »Vater«]

Kleine ein verletztes Kind geblieben ist, das man zu Unrecht um die Zuneigung ihrer Familie gebracht hat.

Im Hof angelangt, geht Ngawang Sangdrol an der Mauer entlang, die das Gefängnis von der Kaserne abgrenzt. In der Nähe des Besucherzimmers geht sie nach rechts zur dritten Tür. Dort wird sie unter der indiskreten Aufsicht zweier Wärter ihrem Vater begegnen, ihm Tee einschenken und ihm die Geschenke überreichen können.

Niemand weiß, was sie sich an jenem Tag gesagt haben. Aber als sie zu ihren Freundinnen der Abteilung 3 zurückkehrt, scheint sie weniger bekümmert zu sein; sie ist über den Gesundheitszustand von Namgyal Tashi beruhigt. Im Augenblick der Trennung hat sie ihm zugeflüstert: *»Gale pheb.«* »Geh langsam.«*

* [*ga-le-phebs* ist ein tibetischer Abschiedsgruß, den der Zurückbleibende an den Fortgehenden richtet.]

16

Die kleinen Glücksmomente
(1995)

So beschwerlich das Leben im Gefängnis sein mag, es hält bisweilen köstliche Augenblicke bereit. Augenblicke der Freundschaft, der Zärtlichkeit, der Rührung. Augenblicke, die den *dutang* abgetrotzt werden müssen. Freilich hängen diese flüchtigen Glücksmomente von Kleinigkeiten ab: von einem Lächeln, einer Trotzhandlung, einem Blick... Doch daraus schöpfen die Mädchen unendlich viel Kraft und die Gewißheit, sich endgültig auf dem rechten »Pfad« zu befinden.

An zwei Abenden in der Woche, samstags und sonntags, dürfen sie fernsehen. Die Fernsehprogramme werden streng kontrolliert; meistens handelt es sich um Nachrichtensendungen oder um Filme, die die Macht Chinas verherrlichen. Wenn die *dutangs* einmal den Raum kurz verlassen, stürzt sich ein Mädchen auf das Fernsehgerät, um auf gewagtere Sendungen umzuschalten. Man braucht ja nur eine einzige Sendung für drei Sekunden oder eine Minute einzuschalten, und schon wird dieser einfache Programmwechsel zum Triumph!

Im allgemeinen stellen die Wärterinnen beliebte Zielscheiben für die Kleine dar, die die große und grausame Chang perfekt imitieren kann. Wenn sie eine solche Vorstellung in der Verborgenheit der Zelle gibt, krümmen sich die anderen Mädchen vor Lachen. In dieser Hinsicht ist Ngawang Sangdrol eine typische Tochter des Schneelandes. Unter dem schüchternen Äußeren haben die meisten Tibeter in der Tat einen sehr stark entwickelten Sinn für Humor und eine gleichsam instinktive Fähigkeit, sich über die anderen auf mehr oder weniger liebenswürdige Art und Weise lustigzumachen, indem sie diese beispielsweise mit wenig schmeichelhaften Spitznamen belegen. Die Geistlichen, egal ob Männer oder Frauen, sind nicht die letzten, die auf diese Weise ihre Scherze treiben, ja sogar Witze erzählen.

In weniger als drei Jahren ist die Kleine also zur Triebkraft der Gruppe geworden. Auch zu deren Stimme. Am Nachmittag, wenn sie in den Wollwerkstätten singt und ihre Freundinnen auffordert, ebenfalls zu singen, lassen sie sogar die *dutangs* gewähren, unter der Bedingung freilich, daß der Text »anständig« sei. Diese sängerische Begabung, die sie von ihrem künstlerisch veranlagten Vater geerbt hat, macht sie in ganz Drapchi berühmt. Mehrmals muß sie anläßlich von offiziellen Zeremonien auf die Bühne steigen und Lieder vor den Gefängnisbonzen singen. Diese Zeremonien sind für die Gefangenen eine Gelegenheit, Vorstellungen zu geben, die sie lange unter der kleinlichen Aufsicht des Personals vorbereitet haben. Wenn sie auf der Bühne stehen, müssen sie sich namentlich vorstellen, damit die Zuschauer sie identifizieren können. Auf diese Weise ist der Ruf von Ngawang Sangdrol über die Grenze der Abteilung 3 hinausgegangen. Die meisten Häftlinge hatten mehr oder weniger Genaues über den Vorfall mit den Kassetten und von den verhängten Strafen gehört, doch von nun an können sie mit diesem Namen ein Gesicht verbinden.

An den Tagen, an denen Aufführungen stattfinden, bringen die Häftlinge ihre eigenen Klappstühle mit und stellen sie im Gefängnishof auf, in dem die offiziellen Zeremonien abgehalten werden. Die Wärter wachen darüber, daß die verschiedenen Gruppen in Drapchi – Frauen, Männer, politische und Strafgefangene – streng getrennt werden, so daß keinerlei Begegnungen möglich sind. Trotz dieser Vorsichtsmaßregeln fällt die Kleine in der Menge der blauen Uniformen stets auf.

Mit ihrem puppenhaften Aussehen und ihrer entzückenden Stimme strahlt sie ein derartiges Charisma, eine solche Charakterstärke aus, daß sie den übrigen Zuschauern auffällt, sobald sie ankommt und mühsam ihren schweren Metallstuhl hinter sich herzieht.

Außer dem Singen ist ihr einziges »Freizeitvergnügen« der Sport, der am Sonntag zugelassen ist. Pingpongtische aus Beton wurden im Hof aufgestellt. Wenn die Mädchen diese Tische nicht gerade dazu benutzen, Decken darauf auszubreiten, um sie auszubessern oder zu waschen, können sie einige Partien Tischtennis spielen. Die Aufseherinnen verlangen nur, daß sie beim Spiel nicht laut werden. Dasselbe gilt für Federball, das Lieblingsspiel der Kleinen.

Aber von all diesen »Nebentätigkeiten« werden der gründliche Geschichtsunterricht und die Propagandastunden zweifellos am meisten geschätzt.

Nach dem Kassetten-Vorfall hat die Verwaltung ihr Erziehungsprogramm geändert. Es ist keine Rede mehr von Tibetischlektionen oder wöchentlichen Kursen über tibetische Geschichte (nach chinesischer Lesart). Stattdessen gibt es zweimal im Jahr lange Sitzungen, die über mehrere Tage gehen. Ein wenig kommen sich die Nonnen vor, als wären sie wieder in Gari, zu der Zeit der »Umerziehung«.

Der Unterricht findet im Fernsehzimmer statt, und einige Wärterinnen sind immer dabei. Der Lehrer, der vor einer schwarzen Tafel steht, ist ein alter Tibeter aus Shigatse. Stunden verbringt er damit, die Welt, China und Tibet aus neuer Sicht darzustellen. Vor allem aber deutet er die Geschichte Tibets um, um zu dem Schluß zu gelangen, daß Tibet seit eh und je chinesisch gewesen sei. Im wesentlichen stützt er seine Beweisführung auf eine alte Heiratsgeschichte aus dem Jahr 641. In diesen weit zurückliegenden Zeiten hatte der König Srongtsen Gampo* die chinesische Prinzessin Wên-ch'êng

* [Sroṅ-brtsan-sgam-po, regierte von ungefähr 620 bis 649]

geheiratet. Diese Hochzeit hat angeblich die »ewige« Vereinigung der beiden Länder und den Einzug der »chinesischen« Kultur auf das Dach der Welt für immer besiegelt. Das Argument ist abgedroschen; dennoch wird es von Peking seit Jahrzehnten wiederholt, ohne jede Rücksicht auf die historischen Realitäten. Doch der »Lehrer« begnügt sich keineswegs damit, sich auf längst vergangene Heiraten zu berufen: Er kommt anschließend auf das Thema Tibet vor 1959 zu sprechen: ein Land der Ungerechtigkeiten und des Schreckens, das von den kommunistischen Truppen »befreit« wurde. Vielleicht ist nicht alles unzutreffend in diesem düsteren Bild vom alten Tibet, aber keinesfalls hat China dieses Land »befreit«: Die Kleine und ihre Freundinnen sind lebende Beweise dafür.

»Seht zu«, beharrt der Lehrer, »und stellt selber fest, wie günstig sich die Situation des Volkes dank der Regierung in Peking entwickelt hat.«

Da die Mädchen nicht sonderlich überzeugt sind, versucht er, versöhnlichere Töne anzuschlagen und an ihre patriotischen Gefühle zu appellieren.

»Auch ich liebe dieses Land, aber die Unabhängigkeit ist nichts als ein Traum ohne jede Hoffnung.«

Anschließend müssen die Schülerinnen eine Reihe von Fragen schriftlich beantworten und die Lektion kommentieren. Zur Zeit der wöchentlichen Kurse kam es vor, daß sie als Zeichen des Protestes nur leere Blätter abgaben, aber nun schreiben sie gerne ihre Gedanken auf, der »Lehrer« hat sie ja dazu aufgefordert …

Ngawang Sangdrol läßt sich den Spaß nicht nehmen, in ihrer eleganten Schrift deutlich darauf hinzuweisen, daß die Verbindung der Prinzessin und des Königs nur eine Eheschließung war, nichts weiter; daß ihr Land niemals chinesisch gewesen ist und es auch niemals sein wird; daß China das Schneeland keineswegs »befreit«, sondern vielmehr überfallen hat …

Beim Korrigieren der Arbeiten stöhnt der alte Mann und muß feststellen, daß er ins Leere gepredigt hat:

»*Nyindsche**, seht euch das an! Seht euch eure Antworten an! Ihr ändert euch nicht, ihr werdet euch nie ändern! Ihr seid dumm.«

Diese Aufsätze werden an Pempa Bhuti und an andere gleichrangige Kader weitergeleitet, und schließlich müssen die politischen Gefangenen nacheinander im Büro der Gefängnisdirektion antreten. Die Verantwortlichen behandeln sie nicht grob, jedenfalls nicht körperlich. Sie beschränken sich darauf, ihnen Moralpredigten zu halten. Die »Schülerinnen« antworten in aller Offenheit:

»Glauben Sie wirklich alles, was Sie da geschrieben haben?«

»Ja, aber sicher!«

»Gut, dann erklären Sie es uns.«

Und das Mädchen wiederholt den Inhalt ihres Textes. Wort für Wort. Ohne irgend etwas abzustreiten.

»Sie sind nur eine Irre, die die Geschichte nicht kennt! Sie haben Ihre Einstellung noch immer nicht geändert! Tibet wird niemals unabhängig sein, auch nach drei Generationen nicht!«

Frech wie sie ist, wagt Ngawang Sangdrol dann noch eine letzte Provokation:

»O doch, Tibet wird unabhängig sein! Davon sind wir alle überzeugt! Selbstverständlich wissen wir nicht, wann das der Fall sein wird, aber es wird eintreten. Zwar kennen wir nicht die ganze Geschichte Tibets, da wir noch nicht geboren waren, als die Chinesen kamen! Aber eines Tages wird dieses Land frei sein. Auch Sie können ja nicht wissen, was uns das Morgen bringen wird!«

Ein solches Auftreten hätte ihnen schwere Strafe eintragen können, aber keine einzige der »Überlebenden«, die wir in Indien für dieses Buch interviewten, hat sich über Gewalt bei den Propagandasitzungen beklagt.

* [*sñiṅ-rje*, welch eine Schande!]

Der Winter naht. Es ist bereits kalt. Die Temperaturen liegen weit unter null Grad, auch in den Zellen. Ngawang Sangdrol und die »politischen« Gefangenen haben ihre Sommeruniformen gegen gefütterte Winteruniformen eingetauscht.

In diesem strengen Herbst (1994) macht sich Pempa Bhuti nicht um die Kälte Gedanken, sondern um die Festlichkeiten, die bald im zentralen Gefängnishof stattfinden sollen. Zeremonien in chinesischem Stil: rote Fahnen, dröhnende Musik, grimmige Funktionäre. In verschiedene Gruppen eingeteilt, sollen die Häftlinge ihre Aufführungen zeigen. Auf diese Weise soll den Gästen die Macht der Wärter über die Rebellen demonstriert werden. Eine Jury wird die beste Truppe auswählen.

Jeden Tag kommen die Soldaten des benachbarten Lagers, um vierzig bis fünfzig Mädchen der Abteilung zu drillen. Zu der »Show«, die sie aufführen müssen, gehört sowohl eine Art Tanz als auch eine Militärparade: In neue Uniformen gekleidet müssen sie Übungen machen und im Chor volltönend versprechen, ihre Einstellung zu ändern. Der aufzusagende Text lautet etwa:

»Von heute an werde ich meine schlechten Gewohnheiten, mein schlechtes Verhalten aufgeben. Ich gebe meine Irrtümer zu, ich bereue meine Irrtümer. Ich werde eine neue Frau werden. Ich bekenne meine Schuld. Ich werde mich ändern.«

Als sie diesen Text zu Gesicht bekommen, sprechen sich acht der Mädchen*, unter ihnen die Kleine, ab: »Das dürfen wir unter gar keinen Umständen in der Öffentlichkeit singen, wir dürfen nicht einmal so tun als ob! Man wird uns mit Sicherheit filmen und die Leute werden sehen, wie wir unsere Lippen bewegen. Sie werden annehmen müssen, daß wir tatsächlich singen!«

* Außer Ngawang Sangdrol waren dabei: Lobsang Dölma, Lobsang Chökyi, Gyaltsen Nyinyi, Ngawang Djema, Lhundup Sangmo, Khando und Ngawang Dedol.

Die Zeit zum Proben rückt heran. In Abwesenheit der Soldaten leiten die *dutangs* die Übung.

»Eins, zwei, drei, Musik… Los!«

Und die Acht bleiben stumm. Zugekniffene Lippen, düstere Blicke. Die wütenden Wärterinnen zerren sie zum Arbeitszimmer von Pempa Bhuti.

»Ihr bekommt fünf Jahre zusätzlich!« brüllt die Oberaufseherin und teilt Knüppelschläge aus.

Ngawang Sangdrol und ihre sieben Kameradinnen kennen die Grenzen, die nicht überschritten werden dürfen: »Einverstanden, wir werden singen, aber nur während der Proben, niemals vor den Staatsbeamten! Und wenn Sie uns zwingen, auf die Bühne zu steigen, dann werden wir alle ›Unabhängigkeit‹ schreien!«

Aus Angst vor einem Skandal beschließt Pempa Bhuti, es so einzurichten, daß die betreffenden Mädchen nicht singen müssen. Als Gegenleistung müssen sie einen Entschuldigungsbrief an die Behörden von Drapchi richten. Sie schreiben:

»*Niemals* werden wir diese Art von Texten singen!«

Daraufhin streicht die Verwaltung unter dem Einfluß des wohlwollenden Direktors – eines Tibeters namens Lobsang Gelek –, diesen Teil der Aufführung. Zum ersten Mal siegt die Abteilung 3 über Pempa Bhuti.

17

»Böd Rangtsen!« *

(1996)

Die Zellen müssen absolut sauber sein. Für Pempa Bhuti und ihre *dutangs* ist das eine persönliche Angelegenheit. Chang, die chinesische Wärterin, hat die Aufgabe, die Zelle der Kleinen, die erste im Gang, zu kontrollieren. Jeden Morgen macht sie einen Rundgang. Und jeden Morgen findet sie einen Grund, die Mädchen zu tadeln, ja sogar zu schlagen. Wenn sie die Zelle betritt, müssen die Mädchen strammstehen und die Mützen abnehmen; das steht im kleinen Buch, das sie am Tag ihrer Ankunft bekommen haben. Langsam fährt dann die *dutang* mit dem rechten Zeigefinger über die Fensterbank, den Türrahmen, über alle Winkel und Ecken. Die geringste Spur von Staub macht sie wütend.

Eines Morgens im Winter 1996, vermutlich im März, kommt Chang, um die Zelle der Kleinen zu inspizieren, als die Mädchen in Arbeitsschürzen damit beschäftigt sind, die Wolle zu reinigen, zu färben und zu spinnen. Sie sitzen auf dem Boden – nicht auf den Betten, denn das ist verboten –, haben allerhand Utensilien auf den Knien und sind bemüht, ihre tägliche Quote zu erfüllen. Gleich beim Betreten der Zelle spürt Chang, daß eine der Gefangenen nicht aufstehen wird: Khando, ein Hitzkopf, aus demselben Holz wie Ngawang Sangdrol. Sie war eine der acht Gefangenen, die

* [*Bod raṅ-btsan*, Bod = Tibet: »Unabhängigkeit für Tibet«]

über Pempa Bhuti und ihre albernen Lieder triumphiert haben.

»Steh auf! Steh auf!« fordert die *dutang* und versetzt ihr Fußtritte.

Khando rührt sich nicht.

Die anderen Gefangenen ergreifen für ihre Freundin Partei. Besonders die Kleine lehnt sich gegen die Wärterin auf.

»Nein, wir werden nicht aufstehen! Wir werden Sie auch nicht grüßen! Warum sollten wir das tun? Bei uns macht man das auch dann nicht, wenn die eigenen Eltern ins Zimmer kommen! Auch bei Lamas nicht! Glauben Sie, daß es leicht ist, sich zu bewegen mit all diesem Zeug auf den Knien?«

Das Argument klingt vernünftig, ist aber wenig überzeugend: Ohne Werkzeug auf den Knien würden die Mädchen auch nicht aufstehen. Chang hat verstanden.

»Ihr seid schrecklich! Es ist Rigchö (Ngawang Sangdrol), die euch beeinflußt und euch anstiftet, so zu handeln! Alles ist deine Schuld, Rigchö.«

Die Kleine fühlt sich stark genug, um die Verantwortung als Stubenälteste zu übernehmen, ohne sich über die Konsequenzen Sorgen zu machen. Sie erwidert:

»Aber das ist doch nichts im Vergleich zu dem, was Sie uns antun! Wir wollen diese Demütigungen nicht mehr ertragen. Wir haben es satt!«

Erstaunlicherweise wird die Kleine für diesen Ausbruch nicht bestraft. Nur Khando wird ins Dienstzimmer von Pempa Bhuti geführt und dann in die Einzelzelle gesteckt. Die *dutangs* waren wahrscheinlich – zu Recht – der Ansicht, daß Ngawang Sangdrol das Leiden ihrer Freundin Khando schlechter ertragen würde als ihr eigenes. Wenn sie nun gegen eine Gefangene brutal vorgingen, würden sie alle anderen treffen – zuallererst die Kleine.

Seit einiger Zeit wird die Abteilung 3 umgestaltet. Die Gefängnisbehörden haben beschlossen, die politischen Gefangenen in zwei verschiedene Blöcke zu trennen: den der »Alten« und den der »Neuen«. Der Grund dafür war zu verhindern, daß erstere die letzteren beeinflussen.* Jedenfalls weiß Ngawang Sangdrol, woran sie ist: Trotz ihrer siebzehn Jahre gehört sie zu den »Alten«. Stubenälteste, Werkstattleiterin und rebellische Sängerin. Ihr Ruf ist gefestigt.

Die beiden Trakte sind so konstruiert, daß es nicht möglich ist, von einen zum anderen zu gehen, ohne von den Wärtern gesehen zu werden. Nur eine Sicherheitsschleuse in der Trennmauer verbindet die beiden Gebäude. Die ähnlich angeordneten Zellen sind auf beiden Seiten der Schleuse aufgereiht. Türen und Fenster gehen auf den Hof, den ein langes Blumenbeet ziert. Der Aufenthaltsraum der Wärterinnen befindet sich rechts, im ersten Stock, genau über den Einzelzellen. Überwachungskameras filmen den ganzen Komplex. Jeder Kontakt zwischen den Trakten, selbst ein Sichtkontakt, ist unmöglich. Jedenfalls theoretisch. Denn wenn die Alten die Abteilung verlassen, haben sie keine andere Möglichkeit, das Tor zu erreichen, als durch den Trakt der Nachbarinnen. Der Gipfel der Lächerlichkeit dabei ist, daß die »Neuen« dann in ihre Zellen zurückkehren müssen und nicht zusehen dürfen, wie die »Älteren« vorbeigehen!

Die ersten Tage in den neuen Räumlichkeiten sind besonders schwer zu ertragen. Wegen der Umbauarbeiten wird das fließende Wasser (zwei Wasserhähne im Hof) eine Woche lang abgestellt. Unmöglich also, die Zellen so sauber wie gewöhnlich zu halten. Doch Chang, der chinesischen Wärterin, ist das egal: ob mit oder ohne Wasser, alles muß blitzblank sein.

* Es ist sehr schwierig, die genaue Zahl der politischen Gefangenen, die sich 1996 in Drapchi befanden, zu ermitteln. Den Zeugen zufolge variieren die Schätzungen zwischen siebzig und hundert jungen Gefangenen, und das nur in der Gruppe der »Alten«, das heißt in derjenigen der kleinen Ngawang Sangdrol.

An jenem Tag beginnt sie ihren Rundgang gegen 14 Uhr, als die meisten Mädchen in den Wollwerkstätten arbeiten. Nur die Stubenältesten sind anwesend. Ngawang Sangdrol ist in der Zelle Nummer 1.

Dieses eine Mal muß man zugeben, daß ihre Zelle schlecht aufgeräumt ist: Die Decken sind in Unordnung, der Boden ist voll Staub. Chang ahnt, daß die Mädchen auf diese Weise gegen die Einzelhaft ihrer Kameradin Khando protestieren wollen. Wütend befiehlt die Wärterin, daß alle Stubenältesten in den Hof gehen und sich vor der Außenmauer aufstellen. Diese Mauer ist nicht mehr als ein Meter zwanzig hoch, aber sie ist ziemlich breit und mit Stacheldraht gesichert. Ein Wehrgang ermöglicht es den bewaffneten Wachposten, den ganzen Hof zu überblicken.

Es ist kalt. Es schneit. Die Gefangenen zittern.

»Gerade stehen!« schreit Chang. »Strammgestanden! Keine Bewegung!«

Die Kleine gehorcht nicht. Mit hängenden Schultern, gebeugten Knien fordert sie die *dutang* heraus.

»Gerade stehen! Halt dich gerade!« beharrt Chang und schlägt sie in die Kniekehlen, um sie zu zwingen, strammzustehen.

Da die Kleine nicht gehorchen will, rennt die Wärterin weg, um ihre Vorgesetzte, Chungka, eine Tibeterin, zu holen. Nach einer raschen Musterung der Zellen kommt diese wütend zurück.

»Warum sind die Decken nicht richtig zusammengefaltet? Warum?«

Ngawang Sangdrol steht im Schnee und hält den Schlägen und den Beschimpfungen stand.

Als sie die Schreie der Wärterinnen hören, unterbrechen die anderen »Alten«, eine nach der anderen, die Arbeit. Sie kommen ruhig aus ihren Zellen heraus, in denen sie die Wolle färbten, und versuchen, sich für die Kleine einzusetzen.

»Es ist nicht ihre Schuld, daß die Decken schlecht zusammengefaltet sind! Man konnte sie nicht anders falten!«

Außer sich vor Wut hört ihnen Chungka gar nicht zu. Sie läßt auch von Ngawang Sangdrol nicht ab.

Vor den verblüfften Freundinnen gerät diese in eine schreckliche Rage, die ihres Vaters würdig ist. Sie packt die *dutang* beim Aufschlag der Uniform und schreit:

»Sie suchen alle möglichen und erdenklichen Vorwände, um mich zu schikanieren! Sie sind ständig dabei, mich zu beschuldigen! Wenn Sie der Ansicht sind, daß meine Zelle nicht sauber ist, sagen Sie es in einem normalen Tonfall und ich werde die Zelle noch einmal putzen. Die Decken sind nicht gut zusammengefaltet? Stimmt, aber sie sind alt und abgenutzt, man kann sie nicht falten, so wie Sie es wollen! Sie können uns ja neue Decken geben!«

Die Gefangenen haben eine derart heftige Auseinandersetzung noch nicht erlebt: Eine siebzehnjährige Göre, kaum größer als eine Schülerin, leistet einer *dutang* von Pempa Bhuti körperlich Widerstand!

Die Kleine ist wie von Sinnen. Nichts kann sie mehr aufhalten.

»Freundinnen, wir halten alle zusammen! Wir sind aus denselben Gründen hier, wegen derselben Sache. Kommt her, schreien wir gemeinsam ›Unabhängigkeit‹! Unabhängigkeit, Unabhängigkeit!«

Und die Abteilung 3 beginnt zu schreien: *»Böd Rangtsen!«*, *»Böd Rangtsen!«*

Die Wärterinnen geraten in Panik, sind unfähig, diesen Aufruhr in Schranken zu halten. Pempa Bhuti und einige andere kommen zu Hilfe, ebenso Soldaten aus dem benachbarten Camp. Siebzig bewaffnete Männer mit Einsatzschilden unterm Arm. Die Mädchen werden in die Enge getrieben.

Ein Gefängnisfunktionär kommt auf sie zu und zeigt mit dem Lauf seiner Pistole in ihre Richtung:

»Na los, kommt schon her und schreit ›*Böd Rangtsen*‹, heute hab' ich große Lust, einige abzuknallen!«

Die Kleine, die die *dutangs* für die Anstifterin des Aufruhrs halten, wird mit Gewalt zum Durchgangsraum zum anderen Teil der Abteilung 3 abgeführt, wo sich die Verhörzimmer befinden. Ihre Kameradinnen gehen in Ruhe auseinander und kehren in ihre Zellen zurück, als sich Pempa Bhuti an die Soldaten wendet:

»Die da, dort! Der hat es schon immer am nötigen Respekt gefehlt, Sie können auch sie abführen!«

Die betreffende Gefangene, Phuntsok Pema, eine Nonne aus dem Kloster Michungri, wird auch geschlagen und zu dem Durchgangsraum geführt; ebenfalls eine ihrer Kameradinnen, Nyima Tsamchö.

Die wenigen im Hof anwesenden Mädchen versuchen einzugreifen:

»Wohin bringen Sie sie?«

»Wessen werden sie beschuldigt?«

»Warum ausgerechnet sie?«

»Sie haben doch nichts getan, sie haben uns nicht aufgehetzt!«

»Wenn sie bestraft werden, wird das Folgen haben!«

Pempa Bhuti jedoch macht sich über diese Drohungen lustig. Diesmal fühlt sie sich unangreifbar, sie nimmt Rache.

In Einzelzellen werden die drei Unglücklichen, darunter die Kleine, mehrere Monate lang eingeschlossen bleiben.

Abgesehen von dem Trio werden auch alle anderen politischen Gefangenen für den Affront gegenüber den *dutangs* büßen müssen.

Am nächsten Morgen kommt ein Gefängnisfunktionär, begleitet von einem Offizier und drei Soldaten, in den Trakt der »Alten«. Alle Mädchen werden ohne Ausnahme verprügelt. Die Botschaft ist deutlich: Solche Vorfälle dürfen sich nie wiederholen. Damit die ganze Abteilung das begreift, gehen die Soldaten anschließend in den anderen Teil, in dem die »Neuen« untergebracht sind, die allerdings mit den Zusammenstößen am Tag zuvor nichts zu tun haben. Zelle für Zelle werfen sie die Laken und die Decken auf den Boden.

»Ihr habt fünf Minuten, um eure Betten zu machen und alles wieder aufzuräumen! Ihr Tibeter hört nie, was man euch sagt. Man müßte euch in ein Massengrab schmeißen!«

Fünf Minuten! Da die Mädchen selbstverständlich außerstande sind, in so kurzer Zeit alles in Ordnung zu bringen, ist das nur ein Vorwand, um sie zu bestrafen. Während sie von den Soldaten mit den Koppeln gepeitscht werden, versetzen ihnen der Funktionär und der Offizier Fußtritte oder Schläge mit einem Bambusstock.

Aber der Versuch, hart durchzugreifen, ändert nichts an der Entschlossenheit der Abteilung 3. Die »Alten« zeigen sich solidarisch mit den drei Kameradinnen, die in Einzelhaft gesteckt wurden, und beschließen, alle zusammen – mit Ausnahme der zwei oder drei Strafgefangenen, die jeder Zelle aufgezwungen werden –, in den Hungerstreik zu treten, um sowohl die Freilassung des Trios als auch bessere Haftbedingungen durchzusetzen. Sie sind entschlossen, bis zum bitteren Ende zu gehen, und fangen damit an, die Lebensmittelvorräte, die sie in ihren jeweiligen Zellen abgestellt haben, in einen großen Sack zu stopfen (Konservendosen, Tee, Milchpulver ...). Diesen Sack stellen sie in die leere Zelle, in der die Ersatzuniformen hängen. Auch sammelt jede ihre persönlichen Sachen ein und versieht sie mit Etiketten. Diese Sachen sollen im Todesfall der jeweiligen Familie übergeben werden.

Die Arbeit in den Spinnwerkstätten hat aber deswegen nicht aufgehört. Die Mädchen spinnen die Wolle weiterhin, solange ihre Kräfte es zulassen. Aber ihr Gesundheitszustand verschlechtert sich so schnell, daß sich die Gefängnisleitung bald Sorgen macht. Für den Direktor ist die Lage in der Tat mißlich, vor allem nach außen: Der Tod einer oder mehrerer politischer Gefangener und dazu noch von Nonnen würde schwerwiegende Auswirkungen haben. Er beschließt also, sich persönlich in die Abteilung zu begeben, um sich ein Bild von der Situation zu machen. Kaum ist er dort angekommen, da ergreift eine junge Nonne das Wort:

»Sehen Sie sich an, was hier los ist! Es wäre nicht soweit gekommen, wenn die *dutangs* Chang und Chungka uns nicht provoziert hätten!«

Der Direktor hört zu, stellt allen Gefangenen Fragen.

»Haben Sie denn Zeugen? Haben Sie Beweise für Ihre Behauptungen?«

»Selbstverständlich können wir das beweisen, wir haben alles gesehen! Es ist die Schuld der *dutangs* und von Pempa Bhuti!«

Der Direktor leitet eine Untersuchung ein. Er ordnet an, daß alle »Alten«, einschließlich der Hungerstreikenden, von den Angestellten im Fernsehraum vernommen werden sollen. Schnell wird klar, daß die Mädchen die Wahrheit sagen: Ihre Aussagen stimmen überein.

Nach der Lektüre des Untersuchungsberichts versucht die Direktion, die Streikenden zu besänftigen, und beauftragt einen tibetischen Angestellten, einen alten, von allen Mädchen geachteten Mann, sie zu überreden, wieder Nahrung zu sich zu nehmen.

»Ihr könntet meine Töchter sein, ich spreche wie ein Vater zu euch: Beendet diesen Streik, denn er führt zu nichts!«

Doch davon wollen die Mädchen nichts hören.

»Früher oder später, heute oder morgen, werden sie uns umbringen. Dann lieber gleich sterben! Wir werden nichts essen.«

Die immer verlegener werdende Direktion gibt teilweise nach und verpflichtet sich insbesondere, die Armee nicht mehr in Abteilung 3 eingreifen zu lassen und die Exerzierübungen, die als demütigend empfunden werden, einzustellen. Für die Mädchen ist das bereits ein Sieg: Ein Eingeständnis des von den Soldaten und den *dutangs* begangenen Mißbrauchs! Doch es ist kein voller Erfolg, solange ihre drei Freundinnen nicht die Einzelzellen verlassen dürfen. Doch hier zeigt sich der Direktor uneinsichtig: Es komme absolut nicht in Frage, sie zu entlassen.

Nachdem die Streikenden sich miteinander beraten haben, beschließen sie, ihre Aktion zu beenden. Es hätte keinen Sinn, sie fortzusetzen. Auf Grund der Vorfälle ist ein Gerichtsverfahren eingeleitet worden. Zwei der drei Aufständischen werden angeklagt: Phuntsok Pema und Ngawang Sangdrol.

Das dreimonatige Leiden im Halbdunkel einer eiskalten Einzelzelle wird ein Geheimnis bleiben, solange Ngawang Sangdrol nicht mit ihren eigenen Worten darüber berichtet. Wir wollen nicht versuchen, den Ablauf der Ereignisse zu rekonstruieren. Einer lückenlosen Darstellung zuliebe darf man die Schicksalsprüfung der Kleinen nicht mißbrauchen. In der Abwesenheit von Ngawang Sangdrol darf sich nur eine ehemalige Haftgefährtin erlauben, Zeugnis abzulegen: Gyaltsen Lhamo, eine junge Nonne, die im indischen Exil lebt.* Wie die Kleine, mit der sie befreundet ist, hat sie infolge einer Auseinandersetzung mit dem Gefängnispersonal die Einzelhaft erlebt. Ihre Aussage gibt eine Vorstellung von dem Martyrium, das Ngawang Sangdrol in Erwartung ihres Prozesses erlitten haben muß.

* Diese Nonne, deren Identität aus Gründen der Sicherheit geändert wurde, hat mehrere Jahre mit Ngawang Sangdrol in Drapchi verbracht. Bei ihrer Entlassung aus der Haft hat sich ihr Leben als unerträglich herausgestellt. Man muß wissen, daß nach der Freilassung die meisten politischen Gefangenen verstärkt von der Polizei überwacht werden. Eltern, Freunde und Nachbarn werden gleichermaßen einem schwer auszuhaltenden »Druck« ausgesetzt. Unter diesen Umständen ziehen es die ehemaligen Gefangenen der Abteilung 3 vor, ins Exil nach Indien zu fliehen und den Kampf aus der Ferne fortzusetzen, damit ihre Angehörigen vor Unannehmlichkeiten bewahrt bleiben.

»Ich fand mich plötzlich in einer dieser Einzelzellen wieder, die sich neben dem Verhörzimmer befinden. Es war im Erdgeschoß, die Zelle muß etwa zwei mal drei Meter groß gewesen sein, und ich erinnere mich an eine sehr hohe Decke, vielleicht vier Meter hoch. Die Wände waren weiß gestrichen. Die einzige Lichtquelle war eine Art Fenster, das in die Decke gebrochen war. In einer Ecke gab es einen Wasserhahn und ein Loch mit zwei Backsteinen auf beiden Seiten, so daß man die Füße darauf stellen und seine Notdurft in das Loch machen konnte. Es wurde nie oder nur sehr selten geleert, und es stank nach Urin und nach sich zersetzenden Fäkalien.

Es war am Ende des Winters und sehr kalt. Ich hatte nur meine Uniform an, ich war völlig durchgefroren. Gegen zwei Uhr morgens kam endlich eine Wärterin und brachte mir eine gefütterte Decke. In der ersten Zeit habe ich jeden zweiten Tag nur ein *tingmo* und schwarzen Tee bekommen. Danach durfte ich immerhin eine tägliche Mahlzeit bekommen, das heißt ein kleines *tingmo*, eine Portion Reis und Gemüse. Aber dieses Gemüse war ebenso ekelhaft wie das, das man uns in Gutsa gegeben hatte – wissen Sie, mit toten Insekten, die in der Brühe schwammen! Außerdem war das Essen immer kalt. Man setzte es mir vor wie einem Hund oder wie einem eingesperrten Tier im Käfig eines Zoos. Es gab eine Öffnung in der Tür und vor dieser Öffnung einen Vorhang aus Plastik. Um mir Essen zu geben, mußte die Wärterin nur die Hand durch die Öffnung stecken. Schnell wurde mir klar, daß sie mich durch Hunger schwächen wollten, daß das Teil der Bestrafung war. Ich mußte oft an einen Artikel denken, den ich einige Wochen zuvor in einer chinesischen Zeitung gelesen hatte: Die Verantwortlichen von Drapchi, dem Mustergefängnis, behaupteten, daß die Häftlinge jeden Tag gesüßten Tee mit Milch erhielten! Niemals, seit meiner Ankunft in diesem Gefängnis, habe ich so etwas erhalten! Milch und Zucker mußten wir mit eigenem Geld kaufen, oder wir mußten auf die Besuche unserer Verwandten warten. Können Sie sich vorstellen, daß uns die fette Pempa Bhuti freundlich eine kleine Tasse mit gesüßtem Tee bringt?

Die Kälte war schwerer zu ertragen als der Hunger. Die Decke war gefüttert, aber mehr hatte ich nicht. Ich mußte sie als Matratze benutzen, um mich gegen den eiskalten Boden zu isolieren, und mich darin einwickeln. Als ich dann aus der Einzelhaft entlassen wurde, sagten mir meine Freundinnen, daß sie versucht hatten, mir eine richtige Matratze und ein Kissen zu bringen, daß aber die Wärterinnen abgelehnt haben. Sie wollten mich demütigen, indem sie mich wie ein Tier behandelten! Nach einer Woche wollten sie wissen, ob ich angefangen hatte, weich zu werden. Sie besuchten mich, um mich zu fragen, ob ich meine ›Einstellung‹ geändert hätte. Das ist sehr chinesisch, der Begriff ›Einstellung‹. Als ob sie alle menschlichen Wesen haßten, die zu selbständigem Denken fähig sind, als ob alle nach demselben Muster sein müßten! Wenn die Wärterin zur Essenszeit kam, sagte sie immer:

›Hast du deine Einstellung geändert? Bereust du deine Irrtümer? Tibet ging es vor der Ankunft der Chinesen schlecht. Sie haben eine großzügige Regierung eingesetzt, die das Land vorangebracht hat. Und trotz allem findet ihr Mittel und Wege, um uns zu bekämpfen!‹

Dann erwiderte ich ihr:

›Nein, ich habe mich nicht geändert und werde mich auch nicht ändern! Wir wollen die Chinesen nicht bekämpfen. Wir wollen einfach Wahrheit und Gerechtigkeit. Wir fordern nur etwas, das uns zusteht!‹

Um auf Entlassung hoffen zu dürfen, hätte ich ein Entschuldigungsschreiben unterzeichnen müssen! Das habe ich selbstverständlich abgelehnt. Tagsüber konnte ich niemanden sehen, mit Ausnahme der Wärterinnen, die mir das Essen brachten. Manchmal war es Pempa Bhuti persönlich. Ich glaube, daß es ihr Vergnügen bereitete, mich in dieser Lage zu sehen. Ich war übel dran. Ich hatte Bauchschmerzen, meine Gedärme taten mir weh. Dagegen belastete mich die Einsamkeit nicht allzu sehr. Den ganzen Tag lang rezitierte ich Gebete an Tārā und an Padmasambhava*.

Ich dachte auch an meine Landsleute, die unter noch entsetzlicheren Umständen gelebt hatten. Wie alle Tibeter kannte ich diese schrecklichen Geschichten aus der Zeit der Kulturrevolution: Häftlinge, die verhungert oder gezwungen worden waren, die Sohlen ihrer Schuhe zu essen. Ihr Vorbild gab mir Mut, ich sagte mir, daß man durchhalten müsse, durchhalten, durchhalten ... Ich dachte auch an meine Freundinnen auf der anderen Seite der Mauer. Wie ging es ihnen?

Schließlich haben mich die Wärterinnen nach monatelanger Einzelhaft freigelassen, ohne daß ich den Grund dafür wüsste. Vielleicht weil sie keinen freien Platz hatten und ein anderes Mädchen das gleiche Schicksal erleiden sollte? Letzten Endes sage ich mir, wenn ich an die Zeit zurückdenke, daß ich mehr Glück hatte als meine Freundinnen. Ngawang Sangdrol ist sechs Monate in Einzelhaft geblieben. Stellen Sie sich das vor, sechs Monate!«

Für die Kleine ist endlich der Tag der Verhandlung vor dem Gericht in Lhasa gekommen. Die Mädchen der Abteilung sehen dieser Verhandlung mit Sorge entgegen. Sie wissen, daß ihre Freundin, deren ursprüngliche Verurteilung zu drei Jahren Freiheitsstrafe wegen der Kassettenaffäre bereits auf neun Jahre erhöht wurde, mit einer erneuten Erhöhung des Strafmaßes rechnen muß. Das ganze Gefängnis scheint über ihr Schicksal Bescheid zu wissen: die Tochter »des Stiers«, Nonne, Kämpferin, Anführerin der Alten, ist keine normale Gefangene. Ihre verschiedenen Aktionen haben sie zum Sym-

* [Padmasambhava (»Aus dem Lotos geboren«), indischer Yogīn und Tantriker, der um 780 den Vajrayāna-Buddhismus in Tibet einführte. Er gilt als Gründer der rÑiṅ-ma-pa, der ältesten Sekte des tibetischen Buddhismus.]

bol des weiblichen Widerstands gemacht. In den Augen der Chinesen muß ihr Prozeß also Vorbildcharakter haben.

Ngawang Sangdrol, die die neue blaue Uniform von Drapchi trägt, ist abgemagert und bleich, von mehreren Monaten Einzelhaft sichtlich gezeichnet. Eine andere Rebellin, Phuntsok Pema, und drei Mönche vom Kloster Drepung stehen zur gleichen Zeit wie sie vor Gericht. Die Gefängnisleitung hat auch sechs Mädchen der Abteilung zur Gerichtsverhandlung herbeizitiert – gewissermaßen als Warnung.

Rigzin Dolkar, ihre Schwester, kannte das Datum der Verhandlung nicht, aber ein Angestellter aus Drapchi hat sie in letzter Minute darüber informiert. Zusammen mit ihrem Mann hat sie sofort ihre Wohnung verlassen, um so schnell wie möglich zum Gericht zu gehen. Da ihnen der Zutritt zum Gerichtssaal verwehrt ist, haben sich Rigzin Dolkar und ihr Mann vor einem großen Glasfenster auf der rechten Seite des Gebäudes aufgestellt. Sie können nicht hören, was gesprochen wird, dafür aber wenigstens die kleine Schwester sehen.

Rigzin Dolkar bricht angesichts der Vorgänge im Gerichtssaal in Tränen aus: Die Personen bewegen sich lautlos aufgeregt hin und her, wie Pantomimen oder wie Marionetten im Theater. Die drei Richter sitzen hinter einem Tisch vor der Eingangstür, und die Kleine steht vor ihnen. Man sieht, wie sie sich aufregt, mit den Armen fuchtelt und die Richter beleidigt. Man kann den Zorn in ihrem abgezehrten Gesicht sehen und auch die Ohnmacht, die sie empfindet. Sie kann noch so sehr gestikulieren, sich verteidigen, sie erweckt den Eindruck, sinnlos zu kämpfen. Einen Kampf zu führen, der von vornherein verloren ist.

Als Ngawang Sangdrol den Verhandlungssaal verläßt, um zurück nach Drapchi geführt zu werden, kann ihre Schwester Rigzin Dolkar näherkommen, sie einen Augenblick lang in ihre Arme schließen und ihr die *momos**, die sie gekauft hat,

* [*mog – mog:* gefüllte Teigtaschen]

überreichen. Die Kleine weint nicht. Eine unglaubliche, fast beängstigende Kraft geht von diesem verletzten Körper aus, den die Soldaten zum Gefangenentransporter führen.

Als sie wieder im Gefängnis ist, geht sie in ihre Einzelzelle zurück. Ihre Einzelhaft ist noch nicht beendet. Sie wird sogar um einige Wochen verlängert.

Die Mädchen der Abteilung 3 drängen sich um ihre sechs Kameradinnen, die bei der Gerichtsverhandlung zugegen waren.

»Na, wie ist's gelaufen? Wird sie verurteilt?«

»Acht Jahre! Die haben ihr acht Jahre zusätzlich aufgebrummt! Es ist undenkbar, sie wird vor 2009 nicht entlassen! Die *dutang* Chungka hat den Richtern berichtet, daß sie ›Unabhängigkeit‹ gerufen habe, daß es ihr grundsätzlich an Respekt mangele und daß sie ihr Fußtritte versetzt habe. Diese Aussage war ausschlaggebend, aber sie hat alles übertrieben!«

Ja, Chungka hat tatsächlich gewonnen und stolziert von einer Zelle zur anderen.*

Als die Isolationshaft einige Wochen später zu Ende ist, ist es Pempa Bhuti höchstpersönlich, die Chefin der *dutangs*, die zu Ngawang Sangdrol kommt, um sie in ihre Zelle zu führen.

»Bist du nun stolz auf dich? Acht Jahre, nicht schlecht, oder?«**

Da wendet sich die Kleine zu ihr und entgegnet in ruhigem Tonfall:

»Ja, ich bin zufrieden! Weil ich meine Einstellung nie ändern werde. Nie werde ich meinen Kampf für die Unabhängigkeit Tibets aufgeben. Ich werde weiterhin kämpfen, sogar hier in Drapchi, bis in den Tod, wenn's sein muß!«

* Die Strafe von Phuntsok Pema, der anderen politischen Gefangenen, die an jenem Tag vor Gericht stand, wurde um fünf Jahre verlängert. Nach ihrer Rückkehr nach Drapchi mußte diese Nonne aus dem Kloster Michungri für mehrere Wochen in Einzelhaft gehen.

** Diese Szene wurde uns von einer ehemaligen Gefangenen der Abteilung 3 berichtet, die diesen Wortwechsel unmittelbar erlebt hat.

18

Von der »Kleinen« zur »Tibeterin« (1997)

Dr. Chontso ist eine sanfte, überaus liebenswürdige Frau. Als sie gekommen ist, um im Laufe des Jahres 1996 einige Mädchen der Abteilung 3 abzuhorchen, hat ihr die Gesundheit von Ngawang Sangdrol Sorgen gemacht. Anfälliger denn je, litt sie an Migräne, an Nierenschmerzen, an Leber- und Galleninsuffizienz; sie hat unter anderem einen Schatten auf der Lunge, was eine Lungenentzündung befürchten lassen könnte. Die sechs Monate, die sie in einer dunklen und feuchten Einzelzelle verbracht hat, wobei sie sich mit einer ebenso kargen wie ekelerregenden Nahrung begnügen mußte, haben ihren Zustand verschärft. Nicht zu vergessen: die mutmaßlichen Mißhandlungen, die sie während dieser Isolationszeit erleiden mußte.

Der rasche Befund von Dr. Chontso hat nichts bewirkt: Ngawang Sangdrol wurde nicht ins Krankenhaus eingeliefert. Auch durfte keine Röntgenaufnahme und keine Blutabnahme gemacht werden. Ein einziges Mal wurde ihr die Erlaubnis erteilt, wegen ihrer heftigen Kopfschmerzen ins Gefängniskrankenhaus zu gehen. Aber als sie sich bei der Aufnahme anmeldete, bemerkte der Pförtner vom Dienst, daß sich ihr Vater, Namgyal Tashi, den sie seit einem Jahr nicht mehr gesehen hatte, ebenfalls in der Klinik befand, was nun ein Sicherheitsproblem darstellte. Die Kleine mußte also in ihre Zelle zurück, ohne behandelt worden zu sein.

Im allgemeinen ist der Gesundheitszustand der Kleinen den *dutangs* völlig gleichgültig. Wenn sie um ärztliche Behandlung bittet, selbst wenn es sich lediglich um einen Besuch im Krankenzimmer handelte, schnauzen sie die *dutangs* sofort an:

»Warum sollte man sich denn um dich kümmern, wenn du nicht aufhörst, uns ständig zu provozieren und für Krawall zu sorgen?«

Hin und wieder versucht ihre Schwester Rigzin Dolkar ihr Medikamente zu schicken. Leider kommen diese Päckchen nicht immer an, denn die Wärter bedienen sich, wo sie nur können. Eine Gefangene muß sich schon in einem alarmierenden Zustand befinden, damit die Gefängnisbehörden geruhen, sie behandeln zu lassen. So wurden 1995 mehrere Ärzte in die Abteilung gerufen, weil viele Mädchen über Übelkeit und Bauchschmerzen klagten. Die Ärzte fanden bald heraus, daß die Mädchen sich vergiftet hatten, als sie einen besonders gefährlichen Rauch einatmeten: Wegen des Mangels an Holz zum Beheizen der Küchenherde hatten ihnen die *dutangs* befohlen, allerlei Abfälle zu verbrennen (Gummi, Pappkartons, Plastiksäcke ...), die auf der Müllkippe von Lhasa eingesammelt worden waren.

Nur ausnahmsweise kommt es vor, daß eine Gefangene in das Krankenhaus der Hauptstadt verlegt wird. Aber die Mädchen machen sich nichts vor: Sie wissen ganz genau, daß die Verwaltung solche Genehmigungen nur im Falle des unmittelbar bevorstehenden Todes erteilt, damit sie die lästigen Kranken los wird. Außerdem wird auf diese Weise ein Todesfall im Gefängnis vermieden.

Auch die Kleine wird immer in Lebensgefahr sein – wie alle ihre Kameradinnen. Ihre Situation unterscheidet sich indessen in einer wesentlichen Hinsicht: Ihre beginnende Berühmtheit, in Tibet wie im Ausland, stellt einen gewissen Schutz dar. Einen zerbrechlichen, nicht faßbaren Schutz, aber immerhin eine Art Schutz. Die Chinesen können sich noch so gleichgültig gegenüber den protibetischen Bewegungen in der ganzen Welt geben – alles, was ihrem Ansehen schaden kann, angefangen bei Menschenrechtsfragen, macht sie in höchstem Maße nervös. Der Tod von Ngawang Sangdrol, einer Nonne, Widerstandskämpferin und Gefangenen von symbolischer Bedeutung, würde mehr Aufsehen erregen als jeder andere. In weniger als einem Jahr, zwischen März 1996 und dem Ende des ersten Halbjahres 1997, hat sich ihre Geschichte – zum mindesten in großen Zügen – tatsächlich über die protibetischen Kreise hinaus verbreitet und ein größeres Publikum erreicht. Dadurch wurde Ngawang Sangdrol nach und nach zur wichtigsten politischen Gefangenen des Schneelandes. Sie wurde als »tibetische Jeanne d'Arc« bezeichnet und hat einen gewissen Grad an internationaler Bekanntheit erlangt. Weltweit setzen sich verschiedene Organisationen für sie ein, insbesondere in Frankreich, wo das sehr rührige Komitee zur Unterstützung des tibetischen Volkes (Comité de soutien au peuple tibétain, CSPT) eine Aktion gestartet hat, die an Volksvertreter, Minister, Intellektuelle, Medien und Diplomaten appelliert. Parlamentarier aller Richtungen übernehmen die Initiative, um für Ngawang Sangdrol einzutreten und die Regierung zu ihrer Sache zu befragen. Die Presse macht ihren Fall bekannt, insbesondere *Le Monde** in einem Artikel von 12. Dezember 1996. Die Gemeinden von Yvelines (Mantes-la-Ville) und von Meurthe-et-Moselle (Homécourt) übernehmen aus der Ferne eine Patenschaft für sie. Achttausend Postkarten mit ihrem Bildnis wurden an den Präsidenten der Republik, Jacques Chirac, abgeschickt. Erwähnt sei noch das starke Engagement von Künstlerkreisen (Barbara, Véronique Sanson, Michel Jonazs, Françoise Hardy, und sogar Bruce Springsteen in den Vereinigten Staaten) sowie ein herrliches

* »La longue nuit carcérale d'une jeune nonne tibétaine« [Die lange Gefängnisnacht einer jungen tibetischen Nonne], *Le Monde* vom 12. Dezember 1996.

Lied, das Yves Duteil komponiert und treffend *La Tibétaine* betitelt hat.*

Trotz allem bleibt die Kleine in Drapchi eingesperrt; Abteilung 3, Zelle Nr. 1. Für die chinesischen Behörden bleibt Ngawang Sangdrol, Gefängnisname »Rigchö«, eine »Konterrevolutionäre« unter vielen anderen. Was hat sie Verwerfliches getan? Bomben gelegt wie die, die vor kurzem in Lhasa hochgegangen sind?** Nein. Als Buddhistin ist sie immer gewaltlos gewesen, und ihr Strafregister läßt das Ausmaß der Ungerechtigkeit erkennen, die ihr widerfahren ist:

1990. Etwa ein Jahr Gefängnisstrafe, weil sie auf die Bühne des Norbulingkha gestiegen ist und geschrieen hat: »Es lebe das freie Tibet!« Ohne Waffen und Gewalt.

1992. Verurteilung zu drei Jahren Haft, weil sie in Lhasa demonstriert hat. Ohne Waffen und Gewalt.

1993. Verurteilung zu sechs Jahren zusätzlicher Haft, weil sie im Gefängnis Widerstandslieder aufgenommen hat. Ohne Waffen und Gewalt.

1996. Verurteilung zu acht Jahren zusätzlicher Haft, weil sie gegen eine Wärterin Widerstand geleistet und ausgerufen hat: »Unabhängigkeit!« Immer noch ohne Waffen, aber diesmal hat Ngawang Sangdrol die Wärterin etwas grob behandelt.

Paradoxerweise hat diese letzte Verurteilung ihre Stellung innerhalb der Abteilung 3 gestärkt. Nicht, daß die Kleine versucht hätte, sich in den Vordergrund zu drängen. Ihre Autorität hat sich von selbst, auf natürliche Weise durchgesetzt. Trotz ihrer Jugend strahlt sie ein solches Charisma aus, daß sich die anderen, auch die älteren, oft ihrer Meinung anschlie-

* Auf der CD *Touché*, 1997.

** 1976 wurden mehrere politische Anschläge in der tibetischen Hauptstadt verübt, ohne daß man jedoch eine genaue Bilanz ziehen könnte. Wir weisen hin auf das Attentat vom 21. März gegen den Sitz der kommunistischen Partei Chinas und auf das vom 25. Dezember gegen die Geschäftsstelle der regionalen Regierung in Lhasa.

ßen. Sobald sich eine Gelegenheit, Widerstand zu leisten, ergibt (bei einer offiziellen Zeremonie, einem Besuch von Persönlichkeiten), bitten sie die Kleine um Rat: »Glaubst du, daß man etwas unternehmen müßte?« – »Meinst du, daß wir in den Hungerstreik treten sollten?« Und wenn die eine oder die andere ihrer Gefährtinnen das Glück hat, freigelassen zu werden, achtet Ngawang Sangdrol stets darauf, daß deren Abschied gefeiert wird. Sie überreichen sich *khatags*, Schals aus weißer Seide, und die Kleine kann ihre Aufregung nur mit Mühe und Not verbergen: »Paß gut auf dich auf«, schärft sie ihrer Freundin ein, »bleib eine gute Nonne, sei unserem Land treu.«

Alle Gefangenen empfinden eine tiefe Zuneigung für sie und kennen die tragische Geschichte ihrer Familie: Der Vater, eingesperrt in Abteilung 5; ihre Mutter 1995 verstorben; ihr Bruder Dschodscho seit fünf Jahren im Exil ... Die Jugendliche, die sie eines Tages im Jahr 1992 hatten ankommen sehen, hat sich unterdessen stark verändert; sie ist nunmehr eine Frau: die Tibeterin.

19
Brief an Dschodscho
(1997)

Auf dem endlosen Weg, der zur Vollkommenheit des *nirvāṇa* führt, muß man nach der Lehre der Buddhisten den *saṃsāra*, den Ozean des Leidens durchqueren. Dieser Ozean scheint bisweilen derart weit und tief, daß sich ein mehr oder weniger rational eingestellter Beobachter nur mit Mühe vorstellen kann, das andere Ufer zu erreichen. Für die jungen Nonnen aus der Abteilung 3, stellt das Gefängnis Drapchi allein schon einen Ozean, eine Unermeßlichkeit im »Kreislauf des Lebens« dar. Die Gefangenen haben kaum noch Ähnlichkeit mit den Nonnen, die sie einst waren, schön anzusehen in ihren Gewändern in leuchtenden Farben. Mit ihrer Männerhose, ihrer blauen Jacke und ihren langen Haaren sieht die kleine Ngawang Sangdrol vielmehr wie ein Sträfling aus, der auf einer menschenleeren Insel vergessen wurde. Und dennoch erlebt sie – in Erwartung einer kaum möglichen »körperlichen Befreiung« – diese Schicksalsprüfung stets wie eine notwendige Etappe auf dem Weg ihres Volkes zum Glück. Die einzige Art und Weise, diesem Leid zu entrinnen, bleibt das Gebet.

Wenn die politischen Gefangenen sich in ihre Welt der Anrufungen versenken, kann sie nichts mehr stören. Mit halb geschlossenen Augen murmeln sie unermüdlich das Mantra (den heiligen Spruch) des Mitgefühls, »*Oṃ maṇi padme hūṃ*«, das man etwa mit: »Heil dir, o Juwel in der Lotosblüte« übersetzen könnte; wobei mit »Juwel« auch der Dalai Lama gemeint ist. Sie flehen auch die Gottheiten des tibetischen Pantheons an, vor allem Tārā, die Vollkommenheit der Weisheit und ewige Schutzherrin des Schneelandes.

Selbstverständlich sind diese Gebete verboten. Die Religion, den chinesischen Kommunisten zufolge »Gift für den Geist«, hat in Drapchi kein Heimatrecht. Einige Wärterinnen geben sich nachgiebiger als andere und erlauben den Mädchen zu beten, unter der Bedingung, es möglichst unauffällig zu tun. Die Kleine und ihre Kameradinnen haben eine ganze Reihe von Texten in Schulhefte abgeschrieben, die aussehen wie die im Propagandaunterricht benutzten. Würde eine *dutang* eins dieser Hefte entdecken, ohne es zu öffnen, könnte sie es tatsächlich für ein übliches Schulheft halten. Aus Vorsicht verstecken die Gefangenen diese Hefte an einem sicheren Ort.

Dieses System funktioniert einwandfrei bis zu jenem Tag, an dem die *dutangs* kommen, um die Zellen zu durchsuchen. Dabei entdecken sie die kostbaren Hefte. Die Überwachung wird daraufhin verstärkt, ohne jedoch die Mädchen davon abbringen zu können, leise zu beten. Die Kleine bleibt trotz ihrer militanten Haltung in erster Linie eine Nonne. Ihr ganzes Handeln, jede ihrer Schriften ist ebenso von Glauben wie von politischer Überzeugung durchdrungen. Ihre Kameradinnen, die Tag für Tag mit ihr zusammenkommen, sind sich dessen bewußt, aber die Familie der Kleinen kann wegen der langen Trennung die Kraft ihrer Entschlossenheit nicht richtig einschätzen. Tatsächlich konnte sie ihrem Vater nach dem großen Wiedersehen nur noch ein einziges Mal sehen.* Ihre

* Nach unseren Informationen konnten sich Ngawang Sangdrol und ihr Vater zwischen 1992 und 1999 nur zwei Mal begegnen. Selbst wenn es möglich ist, daß unsere Gewährsleute von anderen (offiziellen oder heimlichen) Begegnungen nichts wußten, lassen der Aktivismus und die wiederholten Verurteilungen der jungen Frau darauf schließen, daß ihr während langer Zeiträume Besuche und Begegnungen verboten wurden.

Schwester Rigzin Dolkar besucht sie so oft wie möglich, jeweils am 15. des Monats, aber auch sie kann sich nicht vorstellen, in welchem Maße die Kleine seit dem »Aufstand« von 1996 eine zusätzliche Tiefe erlangt hat.

Dschodscho lebt mittlerweile schon seit sechs Jahren im Exil in Indien. Seit sechs Jahren schickt er Briefe nach Tibet, ohne zu wissen, ob sie hinter den Mauern von Drapchi ankommen oder nicht, ob sie seine Schwester erreichen, an die er immerzu denkt. Ngawang Sangdrol wird bis zu einem Morgen im Jahre 1997 warten müssen, bis sie einen dieser Briefe endlich erhält. Er ist vom 20. Januar 1996.

Zweifellos waren glückliche Umstände nötig, damit der Brief die Adressatin erreicht, denn normalerweise dürfen die Häftlinge keine Briefe erhalten und keine absenden, es sei denn, es handelt sich um Texte, die von den Verantwortlichen des Gefängnisses für harmlos gehalten werden. Um zu vermeiden, daß »subversive« Briefe der Kontrolle entgehen, werden die Besucher streng durchsucht; die Wärterinnen gehen sogar soweit, die Haarknoten der Frauen zu prüfen, um sicherzugehen, daß sie keine geheime Botschaft verbergen!

Ihr Bruder macht sich Sorgen um sie, rät ihr, ruhig zu bleiben, kein Risiko einzugehen, die Gefängnisbehörden nicht zu provozieren; kurz, sie solle eine vorbildliche Gefangene sein. Außer sich vor Wut zerknüllt sie den Brief und wirft ihn auf den Boden:

»Sie haben nichts begriffen! Sie haben nichts begriffen!« ruft sie und meint dabei Dschodscho und die anderen Familienmitglieder im Exil.

In ihren Augen bedeuten die Ratschläge ihres Bruder einen Verrat an der Ehre der Familie.

So ist das also, man bittet sie, Vernunft anzunehmen, sich vor den Chinesen niederzuwerfen, ihre eigenen Überzeugungen aufzugeben! Haben sie die Lehren ihres Vaters bereits vergessen, die Pflicht, *niemals* aufzuhören, die Traditionen Tibets zu verteidigen? Die zutiefst verletzte Kleine zieht sich in ihre Zelle zurück.

Am 15. August 1997 beschließt sie, Dschodscho, und durch ihn der ganzen Familie, zu antworten. Sie wird den Brief hinausschmuggeln lassen, denn, auch wenn die Überwachung verschärft wurde, fehlt es in Drapchi nicht an zuverlässigen Mittelspersonen, die die Verbindung zur Außenwelt aufrechterhalten. Einige Monate später erreicht der kostbare Brief schließlich Indien.

Es ist ein tibetischer Text in einer vollendeten Handschrift, der beim ersten Lesen, wenigstens einem westlichen Beobachter, schwer verständlich ist, da sich die Kleine, sowohl aus religiöser Überzeugung als auch aus Gründen der Sicherheit, einer sehr bildhaften, an frommen Anspielungen reichen Sprache bedient. Sie schreibt:

*»Lieber Jamphel Tenzin, Nachfolger des Buddha Śākyamuni, der über alle Lebewesen wie über seine eigenen Söhne wacht,**

*Ich denke viel an Sie. Es sind Jahre vergangenen, seitdem wir uns nicht mehr gesehen haben. Glücklicherweise sind Sie frei von gesundheitlichen Sorgen geblieben und Sie haben ernsthaft die Lehre des Kostbaren Juwels*** *studiert, das allen Lebewesen zugute kommt. Dafür bin ich Ihnen sehr dankbar. Ich selbst überlebe hier dank dem Segen unseres Dreifachen Juwels**** *und führe, so gut ich kann, tugendhafte Taten aus, indem ich hart arbeite. Deshalb braucht sich keiner von Ihnen Sorgen um mich zu machen, und ich ermutige Sie, ihre Arbeit für alle Lebewesen und für den Wohlstand des Schneelandes fortzusetzen.*

* Jamphel Tenzin (Dschodscho) ist also Mönch, für seine Schwester ein Nachfolger des Buddha.

** Die Lehre des Buddha.

*** Der Buddha, der Dharma und der Saṅgha.

Etwas Wichtiges wäre noch zu sagen: Sie erwähnten, daß Sie mir früher mehrere Briefe zugeschickt haben. Ich bin betrübt, denn auf Grund meiner gegenwärtigen Lage ist mir kein einziger zugegangen. Jetzt habe ich Ihren Brief vom 20. Januar 1996 erhalten, aber vor diesem Brief habe ich keinen von Ihnen, Brüdern und Schwestern, bekommen. Als ich Ihren Brief erhielt, war mir, als wären wir für einen Augenblick wieder zusammen. Mein Herz ist mit Freude und Schmerz zugleich erfüllt, und das macht mich im Augenblick sprachlos. Die Ratschläge, die Sie mir geben, sind klug, aber ich habe keinen Bedarf. Glauben Sie aber ja nicht, daß ich darüber ärgerlich bin. Es gibt wichtige Dinge, die ich Ihnen sagen möchte, aber ich habe kaum Zeit, es zu tun. Ich hoffe dennoch, daß Sie meinen Geisteszustand verstehen werden.

Selbstverständlich gibt es hier zahllose Umstände, die mich dazu bringen könnten, meine Gelübde zu brechen, aber ich konnte sehr viel mehr tugendhafte Werke als früher vollbringen, dank der Hilfe, die mir meine Gefährtinnen, die politischen Gefangenen, leisteten und auch ganz besonders dank dem Segen unseres Herrn des Schneelandes. So bedauere ich meine gegenwärtige Lage keinesfalls. Ich bitte Sie, mein Bruder, glauben Sie nicht, daß ich Ihre Wünsche für mich verschmähe. Alle Lebewesen der Welt sehnen sich nach Glück und brauchen es auch, aber ich bin jetzt von jeder Form von Glück sehr weit entfernt, wegen meines Karma, das sich in meinem gegenwärtigen Leben vollständig erfüllt. Ich bin Ihnen dennoch sehr dankbar für Ihre Ratschläge und denke daran, wie schwierig es ist, als Mensch geboren zu werden – und noch schwieriger ist es, Zugang zur Lehre des Buddha in einem kostbaren menschlichen Leib zu finden.

Ich vermisse Sie außerordentlich, Brüder und Schwestern, aber es fällt uns schwer, uns zu sehen, solange die Sonne nicht über dem Schneeland aufgeht. Bis dahin, wenn wir keinem größeren Hindernis begegnen und wenn wir noch alle am Leben sind, werden wir uns eines Tages gewiß wiedersehen können. Beiliegend schicke ich Ihnen eine kleine Börse als Andenken von mir, darin können Sie heilige Reliquien oder geweihte Pillen** aufbewahren. Ich bitte Sie, schreiben Sie mir, sobald sie sie bekommen, und ich werde Ihnen künftig andere Andenken zusenden. Ich bitte Sie, passen Sie gut auf sich auf, bis wir uns wiedersehen, und schreiben Sie mir oft, unaufhörlich wie das Wasser eines Flusses, das ohne Unterlaß fließt. Ich hoffe, daß die Blume der Erinnerung*** Sie unbeschadet erreicht.*

Von Ihrer jungen Schwester, Ngawang Sangdrol.«

* Es handelt sich um eine kleine Unterarmtasche aus Stoff.

** [*ril-bu*]

*** Bei den Tibetern ist es Brauch, den Briefen eine Blume beizulegen, die gute Gedanken überbringt.

20

Die Toiletten

(1997)

Alles ist in Drapchi nur Schein und Lüge. Die Verwaltung ist stolz auf die Erweiterungsarbeiten und auf die Errichtung eines Zementwerks, in dem einige Häftlinge arbeiten. Überhaupt wird die Strafvollzugsanstalt als vorbildlich dargestellt. Die lokale Presse, Peking völlig ergeben, wagt sogar zu behaupten, daß die Gefangenen gut behandelt werden. Diese Propaganda zielt vor allem darauf ab, den belastenden Aussagen ehemaliger Häftlinge, die nach Indien geflohen sind, entgegenzuwirken und mögliche Besucher zu beruhigen. Es kommt tatsächlich vor, daß ausländische Beobachter hier empfangen werden, vor allem damit sich diese aus eigener Anschauung ein Bild von den Haftbedingungen machen können.* Selbstverständlich haben sie nicht zu allen Einrichtungen Zugang. Die Behörden hüten sich davor, ihnen die Einzelzellen oder die Verhörzimmer zu öffnen. So selten sie auch vorkommen mögen, diese Besuche werden auf das Sorgfältigste vorbereitet, so sehr fürchtet die Verwaltung die politischen Gefangenen und deren Bereitschaft, diese Hölle anzuprangern. 1992, noch vor der Inhaftierung der Kleinen, hatten einige politische Gefangene einen solchen Besuch genutzt, um

* Ende 1997 wurde die Gesamtzahl der politischen Gefangenen in Tibet auf 1216 Personen geschätzt, davon 295 Frauen und 39 Minderjährige (Quelle: *Tibetan Center for Human Rights and Democracy*).

der betreffenden Delegation eine mit ihrem Blut unterzeichnete Bittschrift zukommen zu lassen. Anläßlich des Besuches einer weiteren Gruppe von Beobachtern wird den Mädchen befohlen, ihre Abteilung und das ganze Gefängnis zu putzen. Anschließend werden sie im Gänsemarsch von Wärtern zu den Gewächshäusern geführt, wo sie unter strenger Bewachung mehrere Stunden lang arbeiten müssen. Nur die als fügsamer geltenden Strafgefangenen sind in den Zellen zurückgeblieben. Die politischen Gefangenen konnten den ausländischen Besuchern also gar nicht begegnen.

Die Abteilung 3 sieht recht ordentlich aus, wenn ihre wichtigsten Insassinnen nicht anwesend sind: Zellen mit weiß gestrichenen Wänden, ziemlich bequeme Betten (Decken, Laken, Kissen), ein großer Hof, ein Blumenbeet, ein Fernsehraum, Pingpongtische und sogar Duschen mit Warm- und Kaltwasser. Der einzige große Nachteil ist, daß die Gefangenen sie nicht benutzen dürfen. Um sich das Gesicht oder ihre langen Haare zu waschen, müssen sie sich mit den Wasserhähnen im Hof begnügen. Unter diesen Bedingungen wird die körperliche Hygiene zum täglichen Kampf gegen den Verlust der Würde.

Sogar der einfache Gang zur Toilette kann zu einer Demütigung werden: Zunächst müssen die Mädchen eine Wärterin um Erlaubnis bitten. Wenn diese einverstanden ist, was durchaus nicht selbstverständlich ist, müssen sich mehrere Mädchen zur gleichen Zeit zur Toilette begeben. Wenn sie dort ankommen, verteilen sie sich auf die drei Hock-WCs, die zwar mit Trennwänden abgeteilt sind, aber keine Tür haben. Die Wärterinnen, die sie ohne jede Scham beobachten, rufen sie zur Ordnung, wenn sie zu lange brauchen. Ob sie krank sind oder nicht, es muß schnell gehen, immer schneller.

Am Abend, bei der letzten Toilettenpause vor dem Schlafengehen, wird dieses Ritual zum Wettlauf mit der Zeit. Zelle für Zelle rennen die Gefangenen zu den Toiletten. Und dort ist ihre Zeit noch knapper bemessen als tagsüber. Die letzten der Gruppe müssen für eine mögliche Verspätung ihrer Kameradinnen büßen. Zur Strafe werden sie von den *dutangs* in den Durchgangsraum, der den Trakt der »Alten« von dem der »Neuen« trennt, gesperrt. Ein eiskalter Ort, durch den der Wind ungehindert pfeift.

Eines Tages im November des Jahres 1997, pünktlich zur abendlichen Pinkelzeit, gehen Ngawang Sangdrol und ihre Kameradinnen wie gewöhnlich zu den Toiletten. Doch einige von ihnen, die wegen der Kälte, der ungesunden Ernährung oder wegen eines Virus unpäßlich sind, brauchen nach dem Empfinden der Wärterinnen etwas zu lange. Die letzte aus der Gruppe, Namdol Lhomo, kann noch so sehr über Bauchschmerzen klagen: Pempa Bhuti, verbissener denn je, sperrt sie in den Durchgangsraum ein.

Selbstverständlich könnte sich die junge Frau entschuldigen, die Chefin der *dutangs* um Gnade anflehen, und diese würde ihr wahrscheinlich einige Minuten zusätzlich gewähren, da sich die Mädchen aber geschworen hatten, niemanden, und vor allem Pempa Bhuti nicht, um Vergebung zu bitten, hält sich Namdol Lhomo an dieses Abkommen. Die sieben anderen Mädchen beschließen, aus Solidarität bei ihr in dem zugigen Durchgangsraum zu bleiben.

»Wir gehen nur dann in die Zelle zurück, wenn sie mitkommt«, ruft die Kleine aus. »Solange rühren wir uns nicht von der Stelle!«

Längst ist die Nacht hereingebrochen. Es wird immer kälter. Zu dieser Jahreszeit erinnert jeder Abend daran, daß Tibet in durchschnittlich 4300 Metern Höhe liegt und daß die Winter stets strenger sind als irgendwo sonst in Zentralasien. Die Mädchen sitzen auf dem nackten Boden, schmiegen sich aneinander, um den Wind auszuhalten, und hören nicht auf zu reden. Über die Wärterinnen, über die politische Aktion … Aber keinesfalls über die Kälte. In dieser Situation kommt ihnen die Idee zu einer erneuten Protestaktion gegen ihre Haftbedingungen.

»Was ist, wenn wir ab morgen in den Hungerstreik treten?« schlägt eine von ihnen vor. »Wir werden nicht mehr arbeiten, nicht mehr essen!«

Das Vorhaben wird einhellig angenommen, und so diskutieren sie bis zwei Uhr nachts. Das läßt die Zeit schneller vergehen und wärmt sie etwas auf, wenigstens innerlich.

Um zwei Uhr kommt Pempa Bhuti zu ihnen:

»Na, seid ihr immer noch hier? Ich glaube, ihr habt Zeit gehabt nachzudenken, eure Einstellung zu ändern!«

Die acht aneinander geschmiegten Rebellinnen bleiben stumm. Die eindrucksvolle Gestalt Pempa Bhuti überragt sie in voller Größe. Die Oberaufseherin ist ihnen noch nie so riesenhaft erschienen. Wie sie sich so vor der Gruppe aufgestellt hat, sieht sie wie ein Monster in Uniform aus. Dennoch schweigen die Mädchen, weigern sich, sie anzusprechen. Pempa Bhuti faßt dieses trotzige Schweigen als Provokation auf – womit sie zweifellos nicht Unrecht hat – und versetzt ihnen Fußtritte und brüllt:

»Was seid ihr bloß für Menschen? Woraus seid ihr gemacht? Aus Metall? Aus Holz? Entschuldigt euch bei mir, und ich lasse euch gehen!«

»Auf keinen Fall werden wir Sie um Entschuldigung bitten!« erwidern die Mädchen schließlich. »Wir sind krank, und das läßt Sie völlig kalt!«

Pempa Bhuti wird klar, daß sie nachgeben muß. Es ist spät geworden. Der Zwischenfall hat lange genug gedauert.

»Gut, los … Aufstehen … Ab in die Zelle!«

Die Mädchen lassen sich nicht lange bitten. Sie sind durchgefroren und sehnen sich danach, sich in ihre Decken einzuhüllen und zu schlafen! Aber sie gehen im Zeitlupentempo, mit bewußt verlangsamtem Schritt in ihren Trakt zurück.

»Fünf Minuten habt ihr, um ins Bett zu gehen!« keift die dicke *dutang* entnervt. »Keine Minute länger! Und Sprechverbot!«

Sie teilt ein paar Schläge mit dem Knüppel aus und sperrt dann die Tür ab. Als sie wieder allein sind, beginnen die Mädchen wieder leise miteinander zu reden.

»Also, beginnen wir morgen mit dem Hungerstreik?«

Alle Blicke richten sich auf die Kleine. Wenn eine von ihnen eine Entscheidung treffen kann, dann ist sie es: die Seele und das Gedächtnis der Gruppe.

»Nein«, rät sie, »letzten Endes glaube ich nicht, daß es eine gute Idee ist. Bleiben wir diesmal ruhig. Mehrere von euch sind krank, der Zeitpunkt ist nicht günstig, um ein so großes Risiko einzugehen. Lassen wir etwas Zeit verstreichen.«

21

Die Meuterei

(1998)

Auch in Drapchi ist der 1. Mai ein Feiertag. Ein Ruhetag für die Mädchen, ein Fest für das Personal. Vor allem ist es eine Gelegenheit, einmal mehr Rotchina zu feiern, indem im zentralen Gefängnishof eine Zeremonie veranstaltet wird. Der Ort eignet sich bestens für diese Art von Versammlung: Es ist ein sehr weiter Platz, in dessen Mitte ein Mast steht, auf dem die Fahne der Volksrepublik flattert.

1998 wird die Feier des Tages der Arbeit von der Verwaltung mit großem Aufwand begangen. Außer der Mobilisierung des ganzen Personals hat sie auch die Beteiligung aller Strafgefangenen, das heißt von etwa fünfhundert Personen, angeordnet. Das betrifft auch die neu eingetroffenen politischen Häftlinge.

An die fünfzig junge Gefangene stehen bereits auf dem Platz. Die »alten« politischen Gefangenen wurden nicht zu diesen Festlichkeiten zugelassen, zweifellos wegen ihres »konterrevolutionären« Geistes, aber von ihren Fenstern aus können Ngawang Sangdrol und ihre Kameradinnen trotzdem die versammelte Menge sehen, die »Der Sozialismus ist gut« singt, ein Loblied auf den chinesischen Kommunismus.

Die Zeremonie fängt an.

Musik!

Die rote Fahne wird gehißt, kommt der Mastspitze näher, als ein junger Strafgefangener namens Katar eine Handvoll kleiner Papierzettel um sich wirft, die der Wind sofort wie

Karnevalkonfetti zerstreut. Auf diesen Zetteln steht *»Böd Rangtsen!«* – »Unabhängigkeit für Tibet!« Zwei weitere Gefangene beginnen auszurufen:

»Auf tibetischem Boden ist es nicht erlaubt, die chinesische Fahne zu hissen!«

»Lang lebe Seine Heiligkeit der Dalai Lama!«

»Unabhängigkeit für Tibet!«

»Chinesen raus aus Tibet!«

Drei, zehn … hundert Gefangene wiederholen die Parolen! Die Menge tobt wie 1989, auf dem Höhepunkt des Aufstands von Lhasa. Ihr Geschrei ertönt in ganz Drapchi, ist bis in die entferntesten Einzelzellen zu hören.

Vor den Augen Ngawang Sangdrols und ihrer Freundinnen, die sich immer noch ans Fenster drängen, ist der große Platz zu einem Schlachtfeld geworden. Häftlinge und Wärter geraten aneinander, beschimpfen und prügeln sich. Die in Panik geratenen Soldaten beginnen, in die Menge zu schießen. Vier von ihnen schleifen bereits die Körper von zwei Häftlingen weg, die als erste die Parolen ausgerufen haben. Wie Katar, der Mann mit den Papierzetteln, sind es Strafgefangene, die des Mordes angeklagt und zu lebenslänglicher Freiheitsstrafe verurteilt wurden. Seit ihrer Ankunft im Gefängnis haben sie mit den politischen Häftlingen sympathisiert und haben sich ebenfalls am Freiheitskampf beteiligt.

Schließlich kehrt Ruhe ein. Die meisten Gefangenen wurden in die verschiedenen Abteilungen zurückgedrängt. Die etwa fünfzig neuen weiblichen Gefangenen werden erst von den Ordnungskräften besonders brutal mißhandelt, danach von Pempa Bhuti und ihren Stellvertreterinnen, die sie zwingen, vor ihren Zellen zu knien und um Vergebung zu bitten, denn sonst würden ihnen wieder Schläge drohen.

Die »alten« politischen Gefangenen sind verzweifelt. Die Mädchen sitzen in ihren Zellen fest und empfinden ein Gefühl von Ohnmacht, fast von Scham. Sie wären nicht besser mit den Soldaten fertiggeworden, aber sie hätten sich wenigstens nützlich, solidarisch gefühlt, sie hätten »gehandelt«. In ihren Zellen aber waren sie unnütz, zum Nichtstun verurteilt, einfache Zuschauerinnen der schwerwiegendsten Ereignisse, die »das Gefängnis Nr. 1 des Autonomen Gebietes Tibet« seit Jahren erlebt hat. Wie so oft in solchen Situationen findet Ngawang Sangdrol Worte des Trostes:

»Seid nicht betrübt, Freundinnen! In vier Tagen gibt es noch eine Zeremonie, den 4. Mai. Die chinesische Fahne wird wie heute gehißt. Dann werden auch wir etwas unternehmen! Auch wenn es hier, in diesen Zellen, sein muß – wir werden schon eine Möglichkeit finden zu handeln. Auch wenn wir die Fensterscheiben zerschlagen müssen, damit die uns hören!«

Die Meuterei vom 1. Mai hat sofortige Konsequenzen für alle Gefangenen. Von heute auf morgen wird das Personal sehr viel strenger und die Überwachungsmaßnahmen werden zusätzlich verschärft.

Den »alten« Gefangenen der Abteilung 3 ist das einerlei. Die Mädchen haben nur eins im Sinn: die Feierlichkeiten vom 4. Mai. Die Kleine, die ständig um Rat gefragt wird, stellt sich allerlei Szenarien vor:

»Wenn sie uns auf den Platz gehen lassen, was ich angesichts dessen, was neulich geschehen ist, kaum glaube, werden wir beginnen zu rufen, wenn die Fahne gehißt wird. Wenn sie uns zwingen, mit verschlossenen Türen hier zu bleiben, machen wir, was wir besprochen haben: Wir müssen die Scheiben einschlagen und mit aller Kraft schreien. Gebt diese Nachricht an die anderen weiter!«

Sie haben abgemacht, keinerlei Zeichen von Nervosität zu zeigen und zu arbeiten, als ob nichts wäre.

Dennoch bleibt die Spannung in Drapchi spürbar. Die neuen politischen Gefangenen, die sich in einem separaten Trakt befinden, sind so brutal verprügelt worden, daß mehrere ohnmächtig geworden sind. Etwa fünfzehn andere Mädchen, die für Anführerinnen gehalten wurden, sind in Einzelzellen gesteckt worden, was ihre Kameradinnen veranlaßt hat, in den

Hungerstreik zu treten. Ebenso alarmierende Gerüchte kommen aus der Männerabteilung: Dort sollen einige Gefangene ebenfalls in den Hungerstreik getreten sein; einer von ihnen soll an den Folgen gestorben sein. Doch die »Alten« ändern ihre Strategie nicht. »Man sollte nicht vor lauter Hast alles verderben«, sagen sie sich und gedulden sich wie geplant bis zum 4. Mai, dem »Tag der chinesischen Jugend«.

Die Gefängnisbehörden, die sich auf ihre Fähigkeit verlassen, die Ordnung aufrechtzuerhalten, haben erneut einen Teil der Gefangenen, darunter etwa sechzig Mönche, aufgefordert, an der Zeremonie auf dem großen Platz teilzunehmen. Die Leitung von Drapchi ist zweifellos der Ansicht, daß die Aufrührer es in Gegenwart zahlreicher Soldaten nicht wagen werden, rückfällig zu werden. Wie sie erwarteten, werden die Mädchen nicht zu der Feier zugelassen. Noch einmal werden sie von ihren Zellen aus das Ereignis verfolgen. »Diese Chinesen sind wirklich *kugpas*«*, denken sie, »die meinen tatsächlich, daß alle nach dem, was am 1. Mai passiert ist, Vernunft annehmen werden!«

An diesem Frühlingsmorgen haben sich ungefähr hundertfünfzig Leute um den Mast versammelt.

Die Zeremonie beginnt.

Musik!

Einige Teilnehmer stimmen die chinesische Hymne an, andere begnügen sich damit, die Lippen zu bewegen. Die rote Fahne steigt langsam den Mast hoch. Von Häftlingen und Gefängnisangestellten wird erwartet, daß sie die Brust vorwölben und militärisch salutieren, aber nur die Angestellten und die Soldaten stehen stramm. Ein Mönch aus dem Kloster Khangmar brüllt seine Wut heraus:

»Tibet ist unabhängig! China hat kein Recht, die chinesische Fahne auf unserem Boden zu hissen!«

Andere Gefangene lösen ihn ab:

* [*lkugs-pa:* Trottel]

»Es lebe das freie Tibet!«

Aus der Entfernung können die Mädchen aus der Abteilung 3 nicht alles sehen. Sie hören Geschrei, Brocken von Parolen, Schüsse, sie ahnen, daß die Armee im Begriff steht einzugreifen. Für sie ist der Augenblick gekommen, zur Tat zu schreiten, die Männer zu unterstützen. Zelle um Zelle erschallt der Aufruf:

»Es geht los! Es geht los!«

Sie stecken die Hände zwischen die Stäbe, allen voran die Kleine, und versuchen, die Glasscheiben mit Fausthieben einzuschlagen. Von außen, vom Hof aus gesehen, gleicht dieses lange eingeschossige Gebäude einem tobenden Ameisenhaufen: Die Mädchen meutern in der Enge ihrer Zellen, in einem Chaos von Schreien und zerschlagenen Glasscheiben. Blut fließt aus ihren aufgeschnittenen Handgelenken, aber sie schreien weiter, indem sie der seit Jahren angestauten Frustration, dem Tatendrang und der Verzweiflung freien Lauf lassen.

Die Soldaten stürzen sich auf die Mädchen.

Alle Zellen werden nacheinander geräumt, die Gefangenen zu Boden gestoßen, an den Haaren gezerrt und mit Stiefeltritten in den Hof getrieben. Es müssen etwa achtzig Soldaten sein, alle sind bewaffnet und im Zustand äußerster Anspannung.

Die Mädchen, die gegen die Mauer zwischen ihrem Hof und dem großen Platz der Zeremonien gestoßen werden, sind eine leichte Beute. Die Soldaten schlagen mit ihren Koppeln und mit Bambusstöcken auf sie ein.

Die Tortur wird mindestens eine Stunde dauern. Als die Soldaten aufhören, wendet sich ein Offizier an die Kleine und an eine ihrer Freundinnen:

»Ihr beiden dort, kommt her!«

Sie kommen mühsam auf die Soldaten und die *dutang* zu. Pempa Bhuti zeigt auf Ngawang Sangdrol:

»Sie ist die Anstifterin dieser Meuterei! Sie hat alles organisiert!«

Mehrere Soldaten kreisen sie ein. Sie kniet, als würde sie beten oder flehen, ihr Gesicht ist angeschwollen und blau angelaufen, die Arme mit Blutergüssen übersät. Die Männer schlagen weiter zu, auf den Kopf, in den Bauch, in die Nieren. Ihre machtlosen Freundinnen sind bei dieser Greueltat zugegen und müssen zusehen, wie sie bewußtlos zusammenbricht, eine klaffende Wunde auf dem Schädeldach. Und die Männer schlagen immer weiter zu …

Pema Dölma, eine Nonne aus Gari, stürzt sich auf sie und versucht erfolglos, sie mit ihrem Leib zu schützen. Doch die blindwütigen Soldaten stoßen sie weg und schlagen mit ihren Koppeln und mit Bambusstöcken auch auf sie ein. Später, als wären sie ihrer eigenen Rohheit gegenüber der Kleinen müde, lassen sie einen Augenblick von ihr ab, um die anderen Mädchen in der Mitte des Hofes aufzustellen und ihnen eine letzte »Strafe« zu verabreichen. Dann ordnet ein Offizier den Rückzug an.

Ngawang Sangdrol liegt noch immer im Hof, ihr kleiner Leib ist reglos, die Augen geschlossen, als wäre sie eingeschlafen. Die anderen tragen sie in ihre Zelle, legen sie auf ein Bett. Eine der wenigen Gefangenen, die noch imstande ist zu gehen, füllt eine Schüssel mit Wasser. Man muß der Kleinen helfen, zu sich zu kommen, ihr die Haare rasieren, die Wunde reinigen. Doch das Loch ist groß – drei Zentimeter Durchmesser –, der Schädelknochen freigelegt. Sollte man die *dutangs* alarmieren, die Hilfe eines Arztes anfordern? Es gibt sicherlich noch andere Verletzte in Drapchi, vielleicht sogar Tote, und sie dürfen von den Wärterinnen nichts erwarten. Sie müssen allein zurechtkommen, für die Kleine beten und einen Weg finden, die Blutung zum Stillstand zu bringen.

Sie reißen ein Stück Laken ab, machen einen Verband daraus, den sie mit Butter bestreichen und auf die Wunde legen. Endlich hört es auf zu bluten. Es wird dennoch etwas dauern, bis Ngawang Sangdrol wieder zu sich kommt. Als sie die Augen öffnet, gilt ihre erste Sorge den anderen:

»Meine Freundinnen, seid ihr verletzt?«

Die Meuterinnen befinden sich in einem desolaten Zustand. Ihre Zellen erinnern weniger an ein Gefängnis als an ein Lazarett. Diejenigen, die noch die Kraft dazu haben, gehen unermüdlich von Bett zu Bett, bringen Handtücher, Wasser und behelfsmäßiges Verbandszeug.

Die Kleine wird mehrere Tage liegenbleiben müssen, sich kaum bewegen, kaum essen oder sprechen können. Ihre Kameradinnen werden sie zur Toilette tragen müssen; und das wird wiederum für Pempa Bhutis *dutangs* Anlaß zur Freude sein, denn sie sind jederzeit bereit, die Mädchen zu erniedrigen:

»Ihr habt nur das, was ihr verdient! Wenn ihr sterben müßt, dann ist das eure Schuld, ihr habt es nicht anders gewollt!«

Außer den Wärterinnen hat sie eine Woche lang kein Angehöriger des Gefängnispersonals besucht. Auch kein Arzt, keine Krankenschwester. Die Mädchen haben das Gefühl, daß die Verantwortlichen des Gefängnisses sie ganz bewußt ihren Leiden überlassen haben, bevor sie Disziplinarmaßnahmen ergreifen. Denn es wird Sanktionen geben, daran haben sie nicht den geringsten Zweifel. Am 11. Mai läßt Pempa Bhuti und fünf andere Personen, darunter die Wärterin Chungka, die Mädchen in den Hof kommen, damit sie einzeln verhört werden können.

»Welche von euch hat angefangen, die Parolen auszurufen?« fragt jedes Mal die Chefin der *dutangs*.

Alle Nonnen geben dasselbe zur Antwort:

»Ich weiß nicht, wer damit angefangen hat.«

»Und du, was hast du geschrieen?«

»Ich habe geschrieen, es sei verboten, die chinesische Fahne auf tibetischem Boden zu hissen. Ich habe auch geschrieen: ›Es lebe das freie Tibet!‹ und ›Chinesen raus aus Tibet!‹ Ich war völlig konzentriert auf das, was ich tat, also habe ich nicht gesehen, ob die anderen geschrieen haben oder nicht.«

»Wieso, konntest du die anderen nicht hören? Ihr wart doch alle in derselben Zelle! Du machst dich über uns lustig! Du lügst! Wer ist eure Anführerin? Wer hat euch angestiftet, all das zu tun?«

»Wir haben keine Anführerin, niemand hat uns irgendetwas befohlen.«

Da diese Antworten Pempa Bhuti nicht passen, überläßt sie die junge Frau ihren Gehilfinnen. Eine hält sie an den Haaren fest, mit den Knien auf dem Boden; die anderen schlagen zu, mit Stöcken oder mit Elektroschockern. Die Wärterinnen beginnen in regelmäßigen Zeitabständen wieder und wieder von neuem und stellen unausgesetzt dieselben Fragen:

»Wer? Wer? Wer?«

Als Ngawang Sangdrol auf die sechs Folterinnen zugeht, sind die meisten ihrer Kameradinnen bereits entlassen und schleppen sich zu den Zellen, indem sie sich gegen die Mauer stützen. Sie selbst kann kaum noch gehen, so sehr leidet sie noch an den Nachwirkungen des 4. Mai. Das wissen die *dutangs* und wollen diese Schwäche ausnutzen, um ihr ein Geständnis abzuringen.

»Alle anderen haben gesagt, daß es keine Anführerin gab, daß sie aus eigenem Antrieb gehandelt haben, aber wir wissen genau, daß du alles das organisiert hast. Du warst es, nicht wahr? Sprich!«

Die Kleine findet die Kraft zu antworten. Eine Antwort als Geständnis. Oder vielmehr als Bekenntnis, als Provokation.

»Ja, es stimmt, ich habe alles organisiert! Ich bin für alles verantwortlich!«

Noch nie hat sich Ngawang Sangdrol seit 1992, dem Jahr ihrer Ankunft in Drapchi, so sehr exponiert. Man könnte meinen, daß sie so handelt, um ihren Freundinnen wiederholte Mißhandlungen zu ersparen und um zu ihrem Status als Aktivistin bis zur letzten Konsequenz zu stehen. Eine rückhaltlose, grenzenlose Hingabe an die Sache Tibets.

Noch am selben Tag wird die Kleine dermaßen mißhandelt, daß sie nicht mehr in ihr Etagenbett hochklettern kann und mehrere Tage lang im Bett einer Kameradin liegen muß. Draußen wird die Hofmauer noch lange die Spuren ihrer Qual zeigen: Blutflecken, lange rote Blutspuren und Handabdrücke.

Die chinesischen Behörden waren niemals bereit anzuerkennen, wie ernst die Ereignisse vom Frühjahr 1998 in Drapchi gewesen sind. Auf die Fragen einer Delegation von westlichen Beobachtern (Union démocratique européenne), die vom 27. bis zum 31. August desselben Jahres durch Tibet reist, hat die Geschäftsstelle des Justizministeriums in Lhasa zwar zugegeben, daß die erschrockenen Wärter Schüsse »in die Luft« abgeben mußten, um Verstärkung zu rufen, aber sie hat die – dennoch zuverlässige – Bilanz angefochten, die von den Exil-Tibetern gezogen wurde: sechs Tote, darunter Katar, der junge Mann, der am 1. Mai die Papierzettel mit der Aufschrift »Unabhängigkeit« geworfen hatte. Die meisten anderen Opfer sollen infolge von Folter verstorben sein.

Die Meutereien müssen die chinesischen Besatzer allerdings beunruhigt haben, denn die Haftbedingungen der politischen Gefangenen verschlechterten sich dramatisch:

Die Verwaltung ordnete zunächst die Verlegung von mehreren Mädchen, die als Anstifterinnen galten, in andere Zellen an. Dann hat sie noch strengere disziplinarische Regeln als zuvor vorgeschrieben. Seitdem verlassen die Mädchen ihre Zellen nie, auch nicht, um sich zu waschen oder zur Toilette zu gehen. Eimer stehen ihnen zur Verfügung, und sie müssen sich damit begnügen, auch wenn sie ihre Notdurft vor den anderen verrichten müssen. Nur einige Strafgefangene, die sich in diesem Trakt befinden, können hinausgehen und diese Eimer einmal am Tag leeren, was selbstverständlich nicht ausreicht. Die Zellen stinken dermaßen nach Urin und Fäkalien, daß die Wärter sich die Nasen zuhalten, wenn sie in die Zellen kommen. Ebenso dürfen nur die Strafgefangenen die Eimer mit dem Essen in Empfang nehmen und in den Hof gehen, um die Teller und Schalen der Mädchen abzuspülen. Da die Rationen eindeutig kleiner geworden sind, müssen einige Gefangene hungern. Auch haben sie nicht genügend Wasser zum Trinken und um sich und ihre Wäsche zu waschen.

Da die seltenen Zerstreuungen – Fernsehen, Pingpong, Federball – abgeschafft wurden, sind Ngawang Sangdrol und die »Alten« in ihren vier Wänden abgeschottet. Sie werden schärfer überwacht als in den vergangenen sechs Jahren: Überwachungskameras, die mit dem Dienstzimmer der *dutangs* verbunden sind, wurden in allen Zellen angebracht. Die Mädchen werden rund um die Uhr überwacht und sogar in der Abgeschlossenheit ihres Betonkäfigs werden ihnen drakonische Regeln auferlegt: Es ist ihnen verboten, sich weniger als ein Meter der Tür und dem Fenster zu nähern; sie müssen sich an der dem Fenster gegenüberliegenden Wand entlang aufhalten und das vor allem montags, wenn die Soldaten die rote Fahne auf dem großen Platz hissen. Mindestens zwei Wachen stehen ständig vor jeder Zellentür. Selbst wenn diese einmal unaufmerksam sein sollten, können sie sich stets auf diejenigen Strafgefangenen verlassen, die wegen ihrer Bereitschaft ausgesucht wurden, jeden Verstoß gegen die Gefängnisordnung zu melden.

Die Arbeit selbst hat sich nicht geändert. Jeden Tag bringen die Wärterinnen die Rohwolle, die die Gefangenen an Ort und Stelle reinigen und spinnen. Da sie den ganzen Tag lang auf dem Boden sitzen, leiden sie an Gliederschmerzen. Die Kleine, die noch von den Schlägen gezeichnet ist, klagt häufig über Nierenschmerzen, aber wie die anderen muß sie ihre Wollequote abliefern.

Diese Verschärfung hat weder die Männerabteilung* noch den Trakt der »Neuen« verschont. Die Chinesen, die immer noch von ihrer Fähigkeit überzeugt sind, auch die Aufmüpfig-

* Einem Augenzeugen zufolge, der im Dezember 1999 von TIN (*Tibet Information Network*), einer unabhängigen Informationsagentur, die in Bezug auf die Situation in Tibet als zuverlässig gilt, befragt wurde, sollen auch den männlichen politischen Gefangenen der Abteilung 5 nach den Meutereien vom Mai 1998 neue Vorschriften auferlegt worden sein: Verbot, die Zellen ein Jahr lang zu verlassen; Pflicht, dieselben Kleider zu tragen; Beschlagnahme von Büchern, Heften, Stiften und anderen persönlichen Gegenständen einschließlich Toilettenutensilien.

sten umzuerziehen, haben sich in den Kopf gesetzt, denjenigen Gefangenen, die als »lernfähiger« gelten als die älteren Mädchen, patriotische Lieder beizubringen. Doch sie weigern sich hartnäckig, die Lieder zu singen! Der Konflikt wird sich zuspitzen und am 7. Juni 1998, einem Sonntag, mit der unerwarteten Abreise von fünf jungen Gefangenen enden,* die von den Wärtern aus dem Trakt weggebracht werden.

»Wohin bringen Sie sie?« beunruhigen sich die anderen. »Was machen Sie mit ihnen?«

»Wir bringen sie ins Krankenhaus«, antworten die Wärter.

Ins Krankenhaus? Aber Gefangene werden doch nie ins Krankenhaus gebracht, höchstens dann, wenn sie im Sterben liegen, was im Falle der fünf jungen Frauen nicht zutrifft! Am nächsten Tag, am 8. Juni 1998, informiert die Direktion von Drapchi die Kameradinnen, daß sie Selbstmord begangen haben!

Auf beiden Seiten der Abteilung 3, bei den »Neuen« ebenso wie bei den »Alten«, besteht keinerlei Zweifel daran, daß es eine Hinrichtung oder Tod unter der Folter war, was die Bilanz der Ereignisse im Frühjahr mit einem Schlag auf elf Opfer erhöht. Leider fehlt es an Beweisen, um einen Mord anzuklagen, der als kollektiver Selbstmord durch Erhängen getarnt wurde. Auch die Familien wissen nicht mehr, wie aus folgendem Brief vom Sommer 1998 hervorgeht. Ein Angehöriger eines der fünf Opfer schreibt an einen im indischen Exil lebenden Verwandten:

... Hier ist die ganze Familie und ich selbst gesund, aber wir müssen dir eine traurige Nachricht mitteilen.

Am vergangenen 1. Mai haben die politischen Gefangenen in Drapchi gegen die Chinesen demonstriert und sie haben unter anderem auch tibetische Nationalflaggen geschwenkt. Aus diesem Grunde sind am Sonntag, den 7. Juni, sechs Nonnen (Anm. d. Verf.: es

* Nach unseren Informationen handelt es sich um Tsultrim Sangmo, Lobsang Wangmo, Khondup Yonten, Tashi Lhamo und Dugpyu Palmo.

waren tatsächlich fünf) *gestorben. Das haben wir erfahren. Die Gefängnisbehörden haben behauptet, daß zwei Nonnen Selbstmord begangen haben, indem sie sich erhängt haben. Eine dieser beiden Nonnen war unsere*, die andere stammte aus Pempo Chokpo. Die Information war sehr deutlich. Die Leute sagen, daß vier weitere Nonnen Selbstmord begangen haben, indem sie ihre Schals geschluckt haben, wir wissen aber nicht, ob diese Tatsachen stimmen. Wir können uns ein solches Drama nicht vorstellen.*

Wir haben die Behörden von Drapchi gebeten, die sterblichen Überreste sehen zu dürfen, doch das ist uns verwehrt worden. Schließlich erhielten wir die Erlaubnis, von weitem einen Blick auf die Leiche zu werfen. Unsere Brüder sind hingegangen, um den Leichnam zu sehen, aber sie durften nicht näher heran, sie durften ihn weder genau betrachten noch berühren. Unsere Brüder sagen, daß sie eine rote Strangmarke am Hals gesehen haben. Die Behörden von Drapchi haben den Leichnam am 11. *Juni, um fünf Uhr morgens, aus dem Gefängnis hinausgebracht, damit er eingeäschert wird. Die Brüder haben erneut darum gebeten, die Leiche sehen zu dürfen, aber ihre Bitte ist abgelehnt worden. Wir konnten nicht einmal erfahren, wohin sie die Leiche gebracht haben. Wir waren sehr betrübt. Es wäre nutzlos und vergeblich, diese Tatsachen geheimzuhalten, und wir teilen sie dir mit. Wir bitten dich, für die Verstorbene zu beten, und wir berichten dir über alle diese Ereignisse, damit du die entsprechenden religiösen Zeremonien veranlassen kannst. Das einzige, worum ich dich bitte, sind diese Trauerrituale. Meinerseits kann ich nicht mehr, denn diese Art von Ereignissen löst immer Traurigkeit aus. Ich hoffe, daß dein offener Geist es dir ermöglichen wird, über dein Leiden hinauszugehen. Paß gut auf dich auf. Hier, in unserem Land, fehlt deinen Verwandten und allen anderen deine Weisheit, und sie können ihren Kummer nicht überwinden. Schreib ihnen, um sie zu trösten**…*

* Aus unserer Familie.

** In der Heimat, in Tibet, sind die Familien der »Selbstmörderinnen« einem starken Druck von Seiten der Polizei ausgesetzt worden. Die chinesischen Behörden haben ihnen vorgeworfen, die Informationen ins Ausland übermittelt zu haben.

Diese »Selbstmorde« wurden im Ausland allgemein angeprangert, ebenso wie die Unruhen vom 1. und vom 4. Mai. Erste Berichte darüber haben schnell Dharamsala erreicht. Die Exil-Tibeter wissen hingegen noch nichts über das Schicksal, das Ngawang Sangdrol bevorsteht, die seit ihren Geständnissen vom 11. Mai als Anführerin des Trakts der »Alten« gilt. Ihre Gerichtsverhandlung ist für Ende August oder spätestens für September angesetzt.

Es gibt keine Zeugenberichte über diese Gerichtsverhandlung. Wir konnten keine Einzelheiten über das Auftreten der Kleinen gegenüber den Richtern in Erfahrung bringen. Mehrere Zeugen haben uns hingegen ausführlich über ihre Rückkehr nach Drapchi, nach dem Prozeß, berichtet:

An dem Tag, als sie ins Gefängnis zurückkommt, begleitet sie Pempa Bhuti persönlich in ihre Zelle. Seltsamerweise zeigt sich die Chefin der *dutangs* weniger aggressiv als sonst. Eine Gefangene, die die Szene beobachtet, ist sogar darüber erstaunt, daß Pempa Bhuti mitfühlend wirkt, als wäre sie von Mitleid mit der Kleinen erfaßt.

»Du wirst dich also niemals ändern!« sagt sie ihr. »Du bleibst also stur bei deinen alten Ideen! Wenn du noch einmal vor Gericht kommst, wirst du zum Tode verurteilt werden. Schau dir die anderen an: Sie sind zu mehreren Jahren verurteilt, sie büßen ihre Strafen ab und verlassen dann das Gefängnis, das ist alles! Doch bei dir ist das anders, du bekommst immer Strafverlängerungen! Denk über all das nach, Maus! Denk nach!«

Ngawang Sangdrol hört dieser Predigt zu und erwidert seelenruhig:

»Ich will nicht und ich kann mich nicht ändern! Und selbst wenn ich sterben müßte, ich werde das, was ich getan und gedacht habe, nie bereuen.«

Die engsten Kameradinnen erwarten sie in der Zelle.

»Und?« wagt eine von ihnen zu fragen.

»Fünf Jahre«, erwidert die Kleine ohne die geringste Gefühlsregung.*

Die anderen sind verzweifelt. Sie nicht.

»Nachdem er das Strafmaß verkündet hat, hat der Richter mich gewarnt: ›Sie haben viermal vor diesem Gericht gestanden, und Sie haben drei Strafverlängerungen erhalten. Doch nun müssen Sie aufpassen, wenn Sie rückfällig werden, wird das die Todesstrafe bedeuten, denn Sie haben die Punktzahl, die von unseren Gesetzen geduldet wird, längst erreicht! Das nächste Mal werden wir keine Wahl mehr haben.‹«

Die Rechnung ist schnell gemacht: 3 + 6 + 8 + 5 = 22 Jahre. Ngawang Sangdrol weiß von nun an, daß sie vor dem Jahr 2014 Drapchi nicht verlassen wird. Sie wird erst mit fünfunddreißig Jahren entlassen werden, nachdem sie zwei Drittel ihres Lebens im Gefängnis verbracht hat! Diese Aussicht scheint sie nicht übermäßig zu betrüben. Sie bleibt sich selbst treu, geht ihren Weg, ohne sich um die Strafen zu kümmern, mit dem selben Opfersinn und diesem gleichsam selbstmörderischen Willen, die sie immer wieder dazu treiben, die chinesische Ordnung herauszufordern.

An jenem Tag kommt die berühmteste Gefangene von Lhasa, Tibeterin mit Leib und Seele, zu einem Schluß, der den anderen die Sprache verschlägt:

»Na ja, meine Freundinnen, so wie es aussieht, habe ich keine Chance, hier lebendig herauszukommen!«

* Zum mindesten vier weitere Nonnen im Alter von dreiundzwanzig bis neunundzwanzig sind an demselben Tag verurteilt worden: Chöndup Dölma (fünf Jahre zusätzlich, das heißt insgesamt elf Jahre), Jangchub Dölma (sechs Jahre, das heißt insgesamt elf Jahre), Che-Chey (drei Jahre, das heißt insgesamt acht Jahre), Chökyi Wangmo (achtzehn Monate, insgesamt sechseinhalb Jahre).

22

Das Opfer eines Lebens
(1999)

Die Kleine ist krank. Seit den Gewalttätigkeiten vom Frühjahr 1998 hat sich ihre Gesundheit verschlechtert. Ihre Leber quält sie, ihre Nieren schmerzen. Vor allem machen sie furchtbare Migräneanfällen rasend vor Schmerz. Ihre Haftkameradinnen sind machtlos, sie haben keine Medikamente, um sie zu behandeln. Sie wirft sich mit dem Kopf zwischen den Händen auf die Betten und gegen die Wände, als würde sie den Schmerz, der sie quält, austreiben können. Entkräftet fällt sie gelegentlich in eine Art Bewußtlosigkeit, in einen Dämmerzustand, bis zum nächsten Migräneanfall, bis zum nächsten Kampf.

Seit ihrer Verprügelung im Gefängnishof ist ein Jahr verstrichen. Ein Jahr, in dem sie als würdige Tochter »des Stiers« ihren Richtern, ihren Kerkermeistern, der chinesischen Unterdrückung in ihrer ganzen Maßlosigkeit die Stirn geboten hat. Doch ihr Körper hat nicht mitgehalten; er zwingt sie zur Zurückhaltung. Mit zwanzig Jahren hat Ngawang Sangdrol ein Drittel ihres Daseins hinter Gittern verbracht; das ist für diesen kindlichen Körper zu viel. Zu viele Schläge, zu viele Mißhandlungen. Zu viel Kälte, Hunger, nie behandelte Krankheiten … Nicht zu vergessen die seelische Gewalt im Gefängnisalltag: die Allgegenwart der Wärter und der Überwachungskameras; das häufige Wechseln der Zellen, um die Bildung von Gruppen zu vermeiden; die Unmöglichkeit, anders als heimlich in ihrem Bett zu beten … Das Essen ist zwar nicht so widerlich wie in der Strafvollzugsanstalt Gutsa, gehört aber zu der gleichen Methode der Zermürbung und der Erniedrigung. Die Nahrung ist derart arm an Vitaminen und Mineralien, daß die meisten Mädchen an Vitaminmangel leiden und wie die Kleine krank werden. Sie könnten freilich im Laden der Abteilung 3 einkaufen, einem kleinen Kramladen, in dem man alles und nichts findet und der von den Wärterinnen geführt wird.* Aber die Preise grenzen an Betrug. Für eine Packung gewürzter Teigwaren muß man 3,50 Yuan ausgeben, das heißt siebenmal mehr als in den Lebensmittelgeschäften von Lhasa! Da die Gefangenen nur etwas Obst und 30 Yuan im Monat bekommen dürfen – wenn die Familien überhaupt das Geld haben –, können sie sich einen solchen Luxus nicht jeden Tag leisten.

Trotz ihrer Jugend und ihrer zarten Konstitution strahlt Ngawang Sangdrol den faszinierenden Eindruck von Unangreifbarkeit aus und hat das Charisma eines Clan-Oberhauptes. Wenn eine »Alte« entlassen wird und ihr Gepäck vorbereitet, wendet sie sich im Augenblick des Abschieds immer an die Kleine. So verlassen im Frühjahr 1999 von den etwa sechzig Frauen, die damals in diesem Trakt der Abteilung 3 untergebracht sind, mehrere militante Nonnen Drapchi. Einer von ihnen flüstert Ngawang Sangdrol einfach zu:

»Meine liebe Freundin ... Man bringt uns hier eine völlig falsche Geschichte Tibets bei. Es ist wichtig, daß du die wahre Geschichte unseres Landes kennenlernst. Sobald du entlassen wirst, schneide deine Haare ab, lege wieder das Nonnenge-

* In diesem Laden, der nicht durchgehend geöffnet ist, können die Gefangenen auch Tassen, Schalen, Seife, Zahnbürsten, Klopapier kaufen ... Die Wolle – 500 Gramm kosten 7 Yuan (etwa 1 Euro) – ist doppelt so teuer wie in Lhasa. Es gab eine Zeit, als die Gefangenen auch Milchpulver, Zucker und Konservendosen kaufen konnten, aber das Angebot an Lebensmitteln scheint seit den Unruhen vom Mai 1998 eingeschränkt worden zu sein.

wand an, übe unsere Religion aus. Paß auch gut auf deine Gesundheit auf. Ich werde nur dann die Freiheit finden, wenn Tibet frei sein wird. Ich werde für immer im Gefängnis bleiben, oder ich werde vielleicht sterben. Doch ich bitte dich, mach dir um mich keine Sorgen.«

Einmal im Monat empfängt die Kleine den Besuch ihrer Schwester Rigzin Dolkar und von deren Ehemann. Diese Besuche sind kurz – höchstens fünf Minuten – und stärker überwacht denn je, doch sie ermöglichen es Ngawang Sangdrol dennoch, einige *momos* zu genießen, die ihre Schwester mitbringt, und Neuigkeiten über die Familie zu erfahren. Eine Familie, die noch immer zerrissen ist zwischen Tibet und Indien. Während die andere Schwester, die Nonne aus dem Kloster Tashichöling, sich ganz und gar dem geistigen Leben hingibt, arbeiten die Brüder der Kleinen im Exil oder gehen ihren Studien nach. Das ist bei Dschodscho der Fall, der seit nunmehr acht Jahren im Nordwesten Indiens lebt. In der Ferne ist der Kampf seiner Schwester zu seinem eigenen geworden, aber er versucht nicht, sich in den Vordergrund zu drängen, sich in ihrem Namen zu äußern, seine eigene Geschichte zu erzählen. Er hält sich stets im Hintergrund, ein Vorbild an Verschwiegenheit und Zurückhaltung, und weigert sich, öffentlich über alles zu sprechen.

Anfang Sommer 1999 kommt endlich eine gute Nachricht aus der Heimat: Namgyal Tashi ist freigelassen worden! Am 13. Juni ist er aus Drapchi entlassen worden und in die Wohnung der Familie in Thenguyenling zurückgekehrt. Er ist nur einige Tage dort geblieben, um seine ältere Tochter Rigzin Dolkar zu besuchen, und hat sich anschließend in eine Einsiedelei in der Nähe des Klosters Shubsang zurückgezogen. »Der Stier« ist sehr gealtert, das Gefängnis hat ihn gebrochen, er sehnt sich nach Gebet und Einsamkeit.

Die Kleine hätte gern vor seiner Entlassung aus Drapchi mit ihm gesprochen, aber dieses Glück wurde ihnen verwehrt.

Wenn man unseren verschiedenen Gewährsleuten glaubt, so hat sie ihn in den sieben Jahren der »Nachbarschaft« nur zwei Mal gesehen; drei Mal, wenn man die wenigen Augenblicke mitzählt, die auf beiden Seiten des Tores der Männerabteilung den Wärtern abgetrotzt wurden. Trotzdem hat seine Freilassung die Kleine erleichtert, denn sie hatte sich wegen seines Gesundheitszustandes immer mehr Sorgen gemacht und befürchtet, daß er in Haft stirbt, ohne sein Zuhause je wieder zu sehen. »Jetzt, da er fort von hier ist«, vertraut sie einer Freundin an, die gerade entlassen wird, »bin ich endlich beruhigt. Was mich angeht, so hoffe ich nicht mehr darauf, freigelassen zu werden. Ich bringe mein Leben als Opfer.«

Man muß sich fragen, ob dieses Opfer, ebenso wie das anderer Widerständlerinnen, nicht vergeblich sein muß. Gibt es die Hoffnung, daß China eines Tages auf seine Himalaya-»Kolonie« verzichtet? Hat in dem Augenblick, in dem die Tibeter in ihrem eigenen Land zu einer Minderheit werden, das Schneeland noch eine Zukunft außerhalb der Volksrepublik? Stellen die Geistlichen, Frauen und Männer, nicht letztlich nur noch eine Minderheit dar, deren Einfluß auf die Bürger schwinden wird? Ngawang Sangdrol und ihre Kameradinnen, die von der Welt abgeschnitten und in ihren Zellen eingeschlossen sind, können das Ausmaß der Veränderungen in Tibet seit ihrer Inhaftierung nicht erahnen. Aber sie wissen, daß ihr Kampf, so ungleich er auch sein mag, im Ausland manchmal auf Resonanz stößt; was zum mindesten die Herrscher in Peking verärgert und die Hoffnung auf internationalen Druck aufrechterhält.

Mehr noch als alle anderen politischen Gefangenen hat die Kleine im Laufe der Jahre und ihrer vielfachen Verurteilungen eine große Bekanntheit erreicht. In Dharamsala halten sie viele Flüchtlinge, vor allem die Geistlichen unter ihnen, für eine Symbolfigur. Bereits 1998 hat ihr der Tibetan Youth Congress (TYC), eine Organisation, die fast 15 000 junge Exil-Tibeter umfaßt, einen Sonderpreis verliehen. Alle haben ihre Beharrlichkeit, die Wirkung auf ihre Generation anerkannt. »Sie ist zu bekannt, die Chinesen werden sie nicht töten«, versichert Pema Lhundup, der Generalsekretär des TYC.* Auch im Westen feiern sie die in den Medien überaus aktiven protibetischen Organisationen weiterhin als Symbol des Widerstandes. Ihr Foto ist sogar in den Geschäften der Kosmetikkette Body Shop ausgestellt worden, um das weibliche Publikum auf ihr Schicksal aufmerksam zu machen. In Österreich, Italien, Slowenien räumen ihr die Internetseiten, die Tibet gewidmet sind, einen großen Raum ein.

Frankreich bleibt an der Spitze dieser Medienkampagne. Dank dem Komitee zur Unterstützung des tibetischen Volkes (Comité de soutien au peuple tibétain, CSPT France) und einigen Parlamentariern aller politischen Richtungen vervielfachen sich die Initiativen: Briefe an die zuständigen Minister, an den Präsidenten der Republik Jacques Chirac; Anfragen von Abgeordneten an die Regierung; Unterschriftenaktionen von Künstlern; Herausgabe einer Sonderbroschur (»Ngawang Sangdrol, Tibet in der Revolte«)... Im Dezember 1998 hat der französische Außenminister, Hubert Védrine, zum ersten Mal, schriftlich, in einem Brief an den sozialistischen Abgeordneten Yann Galut (PS) des Départements Cher an das Schicksal der jungen Frau erinnert: »Die französische Regierung ist sich über den Ernst der Lage von Ngawang Sangdrol und über die Erschütterung bewußt, die die Verlängerung ihrer Haft in Frankreich ausgelöst hat. Wir werden also weiterhin die chinesischen Behörden bei jeder von unseren bilateralen Zusammenkünften sowie bei den europäisch-chinesischen Begegnungen über die Behandlung der politischen

* Pema Lhundup, Generalsekretär des TYC und eifriger Verfechter der Sache seines Volkes, ist im August 2000 verstorben, einige Monate nachdem wir ein langes Gespräch über Ngawang Sangdrol mit ihm geführt hatten. Es war ein Mann, der einmütig geschätzt wurde, sowohl von seinen Landsleuten als auch von den ausländischen Journalisten.

Gefangenen, zu denen die junge tibetische Gefangene gehört, befragen.« Weitere Initiativen folgen: ein Theaterstück, das von deutschen Gymnasiasten inszeniert wurde (»Die unbesiegbare Nonne«); Wettbewerbe für Plädoyers für die Menschenrechte, die in verschiedenen Schulen organisiert werden; fünfhundert Postkarten mit dem Bildnis von Ngawang Sangdrol, die dem Gefängnisdirektor von Drapchi aus Frankreich zugesandt werden, usw.

Am 25. April 2000 erreichen diese Aktionen mit der Veröffentlichung eines Appells einen weiteren Höhepunkt. Dieser Aufruf wurde von zweihundertfünfzig Persönlichkeiten aus Literatur, Showgeschäft, Sport und Politik unterzeichnet. Die Unterzeichner reichen von Marie-Claire Mendès-France bis hin zum Filmemacher Costa Gavras, vom Fußballweltmeister Emmanuel Petit zum Schriftsteller Yves Simon.* Die Sängerin Véronique Sanson, die sich von Anfang an engagiert hat, schreibt: »Mit Empörung und Leidenschaft unterstütze ich die Sache von Ngawang Sangdrol, dem Opfer von unbarmherzigen Tyrannen. Wirken wir darauf hin, daß die Intoleranz und die Diktaturen schwächer werden, leider wird es sie immer geben.«

Obwohl die Informationen über den Widerstand manchmal über den Stacheldraht von Drapchi hinausgelangen, hat die Kleine vermutlich nur eine ungenaue Vorstellung von der vielfältigen Unterstützung, die ihr im Ausland zuteil wird. Ebenso wenig weiß sie zweifellos, daß ihr Schicksal die tibetische Exilregierung beschäftigt, mit dem Dalai Lama höchstpersönlich

* Sechs Monate später, am 24. Oktober 2000, sind einige dieser Unterzeichner unter der Führung der Schriftstellerin Irène Frain, des Abgeordneten Yann Galut und den Verantwortlichen des CSPT in der Botschaft Chinas in Paris erschienen, um einen Appell für Ngawang Sangdrol einzureichen und um eine Unterredung mit den chinesischen Diplomaten zu bitten. Diese haben es abgelehnt, sie zu empfangen. Fügen wir hinzu, daß der betreffende Appell auch ins Englische und ins Chinesische übersetzt worden ist.

an der Spitze. Trotzdem kommt es äußerst selten vor, daß sich der Gottkönig eines Einzelfalles annimmt. Sein doppeltes Amt als politisches und geistliches Oberhaupt fordert angemessenen Abstand und Abgeschiedenheit; die Personalisierung des politischen Kampfes gehört nicht zu seinem Stil, auch im Falle einer Heldin dieses Schlages nicht. Doch diesmal ist er von der Regel abgewichen: Unsere Bitte um ein Gespräch, die wir bei seinem privaten Sekretariat eingereicht haben, wurde angenommen. Für dieses Buch ist der Dalai Lama bereit, über Ngawang Sangdrol zu reden. Er wird uns Ende Frühjahr 2001 in seinem Amtssitz in Dharamsala empfangen.

23

»Eine außergewöhnliche Tibeterin«

(2001)

Jede Audienz beim Dalai Lama ist ein Privileg. Nicht, weil das geistige und politische Oberhaupt der Tibeter ein unzugänglicher, von den Realitäten seines Landes abgeschnittener Würdenträger wäre, sondern ganz im Gegenteil, weil er den Terminkalender eines Staatschefs hat. Wenn er nicht auf Reisen ist, um sich für die Sache seines Volkes einzusetzen und um buddhistische Unterweisungen zu geben, lebt er in Indien, in Dharamsala, in unmittelbarer Nähe seiner Landsleute im Exil. Diejenigen, die am Ende einer abenteuerlichen Reise über den Himalaya heil ankommen, träumen davon, den Dalai Lama zu sehen, ihm zu begegnen. Für manche ist es sogar das Ziel ihres Lebens, die Erfüllung einer Hoffnung. In der Regel empfängt er sie in Gruppen, stellt dem einen oder anderen Fragen, informiert sich über ihre jeweiligen Pläne. Persönliche Audienzen sind schon seltener. Der Dalai Lama ist vor allem von den internationalen Medien so sehr in Anspruch genommen, daß man mit mehreren Monaten, ja sogar einem Jahr Vorlaufzeit rechnen muß, um einen solchen Termin zu erhalten. Selbstverständlich hängt die »Wahl« der Gesprächspartner und die Dauer der Unterredung von der Wichtigkeit des Themas ab. Die Veröffentlichung eines Buches über Ngawang Sangdrol hat die Berater des Dalai Lama sofort überzeugt, denn sie sind sich der herausragenden Stellung der jungen Nonne auf dem Vorposten des Widerstandes bewußt. Dem

Dalai Lama selbst, »Seiner Heiligkeit«, wie ihn seine Landsleute nennen, ist es nicht schwergefallen, in seinem Terminkalender einen baldigen Termin für uns zu finden. Uns werden fünfundvierzig Minuten Interview unter besten Bedingungen gewährt...

Sein Palast liegt mitten in einem herrlich bewaldeten und mit Blumen geschmückten Park auf den Anhöhen von McLeod Ganj, der tibetischen Vorstadt von Dharamsala. Eigentlich ist der Begriff »Palast« übertrieben. Die verschiedenen Gebäude sind zwar von einer Mauer umgeben, aber das Anwesen hat nichts Prunkvolles, nichts Pompöses an sich. Vielmehr geht davon der Eindruck von Bescheidenheit und Abgeklärtheit aus. Nachdem man an einem Tempel (dem Tsuglhakhang) und an dem Kloster Namgyal vorbeigegangen ist, muß man sich einer Kontrolle der Personalien unterziehen und eine Sicherheitsschleuse mit Metalldetektoren passieren. Dann muß man auf der rechten Seite nur noch einige Stufen erklimmen, um in das Gebäude zu gelangen, in dem der Hausherr seine Gäste empfängt.

Der Warteraum ist mit Sitzbänken und niedrigen Tischen, auf denen einige tibetische Zeitschriften gestapelt sind, ausgestattet. An den Wänden angebrachte Glasvitrinen enthalten Medaillen, offizielle Briefe und andere Geschenke, die der Gottkönig bei seinen Aufenthalten im Westen bekommen hat.

Zwei Männer kommen zu uns in den Saal: Tenzin Geshen, der mit den Beziehungen zum Westen beauftragte Sekretär, und Tenzin Takla, der Neffe des Dalai Lama, ein sympathischer junger Mann, der sich in liebenswürdiger Weise über die Größe unseres Aufnahmegerätes lustig macht. Beide sind uns gut bekannt; sie kennen unser Interesse für die Kleine und darüber hinaus für alle politischen Gefangenen. Beide werden bei dem Gespräch anwesend sein.

Nun ist der Augenblick gekommen, in den Salon einzutreten. Es ist ein in westlichem Stil eingerichtetes, aber mit tibetischen Nippes geschmücktes Zimmer. »Seine Heiligkeit«

kommt einige Minuten später zu uns, er trägt seine traditionelle Mönchskutte. Den Sitten gemäß legen wir ihm einen *khatag* um, den Schal der Verehrung. Er lächelt. Dieser Mann ist ein geborener Charmeur, er lächelt, als wäre jede Begegnung, ob es sich um einen Unbekannten oder um einen langjährigen Freund handelt, ein Glück für ihn. Aber dieses Lächeln hindert ihn weder daran, mit einem realistischen Blick auf sein besetztes Land zu schauen, noch daran, sich um die politischen Gefangenen Sorgen zu machen.

Zunächst erkundigt er sich nach dem Zustand Namgyal Tashis. Tatsächlich wußte er nicht, daß Namgyal Tashi in früheren Zeiten hohe Ämter im Privatkloster der Dalai-Lamas innehatte. Der künftige Friedensnobelpreisträger war zu dem Zeitpunkt aber noch ein Jüngling, der von den Mühen der Verwaltung ferngehalten wurde. »Ist er noch am Leben?« fragt er uns. Glücklicherweise ist er es, aber seine Gesundheit hat sich seit der Entlassung aus dem Gefängnis, im Frühjahr 1999, verschlechtert. Anderthalb Jahre später mußte er am 9. Januar 2001 ins Militärkrankenhaus von Lhasa eingeliefert werden, weil er offenbar an einer schweren Niereninsuffizienz, an Wasserverhaltung und an Bluthochdruck litt. Einige Wochen später ist er dennoch wieder zu Kräften gekommen und konnte am 27. Januar das Krankenhaus verlassen, um von neuem ein Leben in Askese zu führen. Da sein politischer Kampf nun zu Ende ist, hat er ihn an seine Kinder weitergegeben, vor allem an seine Tochter. Der Dalai Lama erblickt in dieser Weitergabe der Liebe zur Heimat ein Vorbild an Patriotismus: »Es ist natürlich«, versichert er uns, »daß die Eltern diese Liebe an ihre Kinder weitergeben, und das wird weitergehen, bis wir unsere Rechte wiedererlangt haben. Die Tibeter, die die Ereignisse von 1951* und der folgenden Jahre

* Wenn der Dalai Lama an »die Ereignisse von 1951« erinnert, so bezieht er sich insbesondere auf den Einmarsch der chinesischen Armee in Lhasa.

erlitten haben, diejenigen, die gegen die ersten chinesischen Soldaten gekämpft haben, sind alle tot. Die nächste Generation, vom Anfang der sechziger Jahre, hat eine andere Krise durchgemacht und beginnt jetzt auch zu verschwinden. Die Jungen führen den Kampf mit sehr stark ausgeprägtem tibetischem Patriotismus weiter. Stärker noch als der ihrer Eltern! Manchmal haben die Alten so sehr unter dem Joch der Chinesen gelitten, so viele Grausamkeiten ertragen, daß sie Angst haben und zögern, sich in neue Aktionen zu stürzen. Es kommt also vor, daß die Jungen mutiger sind. Einige von ihnen, die nicht einmal unsere eigene Sprache sprechen und die in China mit chinesischen Studenten aufgewachsen sind, können sehr patriotisch sein ...«

Die Kleine aber ist in Lhasa aufgewachsen, und der Dalai Lama ist der Ansicht, daß sie »ohne jeden Zweifel« ein »Symbol für die Sache Tibets«, ja sogar eine »außergewöhnliche Tibeterin« ist. Wie wir bereits betonten, kommt es sehr selten vor, daß der Gottkönig sich lange mit einem Einzelfall befaßt. Diese Zurückhaltung ist Folge eines moralischen Gebotes. Es ist bei den Tibetern nicht üblich, den einzelnen in den Vordergrund zu stellen. Seine Heiligkeit möchte die Kleine nicht Repressalien aussetzen, indem er ihrem Fall zu große Bedeutung beimißt. »Es ist wichtig, daß sie wegen dieses Buches nicht zu leiden hat«, vertraut er uns an. Dann erklären wir ihm unsere Vorgehensweise und die Vorsichtsmaßnahmen, die wir treffen, um die Anonymität zahlreicher Tibeter zu wahren. Was die Kleine selbst betrifft und in Anbetracht ihrer Persönlichkeit und der Art ihres Kampfes, sind wir der Überzeugung, daß dieses Buch durchaus ihrem innigsten Wunsch entspricht: Die gegenwärtigen Zustände in Tibet anzuprangern.

Außer der unvergleichlichen Ngawang Sangdrol sind es tatsächlich alle tibetischen Frauen im Widerstand, alle Unbeugsamen von Drapchi, denen der Dalai Lama die Ehre erweisen will:

»Ich bewundere sie! Ich bewundere ihre Entschlossenheit,

ihre Willenskraft! Diese Jungen sind großartig! Aber ich bin nicht überrascht, daß sie demonstrieren, wie sie es in Lhasa getan haben.«

»Einige sind sogar bereit zu sterben. Woher kommt ihre Kraft?«

»Es ist eine Verbindung zwischen ihrem Kampf für unser Volk und ihrer Pflicht gegenüber dem Buddha-Dharma*. Anders ausgedrückt, es zeugt von Patriotismus und von buddhistischem Glauben zugleich. Die Freiheit Tibets hängt mit dem Buddha-Dharma eng zusammen. Ohne diese Freiheit kann der Buddha-Dharma nicht überleben. Mein eigener Kampf ist übrigens dem Überleben des tibetischen Volkes und des Buddha-Dharma gewidmet. Ich möchte ganz deutlich sagen, daß diese Art von Kampf nichts zu tun hat mit einem Parteiensystem, das auf Macht oder auf irgendeiner Ideologie beruht.«

Trotz allem stehen wir vor dem unergründlichen Rätsel dieser jungen Frauen: Wie können sie so viel Leid ertragen? Wir weisen den Dalai Lama darauf hin, daß die Kleine – ebenso wie diejenigen ihrer Freundinnen, die uns über den Horror von Drapchi bereitwillig berichtet haben – insgeheim in ihrer Zelle betet und daß sie auf ihn, den Dalai Lama, in einem Brief an ihren Bruder Dschodscho Bezug genommen hat. Andere Überlebende der Gefängnisse von Lhasa teilen uns im Vertrauen mit, daß sie die Folter nur dadurch ertragen konnten, daß sie an ihn dachten, ihn sozusagen an ihrer Seite visualisierten. Der Gottkönig ist von diesen Bemerkungen sichtlich ergriffen. Er schweigt einen Augenblick. Anschließend kommt er auf den Glauben zu sprechen und erläutert:

»In der Gefühlswelt hat die Angst eine negative Wirkung. Im Gegensatz dazu haben Glaube, Mitgefühl und Hingabe eine

* *Buddha-Dharma* könnte mit »die (mündliche) Lehre des Buddha« übersetzt werden.

positive Wirkung auf den Geist. Ich vermute, daß diese Eigenschaften Ngawang Sangdrol und ihren Gefährtinnen Kraft geben, denn ihr Ziel ist das Überleben eines sehr alten Volkes und seines einzigartigen Kulturerbes. Ein Volk und ein Kulturerbe, das nicht nur den Tibetern selbst, sondern auch anderen Völkern, einschließlich der Chinesen, zugute kommt. Dafür opfern sich die jungen Nonnen auf. Wir Tibeter bewundern ihre Entschlossenheit. Selbstverständlich bin ich traurig, wenn sehr junge Leute derart leiden und wenn ihr Leben erschüttert wird. Aber wir bewundern ihren Willen. Da unser Kampf gerecht ist, wird er Generation für Generation weitergehen. Mehr und mehr Menschen, insbesondere Chinesen, werden diesen Mut nach seinem wahren Wert schätzen lernen.«

»Stellen deshalb persönliche Aktionen wie die von Ngawang Sangdrol einen wirksamen Beitrag zu Ihrer Sache dar?«

»Selbstverständlich, auch wenn das endgültige Ziel noch nicht erreicht ist! Das braucht Zeit, das ist nicht einfach. Man muß viele individuelle Aktionen durchführen, um unser Ziel zu erreichen. Es ist unvorstellbar, daß es einer einzigen Person gelingen könnte. Doch es wäre falsch zu sagen, daß ihre Tat ohne Wirkung und Wert sei. Dieser Kampf ist der Kampf des ganzen tibetischen Volkes, einschließlich derjenigen, die außerhalb Tibets leben. Alle unsere Bemühungen zielen auf dieses eine gemeinsame Ziel. Wissen Sie, unsere derzeitige Lage unterscheidet sich erheblich von der in den sechziger und siebziger Jahren. Damals waren nur sehr wenige über das informiert, was bei uns geschah, und keine Regierung, kein Parlament brachte diese Frage bei den Chinesen zur Sprache. Heutzutage sind fast alle europäischen Länder informiert. Viele Regierungen, darunter auch die Frankreichs, interessieren sich für Tibet. Selbst in China hat sich einiges geändert: Immer mehr Chinesen, unter den Studenten, Schriftstellern, Künstlern, stehen unserem Land und seiner Kultur aufgeschlossener gegenüber. Chinesische Touristen kommen in immer größerer Zahl nach Tibet. Ich meine nicht diejenigen, die zur Arbeit, aus wirtschaftlichen Gründen kommen, sondern richtige Touristen. Viele von ihnen bringen dem tibetischen Buddhismus eine aufrichtige Verehrung entgegen. Auch gibt es immer mehr Chinesen, die die Politik ihrer Regierung kritisieren. Die positive Entwicklung ist das Ergebnis unserer Anstrengungen. Seit dreißig Jahren organisieren zahlreiche Tibeter aus Tibet mit äußerster Entschlossenheit Demonstrationen, obwohl sie ihr Leben aufs Spiel setzen, wie Ngawang Sangdrol es getan hat und es weiterhin tut. Das sind also bedeutsame Beiträge zu unserer Sache.«

Als sich das Gespräch dem Ende neigt, äußert der Dalai Lama den Wunsch, auf das gegenwärtige Tibet zurückzukommen, auf das Land, das Namgyal Tashi bei seiner Entlassung aus Drapchi im Juni 1999 zweifellos als sehr verändert empfunden haben muß. Nach Ansicht des Gottkönigs ist China im Irrtum, wenn es sich weiterhin mit Gewalt durchsetzen will. Seiner Ansicht nach sind alle – politische, gesellschaftliche, wirtschaftliche – Voraussetzungen für einen Aufstand gegeben, der mit dem am Ende der achtziger Jahre vergleichbar ist: »Die gegenwärtige Politik der Chinesen in Tibet wird Schwierigkeiten verursachen, die Samen für künftige Unruhen säen, das steht fest. Die Chinesen glauben, daß Repression und Unterdrückung die Stabilität und die Einheit sichern können, doch das trifft nicht zu, das ist zu kurzfristig gedacht. Je mehr Unterdrückung es gibt, desto mehr Unmut wird entstehen. Zur Zeit werden sie [die in Tibet lebenden Tibeter, d. Verf.] durch die chinesische Repression in Schranken gehalten, wie in der Zeit vor 1988.«

Soll das heißen, daß die Befreiung des Landes oder vielmehr das »Recht auf Selbstbestimmung«, um einen Ausdruck zu benutzen, der unserem Gastgeber teuer ist, nur mit Gewalt durchgesetzt werden kann? Nun sind wir mitten in der Grundsatzdebatte, die die tibetische Gesellschaft teilweise spaltet: in Befürworter und Gegner von Formen des Kampfes, die radikaler sind als die friedlichen Demonstrationen. Sowohl im Lande selbst als auch im Ausland werfen einige Tibeter der Exilregierung vor – also dem Dalai Lama –, daß sie in buddhistischen Grundsätzen verhaftet bleibt, und dies ausgerechnet zu dem Zeitpunkt, in dem die Verteidigung ihrer Sache vielleicht eine »handfestere« Verteidigung erfordern würde. In dieser Hinsicht bleibt der Friedensnobelpreisträger freilich standhaft in seiner Rolle als Apostel der Gewaltlosigkeit und beruft sich gern auf Beispiele aus dem Ausland: »Die Freiheit«, beteuert er, »erlangt man nicht unbedingt durch Gewalt. Sehen Sie doch die Veränderungen in der ehemaligen Sowjetunion, in anderen osteuropäischen Staaten und auf den Philippinen. Alles das ist ohne Anwendung von Gewalt geschehen, so wie der Fall der Berliner Mauer.«

Ein Gespräch mit dem Dalai Lama endet immer mit einem Foto. »Die Kamera? Wo ist die Kamera?« fragt er unruhig, als wir gerade aus dem Zimmer gehen. Dieser Mann, der so einnehmend lächelt und in ein unnachahmliches Gelächter ausbrechen kann, hat es gerne, wenn seine Besucher sich für ein gemeinsames Foto neben ihm aufstellen und das Foto als Andenken mitnehmen! Glücklicherweise ist die Kamera vorhanden, wir haben daran gedacht. Diesmal können wir gehen, nachdem uns der Hausherr einen *khatag* geschenkt hat.

Als wir hinausgehen, müssen wir zunächst an die Kleine denken. Die Tatsache, daß er uns eine Privataudienz gewährt hat, bei der es um sie ging, würde sie glücklich machen und ihr die Gewißheit geben – falls sie überhaupt noch Zweifel daran hat –, daß ihr »Opfer« eben *nicht* vergeblich ist. Das Gefängnis von Drapchi ist so beschaffen, daß Ngawang Sangdrol mit etwas Glück in einem Monat, vielleicht in einem Jahr erfahren wird, daß am 11. Juni 2001, fast genau neun Jahre nach ihrer Inhaftierung, der Dalai Lama, das »Juwel« ihrer stillen Gebete, den Mut der »außergewöhnlichen Tibeterin« gewürdigt hat.

24

Die Gefangene von Lhasa

(2001)

Neun Jahre. Seit neun Jahren ist die Kleine im Gefängnis. Aber wer erinnert sich noch an ihre leidenschaftlichen Rufe nach Freiheit in Lhasa, am 18. Juni 1992? Wer kann das Mädchen von dreizehn Jahren wiedererkennen, das heute zur Frau herangewachsen ist? Zweifellos niemand. Die tibetische Hauptstadt ist vergeßlich, verliert ihr Gedächtnis und wird von Jahr zu Jahr von den schlimmsten Auswirkungen der Besatzung erfaßt: Der geistigen Kolonisierung. Paradoxerweise ist es Ngawang Sangdrol erst in Drapchi gelungen, sich Gehör zu verschaffen. Hier in der Welt der Gitter, der hohen Mauern, der Wachtürme ist ihre Stimme endlich laut geworden. Die Stimme einer Singenden, die Stimme einer Aufständischen, die im Ausland Widerhall zu finden wußte.

Von Zeit zu Zeit sickern alarmierende Nachrichten aus Drapchi durch und gelangen bis nach Europa. So wurde im Frühjahr 2001 beispielsweise verbreitet, daß die Kleine in der Haft gestorben sei, daß es vorbei sei mit der »tibetischen Jeanne d'Arc«. Zu der Zeit, da dieses Buch erscheint, ist Ngawang Sangdrol sehr lebendig und entschlossen, ihren Kampf fortzusetzen. Doch Anfang des Jahres hat tatsächlich ein Todesfall die Abteilung 3 in Trauer versetzt: Im Februar ist eine der berühmten »singenden Nonnen« von 1993, Ngawang Lochö, gestorben, nachdem sie ins Militärkrankenhaus von Lhasa gebracht worden war. Ngawang Lochö war einen Monat vor der Kleinen, im Mai 1992, verhaftet worden. Nach dem Vorfall mit den heimlich aufgenommenen Kassetten wurde ihre ursprüngliche Freiheitsstrafe um fünf Jahre verlängert. Ebenso wie die Kleine galt sie in der Gruppe als »Alte«. Zusammen hatten sie alles durchgemacht: die Exerzierübungen im Freien, die Arbeit in den Gewächshäusern oder in den Zellen, die Schikanen Pempa Bhutis und die Meutereien von 1998.

Es besteht kein Zweifel darüber, daß dieser unter unklaren Umständen eingetretene Tod die anderen Gefangenen zutiefst getroffen hat. Die Bande, die die politischen Häftlinge miteinander verbinden, sind in Drapchi und anderen Gefängnissen* stärker als alles andere. Vielleicht noch stärker als die Familienbande. Die Gefangenen teilen soviel Leid, so viele Geheimnisse und manchmal soviel Glück miteinander, daß ihre Beziehungen von einer Tiefe sind, die schwer zu begreifen ist. Die Bestätigung für diese Bindung haben wir in Dharamsala an einem Wochenende im Juni 2001 erhalten, als uns etwa dreißig ehemalige Häftlinge aus Drapchi, Weltliche und Geistliche, die nach Indien geflüchtet sind, zu einem Picknick in der Nähe eines Gebirgsbaches eingeladen haben. Das Wiedersehen war ergreifend, eine Mischung aus Freude und Trauer. Mit den Überlebenden von Drapchi, den Freundinnen Ngawang Sangdrols, haben wir viel über die Kleine gesprochen. Im Laufe des Nachmittags haben sie sogar begonnen, ein Lied zu singen, das kurz nach den Unruhen von 1998 in der Abteilung 3 geschrieben wurde:

An diesem ersten Tag im Mai 1998
haben unsere Freunde, die politischen Gefangenen,
reinen Herzens
für die Wahrheit gekämpft.

* Einem Bericht des tibetischen Zentrums für Menschenrechte zufolge, der im Dezember 2000 veröffentlicht wurde, gab es in Tibet damals 451 politische Gefangene, darunter 256 Mönche und 74 Nonnen.

Menschen mit reinen und makellosen Herzen wie
die Berge
haben ihr Streben dem tibetischen Volk in Not
geweiht.

Und nun haben Menschen ohne Herz, ohne
Glaube und Gesetz
uns in diese Kerker geworfen.

O wie sind wir mit Trauer erfüllt!

Wir leiden an Kälte, an Hunger und
an Angst
Wie in einer Hölle aus Feuer, Eis und
Hungersnot
und alle politischen Gefangenen ertragen
diese Hölle.

O wie sind wir leidgeprüft!

Ohne Herz, ohne Glaube und Gesetz besetzen die roten Chinesen
Tibet ohne Scham und ohne Zögern.
Erfüllt mit Hochmut und Ichsucht
Haben sie der Lamas Jünger getrennt.

O wie viele Tibeter sind unglücklich!

Gott des Himmels, segne uns mit Erbarmen,
Uns, die wir leiden, und gib uns die Wahrheit
bald,
damit wir alle wieder vereint sind.

O wir beten zum Buddha, zum Dharma und
zum Saṅgha!

Die Freundinnen von Ngawang Sangdrol singen und beten für sie; unbekannte und berühmte Menschen aus dem Westen setzen sich für sie ein; Frankreich hat seinen Botschafter in China gebeten, nach Lhasa zu gehen, um eine Haftverschonung auszuhandeln – vergebens.

Wenn China in einer plötzlichen Bemühung um Beschwichtigung oder aus diplomatischer Strategie nachgeben sollte und zustimmen sollte, daß die Kleine vorzeitig aus der Haft, also vor dem Jahr 2014, entlassen wird, so sind wir davon überzeugt, daß Ngawang Sangdrol ein solches Privileg ablehnen und alles tun würde, um bei ihren Kameradinnen zu bleiben!

Warum also die Freilassung einer jungen Frau erwirken wollen, die diese Befreiung letzten Endes wahrscheinlich gar nicht wünscht? Wir finden, daß es nötig war, sich auf die Suche nach der Kleinen und den Ihren zu begeben, um ihre Haltung zu verstehen. Es war nötig, über dieses außergewöhnliche Schicksal zu berichten, um das Ausmaß ihres Opfers und dessen ganze symbolische Tragweite zu erkennen.

Am Ende dieses Berichtes, nach mehr als sechzig Stunden Gesprächen mit ihren Freundinnen im Exil haben wir zum mindesten das Gefühl, ihren Erwartungen an den Westen entsprochen zu haben: Nämlich den Kampf der Gefangenen bekanntzumachen und die Unterdrückung anzuprangern. Diese Genugtuung wird von einem ersten Sieg begleitet: Heute sind wir dank dem Informationsnetz der Widerstandsbewegung überzeugt davon, daß die Kleine von den Unterschriftenaktionen weiß. Und sie weiß auch von diesem Buch. Sie weiß, daß sie *Die singende Nonne von Lhasa* geworden ist.

Paris/Dharamsala, Juli 2001

25

Der Tod »des Stiers«

Nachtrag 1

Am 25. September 2001, drei Wochen nachdem die erste Auflage dieses Buches in die Buchhandlungen gekommen war, erfuhren wir vom Tod von Namgyal Tashi, dem Vater der Kleinen. »Der Stier«, einer der Widerstandskämpfer der ersten Stunde, starb am 20. September, morgens um sechs Uhr dreißig in Lhasa. Er war sechsundsechzig Jahre alt. Seit seiner Freilassung am 13. Juni 1999 hatte sich sein Gesundheitszustand ständig verschlechtert und seine Angehörigen, vor allem die Kleine, beunruhigt. Gebete zu seinem Gedenken wurden in mehreren Klöstern in Dharamsala gesprochen. Zweifellos auch in den Zellen des Gefängnisses Drapchi, wo seine Tochter Ngawang Sangdrol den Kampf fortsetzt.

26

Die Entlassung der Kleinen

Nachtrag 2

»Ngawang Sangdrol setzt den Kampf fort.« So lautete das Fazit des 25. Kapitels, das im Herbst 2001, nach dem Tod von Namgyal Tashi, dem Vater der Kleinen, niedergeschrieben wurde (siehe oben). Damals war sie in Drapchi in Haft, und nichts deutete darauf hin, daß sie die berüchtigte Abteilung 3 vor dem Ende ihrer Haftstrafe, das heißt vor dem Jahr 2013 oder 2014 würde verlassen können. Ihr Kampf für die Freiheit Tibets hat zahlreiche Persönlichkeiten auf der ganzen Welt zutiefst bewegt, aber die chinesischen Behörden waren in ihrem Fall zu keinerlei Entgegenkommen bereit. Die engsten Freunde der Kleinen, die uns dabei geholfen haben, ihren Lebens- und Leidensweg nachzuzeichnen, sahen schwarz in Bezug auf ihre Chancen, freigelassen zu werden, und waren gleichzeitig wegen ihres schlechten Gesundheitszustands äußerst besorgt. Dann kam das Jahr 2002, und das Schicksal der Kleinen hat sich wieder einmal gewendet:

Zu der Stunde, in der wir dieses nachträgliche Kapitel schreiben, am 6. November 2002, ist dieser entscheidende Wendepunkt noch weitgehend mysteriös. Die aus Lhasa stammenden Informationen sind bruchstückhaft und schwer nachzuprüfen. Es ist angebracht, sie mit Vorsicht zu behandeln. Wenn man die Ereignisse der vergangenen Monate zu rekonstruieren versucht, ist es besser, sich an die Tatsachen zu halten, so unvollständig sie auch sein mögen.

Montag, den 28. Januar. Zwei fünfundzwanzigjährige tibetische Nonnen halten sich auf Einladung verschiedener Organisationen wie Amnesty International und des Komitees zur Unterstützung des tibetischen Volkes (Comité de soutien au peuple tibétain, CSPT France) in Frankreich auf. Passang Lhamo und Choying Kunsang sind Freundinnen der Kleinen; bis 1999 sind sie in den Zellen von Drapchi mit ihr zusammengewesen. Als sie entlassen wurden und heimlich aus Tibet geflüchtet sind, hatten sie den Wunsch, über die Schrecken des Gefängnisalltags zu berichten.

Heute können wir zugeben, daß ihnen dieses Buch sehr viel verdankt. Passang Lhamo hat den Grundriß des Drapchi-Gefängnisses gezeichnet, der im Bildteil enthalten ist. Auch war sie es, die uns den Text des Liedes mitgeteilt hat, das im Juni 2001, am Tag des Wiedersehens der ehemaligen politischen Gefangenen von Drapchi, gesungen wurde (siehe Kapitel 24): *»Wir leiden an Kälte, an Hunger und an Angst wie in einer Hölle aus Feuer, Eis und Hungersnot …«*

Außer Frankreich werden die beiden Nonnen Irland, Italien, Skandinavien und die Vereinigten Staaten besuchen. Überall werden sie die gleichen Worte aussprechen, einfach und ohne Haß, um die Tragödie ihres Volkes in Erinnerung zu rufen und den Westen zum Eingreifen aufzufordern. Überall werden sie an Ngawang Sangdrol und an die Frauen der Abteilung 3 denken.

Freitag, den 6. September. Was wird aus der Kleinen? Haben sich ihre Haftbedingungen gebessert? Wird sie noch grausam mißhandelt? Wir wissen es nicht. Einmal mehr scheint Tibet von der Welt abgeschnitten zu sein. Zwar erreichen stets neue Flüchtlinge den Nordosten Indiens, doch meistens sind es Männer, die über die Frauenabteilung von Drapchi nichts Genaueres wissen. Seit dem Sommer 2000 ist keine der Nonnen, die mit Ngawang Sangdrol zusammen inhaftiert war (wie Passang Lhamo und Choying

Kunsang), nach Dharamsala gekommen. Lediglich einige bruchstückhafte Informationen sickern von Zeit zu Zeit durch. So auch die, daß im Juli, als sich der Gesundheitszustand der Kleinen verschlechterte, die Gefängnisleitung von Drapchi ihr erlaubt hat, sich unter menschenwürdigen Bedingungen medizinisch behandeln zu lassen. Sogar eine Punktion des Rückenmarks soll in Erwägung gezogen worden sein.

Sonntag, den 8. September. Ngawang Sangdrol soll im Juli in den Genuß einer Strafminderung von achtzehn Monaten gekommen sein. Ihre Freilassung würde somit bereits 2011 erfolgen und nicht erst 2013 oder 2014, wie ursprünglich vorgesehen. Doch die Länge des Strafmaßes, zu dem die berühmteste tibetische Gefangene verurteilt wurde, ist vielfach umstritten. Unseren Quellen zufolge schwanken die Schätzungen zwischen neunzehn und einundzwanzig Jahren Haft (den Strafnachlaß mit eingerechnet)! Wir neigen dazu, uns an die letztere Schätzung (einundzwanzig Jahre) zu halten, die im Umfeld der Kleinen als zutreffender gilt. Noch etwa zehn Jahre hat sie in Drapchi abzubüßen; es sei denn, die Aufmerksamkeit der Weltöffentlichkeit für ihren Fall erzielt schließlich die gewünschte Wirkung …

Im September 2002 sind die protibetischen Kreise weltweit in Aufruhr: Gerüchte über eine etwaige Freilassung sind in Umlauf. Niemand weiß, woher diese Gerüchte kommen, doch sie halten sich hartnäckig, in Europa ebnenso wie in Dharamsala.

Freitag, den 20. September. Die Kleine ist schwer krank. Nach einer Besserung im Laufe des Monats August hat sich ihr Gesundheitszustand erneut verschlechtert. Wir erfahren, daß sie sich im Krankenhaus von Drapchi befindet. Ihre ältere Schwester, die noch in Tibet lebende Rigzin Dolkar, darf sie regelmäßig besuchen.

Ngawang Sangdrol, die zu geschwächt ist, um gehen zu können, muß das Bett hüten. Sie kann kaum sprechen und kaum Nahrung zu sich nehmen. Woran mag sie leiden? Handelt es sich um die Folgeerscheinungen der Mißhandlungen, die sie im Frühjahr 1998 erlitten hat? Es ist schwer, genaueres in Erfahrung zu bringen, doch unsere Gewährsleute erwähnen, daß sie unter Kopfschmerzen, Herzbeschwerden und Verdauungsstörungen leidet.

Der Krankenhausaufenthalt Ngawang Sangdrols könnte die Unruhe der vergangenen Wochen erklären: Den Chinesen wäre ein dramatischer Prestigeverlust sicher, wenn die Kleine in der Haft sterben sollte. In der Vergangenheit ist es gelegendlich vorgekommen, daß Häftlinge freigelassen wurden, die sich in einem schlechten Gesundheitszustand befanden. Es scheint, als planten sie auch im Falle Ngawang Sangdrols eine vorzeitige Freilassung.

Donnerstag, den 10. Oktober. Das Schicksal von Ngawang Sangdrol bereitet allen Sorgen. In Lhasa ist Rigzin Dolkar mit mehr Hingabe als je zuvor dabei, ihre Schwester zu pflegen. In Frankreich drängt das CSPT das Außenministerium dazu, so bald wie möglich auf Peking einzuwirken. Abgeordnete des Europäischen Parlaments wurden ebenso angesprochen wie das Hohe Kommissariat der Vereinten Nationen für die Flüchtlinge (UNHCR). Offensichtlich wird hinter den Kulissen über die Zukunft von Ngawang Sangdrol entschieden; in diplomatischen Unterredungen, deren Inhalt geheim bleiben wird. Wir weisen aber darauf hin, daß zum gegenwärtigen Zeitpunkt Verhandlungen immerhin möglich sind, da einerseits die Vereinigten Staaten, die sich darauf vorbereiten, einen Krieg gegen den Irak zu führen, auf der Suche nach Unterstützung aus dem Ausland sind, und China andererseits, deren Präsident Jian Zemin einen in den USA mit großer Spannung erwarteten Staatsbesuch plant, die Welt von seinem guten Willen in Bezug auf Menschenrechte zu überzeugen versucht.

Donnerstag, den 17. Oktober. Gegen 19 Uhr 30 erscheinen zwei Offiziere in Zivil in der Wohnung von Rigzin Dolkar im Viertel Tengyeling in Lhasa. In ihrer Mitte tragen sie die Kleine: Sie ist frei. Sie ist sehr krank, kann ohne Hilfe nicht gehen, aber sie ist *frei*!

Frei, mit ihrer älteren Schwester zu sprechen, die sie während dieser langen Jahre stets im Gefängnis besucht hatte.

Frei, in diesem Haus zu übernachten, das sie seit dem 18. Juni 1992, dem Tag ihrer Festnahme, nicht mehr betreten hat!

Frei, sich nach den anderen Mitgliedern der Familie zu erkundigen, vor allem nach Dschodscho, dem geliebten Bruder.

Als dieser gegen 21 Uhr 30 in Lhasa anruft, um sich nach dem Neuesten zu erkundigen, weiß er noch nicht, daß die Kleine soeben freigelassen wurde. Und dennoch ist sie dort, zu Hause, wie zu der Zeit, als sie gemeinsam, aneinander geschmiegt, in einem Bett schliefen. Zum ersten Mal seit über zehn Jahren hört Dschodscho den Klang ihrer Stimme. Die Kleine ist äußerst erregt und gesteht ihm einfach: *»Ich bin so glücklich, daß ich nicht weiß, was ich dir sagen soll!«*

Wie soll man diese milde Entscheidung deuten? Die chinesischen Behörden, die sich auf Propaganda verstehen, berufen sich auf die *»gute Führung«* von Ngawang Sangdrol. Das bedeutet in der Sprache der Besatzer, daß sie sich gefügt, daß sie Reue gezeigt und ihre angeblich »subversiven« Gedanken aufgegeben hat.

Diese Lesart der Fakten paßt, wie man weiß, schlecht zur Persönlichkeit der jungen Frau. Nach unseren Informationen erklärt die Kleine ihre vorzeitige Freilassung völlig anders: Ihrer Ansicht nach besteht kein Zweifel darüber, daß die Chinesen sie ausschließlich wegen ihres Gesundheitszustandes freigelassen haben.

Freitag, den 18. Oktober 2002. Die Nachricht geht um die Welt. In Frankreich ist die Aufregung besonders groß. Seit

1996 haben das Außenministerium und der Präsident der Republik sich vielfach für die Sache Ngawang Sangdrols eingesetzt. So haben im April 2000 250 Persönlichkeiten einen Aufruf für ihre Sache unterzeichnet. Bei allen diesen Aktionen hat *ein* Mann eine entscheidende Rolle gespielt, und er verdient an dieser Stelle gewürdigt zu werden: Es ist der ehemalige Vorsitzende des CSPT, Cyrille Beerens. Ohne seinen Einsatz und den scincr Kollegen säße die Kleine vielleicht noch immer in Drapchi. Durch diesen Erfolg gestärkt, wird das CSPT von nun an alles daransetzen, damit Peking Ngawang Sangdrol gestattet, nach Frankreich zu reisen, um sich dort in medizinische Behandlung begeben zu können.

Mittwoch, den 6. November 2002. In Lhasa stehen Ngawang Sangdrol und ihre Familie unter strenger polizeilicher Überwachung.

Die Kleine, die noch sehr geschwächt ist, behandelt sich mit traditionellen tibetischen Heilmitteln. Täglich verläßt sie das Haus der Familie in Tengyeling und begibt sich in das staatliche Krankenhaus, wo ihr Infusionen verabreicht werden. Ihr neues Leben ist nicht das einer freien Frau, sondern das einer Tibeterin wie so viele andere. Sie ist dazu verurteilt, *Die singende Nonne von Lhasa* zu bleiben, solange ihrem Land das Recht auf Freiheit verweigert wird.

Danksagung

Wir möchten mehreren Menschen unsere Anerkennung aussprechen, deren Hilfe uns bei der Abfassung dieses Buches kostbar, ja unentbehrlich gewesen ist: Pema Thupten Lama, der sich uns – mit viel Geduld und Liebenswürdigkeit – sowohl als Dolmetscher als auch als »Berater« zur Verfügung gestellt hat. Ohne seine Kenntnis des Buddhismus und des Lebens seiner Landsleute hätten wir nicht so viele Einzelheiten über das Leben und den Kampf von Ngawang Sangdrol zusammentragen können. Den Augenzeugen gebührt der Dank dafür, daß sie uns das Wesentliche entgegengebracht haben: Vertrauen und Freundschaft. Das Komitee zur Unterstützung des tibetischen Volkes (Comité de soutien au peuple tibétain, CSPT France, 174–176, boulevard Eugène-Decros, 93260 Les Lilas) und seine Leiter: Cyril Beerens und Jean-Paul Ribes dürfen an dieser Stelle nicht vergessen werden. Ohne sie, ohne ihre Ausdauer wäre dieses Buch nicht geschrieben worden. Zum Schluß möchten wir noch unseren vier aufmerksamen Korrekturlesern danken, die stets guten Rat wußten: Sandrine Fulgoni, Cécile Broussard, Robert und Dorothée Broussard.

Nützliche Adressen

Deutsche Tibethilfe, Mauthäuslstr. 9, 81379 München

Deutsch-Tibetische Kulturgesellschaft, c/o Hanna Schneider, Rittershausstr. 20, 53113 Bonn, email: hannaschneider@gmx.de

Gesellschaft Schweizerisch-Tibetische Freundschaft, Hottinger Str. 28, CH-8032 Zürich

Initiative Pro Tibet, Postfach 11 1428, 60329 Frankfurt

Office of Tibet, Place de la Navigation 10, CH-1201 Genève

Save Tibet, Hermanngasse 5/1/2/16, A-1070 Wien

Tibet Information Network, City Cloisters, 188–196 Old Street, UK-London EC 1V FR

Tibet Informations Service, Florastr. 22, 40764 Langenfeld

Tibet Initiative Deutschland, Bullmannaue 11, 45327 Essen

Tibet Initiative München, Nordendstr. 7a, 80799 München

Tibet Initiative Kempten e.V., Kluftinger Str. 2a, 87730 Bad Grönenbach

Tibet Institut, CH-8486 Rikon

Tibet Kulturtreff, Währinger Gürtel, A-1090 Wien

Tibetische Frauenorganisation, Obere Bahnhofstr. 52, CH-8640 Rapperswil

Tibetischer Förderkreis, Steyrer Str. 11, 79117 Freiburg

Tibetisches Zentrum, Hermann-Balk-Str. 106, 22147 Hamburg

Tibetfreunde, Losinger Samra, Junkerngasse 23, CH-3011 Bern

Verein der Tibeter in Deutschland, c/o Ngodup, Karolinger Weg 7, 69123 Heidelberg

Zeitschriften

Tibet Forum, c/o Monika Deimann-Clemens, Jorthestr. 33, D-63674 Altenstadt/Hess.

Tibet Aktuell, c/o Daniel Aufschläger, Dorfstr. 54, CH-8967 Wieden

Tibet im Internet

Anmerkung: Da im besetzten Tibet kein freier Informationsaustausch möglich ist, beschränken sich die folgenden Internet-Adressen auf das Exil.

World Tibet Network, wichtigste Quelle für Informationen aus Tibet:
http://www.tibet.ca
Aboservice WTN: listenserv@lists.mcgill.ca
Informationen für WTN an: wtn-editors@tibet.ca

Tibet-Büro für Mitteleuropa: tibet@bluewin.ch

Informationen über die Solidaritätsarbeit: http://www.tibet.org

Internationaler Tibet-Pressedienst:
http://www.omtanken.se/sve_tib/wtnn.htm

Tibet Initiative Deutschland: tibet.initiative@asienhaus.org
Homepage der TID: www.asienhaus.org

Aktuelle Informationen aus dem Himalaya:
http://www.dieter.glogowski.de

International Campaign for Tibet: http://www.peacenet.org/ict/

Radio Voice of Tibet: www.vot.org

Gesellschaft Schweizerisch-Tibetische Freundschaft:
www.tibetfocus.com oder www.tibetfocus.ch

Save Tibet, Wien: save.tibe@gmx.at
Veranstaltungen in Österreich: www.logic.at/Tibet/